NOVALIS
(FRIEDRICH VON HARDENBERG)

Heinrich
von Ofterdingen

· EIN ROMAN

HERAUSGEGEBEN VON
WOLFGANG FRÜHWALD

PHILIPP RECLAM JUN. STUTTGART

Universal-Bibliothek Nr. 8939
Alle Rechte vorbehalten
© 1965, 1987 Philipp Reclam jun. GmbH & Co., Stuttgart
Revidierte Ausgabe 1987
Gesamtherstellung: Reclam, Ditzingen. Printed in Germany 1997
RECLAM und UNIVERSAL-BIBLIOTHEK sind eingetragene Marken
der Philipp Reclam jun. GmbH & Co., Stuttgart
ISBN 3-15-008939-5

Heinrich von Ofterdingen.

Ein

nachgelassener Roman

von

Novalis.

Zwei Theile.

Berlin, 1802.
In der Buchhandlung der Realschule.

Erster Teil

Die Erwartung

Zueignung

Du hast in mir den edeln Trieb erregt
   Tief ins Gemüt der weiten Welt zu schauen;
   Mit deiner Hand ergriff mich ein Vertrauen,
Das sicher mich durch alle Stürme trägt.

5 Mit Ahndungen hast du das Kind gepflegt,
   Und zogst mit ihm durch fabelhafte Auen;
   Hast, als das Urbild zartgesinnter Frauen,
Des Jünglings Herz zum höchsten Schwung bewegt.

Was fesselt mich an irdische Beschwerden?
10   Ist nicht mein Herz und Leben ewig Dein?
   Und schirmt mich Deine Liebe nicht auf Erden?

Ich darf für Dich der edlen Kunst mich weihn;
   Denn Du, Geliebte, willst die Muse werden,
   Und stiller Schutzgeist meiner Dichtung sein.

15 In ewigen Verwandlungen begrüßt
   Uns des Gesangs geheime Macht hienieden,
   Dort segnet sie das Land als ewger Frieden,
Indes sie hier als Jugend uns umfließt.

Sie ists, die Licht in unsre Augen gießt,
20   Die uns den Sinn für jede Kunst beschieden,
   Und die das Herz der Frohen und der Müden
In trunkner Andacht wunderbar genießt.

An ihrem vollen Busen trank ich Leben;
   Ich ward durch sie zu allem, was ich bin,
25   Und durfte froh mein Angesicht erheben.

Noch schlummerte mein allerhöchster Sinn;
   Da sah ich sie als Engel zu mir schweben,
   Und flog, erwacht, in ihrem Arm dahin.

Erstes Kapitel

Die Eltern lagen schon und schliefen, die Wanduhr schlug
ihren einförmigen Takt, vor den klappernden Fenstern
sauste der Wind; abwechselnd wurde die Stube hell von
dem Schimmer des Mondes. Der Jüngling lag unruhig auf
seinem Lager, und gedachte des Fremden und seiner Erzählungen. »Nicht die Schätze sind es, die ein so unaus-
sprechliches Verlangen in mir geweckt haben«, sagte er zu
sich selbst; »fern ab liegt mir alle Habsucht: aber die blaue
Blume sehn ich mich zu erblicken. Sie liegt mir unaufhörlich im Sinn, und ich kann nichts anders dichten und denken. So ist mir noch nie zumute gewesen: es ist, als hätt
ich vorhin geträumt, oder ich wäre in eine andere Welt
hinübergeschlummert; denn in der Welt, in der ich sonst
lebte, wer hätte da sich um Blumen bekümmert, und gar
von einer so seltsamen Leidenschaft für eine Blume hab
ich damals nie gehört. Wo eigentlich nur der Fremde herkam? Keiner von uns hat je einen ähnlichen Menschen
gesehn; doch weiß ich nicht, warum nur ich von seinen
Reden so ergriffen worden bin; die andern haben ja das
nämliche gehört, und keinem ist so etwas begegnet. Daß
ich auch nicht einmal von meinem wunderlichen Zustande reden kann! Es ist mir oft so entzückend wohl, und nur
dann, wenn ich die Blume nicht recht gegenwärtig habe,
befällt mich so ein tiefes, inniges Treiben: das kann und
wird keiner verstehn. Ich glaubte, ich wäre wahnsinnig,
wenn ich nicht so klar und hell sähe und dächte, mir ist
seitdem alles viel bekannter. Ich hörte einst von alten Zeiten reden; wie da die Tiere und Bäume und Felsen mit den
Menschen gesprochen hätten. Mir ist grade so, als wollten sie allaugenblicklich anfangen, und als könnte ich es
ihnen ansehen, was sie mir sagen wollten. Es muß noch
viel Worte geben, die ich nicht weiß: wüßte ich mehr, so
könnte ich viel besser alles begreifen. Sonst tanzte ich
gern; jetzt denke ich lieber nach der Musik.« Der Jüngling

verlor sich allmählich in süßen Phantasien und ent-
schlummerte. Da träumte ihm erst von unabsehlichen
Fernen, und wilden, unbekannten Gegenden. Er wanderte über Meere mit unbegreiflicher Leichtigkeit; wunderliche Tiere sah er; er lebte mit mannigfaltigen Menschen,   5
bald im Kriege, in wildem Getümmel, in stillen Hütten.
Er geriet in Gefangenschaft und die schmählichste Not.
Alle Empfindungen stiegen bis zu einer niegekannten
Höhe in ihm. Er durchlebte ein unendlich buntes Leben;
starb und kam wieder, liebte bis zur höchsten Leiden-   10
schaft, und war dann wieder auf ewig von seiner Geliebten getrennt. Endlich gegen Morgen, wie draußen die
Dämmerung anbrach, wurde es stiller in seiner Seele, klarer und bleibender wurden die Bilder. Es kam ihm vor, als
ginge er in einem dunkeln Walde allein. Nur selten schim-   15
merte der Tag durch das grüne Netz. Bald kam er vor eine
Felsenschlucht, die bergan stieg. Er mußte über bemooste
Steine klettern, die ein ehemaliger Strom herunter gerissen hatte. Je höher er kam, desto lichter wurde der Wald.
Endlich gelangte er zu einer kleinen Wiese, die am Hange   20
des Berges lag. Hinter der Wiese erhob sich eine hohe
Klippe, an deren Fuß er eine Öffnung erblickte, die der
Anfang eines in den Felsen gehauenen Ganges zu sein
schien. Der Gang führte ihn gemächlich eine Zeitlang
eben fort, bis zu einer großen Weitung, aus der ihm schon   25
von fern ein helles Licht entgegen glänzte. Wie er hineintrat, ward er einen mächtigen Strahl gewahr, der wie aus
einem Springquell bis an die Decke des Gewölbes stieg,
und oben in unzählige Funken zerstäubte, die sich unten
in einem großen Becken sammelten; der Strahl glänzte   30
wie entzündetes Gold; nicht das mindeste Geräusch war
zu hören, eine heilige Stille umgab das herrliche Schauspiel. Er näherte sich dem Becken, das mit unendlichen
Farben wogte und zitterte. Die Wände der Höhle waren
mit dieser Flüssigkeit überzogen, die nicht heiß, sondern   35
kühl war, und an den Wänden nur ein mattes, bläuliches

Licht von sich warf. Er tauchte seine Hand in das Becken
und benetzte seine Lippen. Es war, als durchdränge ihn
ein geistiger Hauch, und er fühlte sich innigst gestärkt
und erfrischt. Ein unwiderstehliches Verlangen ergriff ihn
sich zu baden, er entkleidete sich und stieg in das Becken.
Es dünkte ihn, als umflösse ihn eine Wolke des Abend-
rots; eine himmlische Empfindung überströmte sein Inneres; mit inniger Wollust strebten unzählbare Gedanken
in ihm sich zu vermischen; neue, niegesehene Bilder entstanden, die auch ineinander flossen und zu sichtbaren
Wesen um ihn wurden, und jede Welle des lieblichen Ele-
ments schmiegte sich wie ein zarter Busen an ihn. Die Flut
schien eine Auflösung reizender Mädchen, die an dem
Jünglinge sich augenblicklich verkörperten.
Berauscht von Entzücken und doch jedes Eindrucks bewußt, schwamm er gemach dem leuchtenden Strome
nach, der aus dem Becken in den Felsen hineinfloß. Eine
Art von süßem Schlummer befiel ihn, in welchem er un-
beschreibliche Begebenheiten träumte, und woraus ihn
eine andere Erleuchtung weckte. Er fand sich auf einem
weichen Rasen am Rande einer Quelle, die in die Luft
hinausquoll und sich darin zu verzehren schien. Dunkel-
blaue Felsen mit bunten Adern erhoben sich in einiger
Entfernung; das Tageslicht das ihn umgab, war heller
und milder als das gewöhnliche, der Himmel war
schwarzblau und völlig rein. Was ihn aber mit voller
Macht anzog, war eine hohe lichtblaue Blume, die zunächst an der Quelle stand, und ihn mit ihren breiten,
glänzenden Blättern berührte. Rund um sie her standen
unzählige Blumen von allen Farben, und der köstlichste
Geruch erfüllte die Luft. Er sah nichts als die blaue Blume, und betrachtete sie lange mit unnennbarer Zärtlichkeit. Endlich wollte er sich ihr nähern, als sie auf einmal
sich zu bewegen und zu verändern anfing; die Blätter
wurden glänzender und schmiegten sich an den wachsen-
den Stengel, die Blume neigte sich nach ihm zu, und die

Blütenblätter zeigten einen blauen ausgebreiteten Kragen, in welchem ein zartes Gesicht schwebte. Sein süßes Staunen wuchs mit der sonderbaren Verwandlung, als ihn plötzlich die Stimme seiner Mutter weckte, und er sich in der elterlichen Stube fand, die schon die Morgensonne vergoldete. Er war zu entzückt, um unwillig über diese Störung zu sein; vielmehr bot er seiner Mutter freundlich guten Morgen und erwiderte ihre herzliche Umarmung.

»Du Langschläfer«, sagte der Vater, »wie lange sitze ich schon hier, und feile. Ich habe deinetwegen nichts hämmern dürfen; die Mutter wollte den lieben Sohn schlafen lassen. Aufs Frühstück habe ich auch warten müssen. Klüglich hast du den Lehrstand erwählt, für den wir wachen und arbeiten. Indes ein tüchtiger Gelehrter, wie ich mir habe sagen lassen, muß auch Nächte zu Hülfe nehmen, um die großen Werke der weisen Vorfahren zu studieren.« »Lieber Vater«, antwortete Heinrich, »werdet nicht unwillig über meinen langen Schlaf, den Ihr sonst nicht an mir gewohnt seid. Ich schlief erst spät ein, und habe viele unruhige Träume gehabt, bis zuletzt ein anmutiger Traum mir erschien, den ich lange nicht vergessen werde, und von dem mich dünkt, als sei es mehr als bloßer Traum gewesen.« »Lieber Heinrich«, sprach die Mutter, »du hast dich gewiß auf den Rücken gelegt, oder beim Abendsegen fremde Gedanken gehabt. Du siehst auch noch ganz wunderlich aus. Iß und trink, daß du munter wirst.«

Die Mutter ging hinaus, der Vater arbeitete emsig fort und sagte: »Träume sind Schäume, mögen auch die hochgelahrten Herren davon denken, was sie wollen, und du tust wohl, wenn du dein Gemüt von dergleichen unnützen und schädlichen Betrachtungen abwendest. Die Zeiten sind nicht mehr, wo zu den Träumen göttliche Gesichte sich gesellten, und wir können und werden es nicht begreifen, wie es jenen auserwählten Männern, von denen

die Bibel erzählt, zumute gewesen ist. Damals muß es eine
andere Beschaffenheit mit den Träumen gehabt haben, so
wie mit den menschlichen Dingen.

In dem Alter der Welt, wo wir leben, findet der unmittelbare Verkehr mit dem Himmel nicht mehr statt. Die alten
Geschichten und Schriften sind jetzt die einzigen Quellen, durch die uns eine Kenntnis von der überirdischen
Welt, so weit wir sie nötig haben, zuteil wird; und statt
jener ausdrücklichen Offenbarungen redet jetzt der heilige Geist mittelbar durch den Verstand kluger und wohl-
gesinnter Männer und durch die Lebensweise und die
Schicksale frommer Menschen zu uns. Unsre heutigen
Wunderbilder haben mich nie sonderlich erbaut, und ich
habe nie jene großen Taten geglaubt, die unsre Geistlichen davon erzählen. Indes mag sich daran erbauen, wer
will, und ich hüte mich wohl jemanden in seinem Vertrau-
en irre zu machen.« – »Aber, lieber Vater, aus welchem
Grunde seid Ihr so den Träumen entgegen, deren seltsame
Verwandlungen und leichte zarte Natur doch unser
Nachdenken gewißlich rege machen müssen? Ist nicht
jeder, auch der verworrenste Traum, eine sonderliche Erscheinung, die auch ohne noch an göttliche Schickung
dabei zu denken, ein bedeutsamer Riß in den geheimnisvollen Vorhang ist, der mit tausend Falten in unser Inneres hereinfällt? In den weisesten Büchern findet man unzählige Traumgeschichten von glaubhaften Menschen,
und erinnert Euch nur noch des Traums, den uns neulich
der ehrwürdige Hofkaplan erzählte, und der Euch selbst
so merkwürdig vorkam.

Aber, auch ohne diese Geschichten, wenn Ihr zuerst in
Eurem Leben einen Traum hättet, wie würdet Ihr nicht
erstaunen, und Euch die Wunderbarkeit dieser uns nur
alltäglich gewordenen Begebenheit gewiß nicht abstreiten
lassen! Mich dünkt der Traum eine Schutzwehr gegen die
Regelmäßigkeit und Gewöhnlichkeit des Lebens, eine
freie Erholung der gebundenen Phantasie, wo sie alle Bil-

der des Lebens durcheinander wirft, und die beständige
Ernsthaftigkeit des erwachsenen Menschen durch ein
fröhliches Kinderspiel unterbricht. Ohne die Träume
würden wir gewiß früher alt, und so kann man den
Traum, wenn auch nicht als unmittelbar von oben gege-   5
ben, doch als eine göttliche Mitgabe, einen freundlichen
Begleiter auf der Wallfahrt zum heiligen Grabe betrachten. Gewiß ist der Traum, den ich heute nacht träumte,
kein unwirksamer Zufall in meinem Leben gewesen,
denn ich fühle es, daß er in meine Seele wie ein weites   10
Rad hineingreift, und sie in mächtigem Schwunge forttreibt.«
Der Vater lächelte freundlich und sagte, indem er die
Mutter, die eben hereintrat, ansah: »Mutter, Heinrich
kann die Stunde nicht verleugnen, durch die er in der Welt   15
ist. In seinen Reden kocht der feurige welsche Wein, den
ich damals von Rom mitgebracht hatte, und der unsern
Hochzeitabend verherrlichte. Damals war ich auch noch
ein andrer Kerl. Die südliche Luft hatte mich aufgetaut,
von Mut und Lust floß ich über, und du warst auch ein   20
heißes köstliches Mädchen. Bei deinem Vater gings damals herrlich zu; Spielleute und Sänger waren weit und
breit herzugekommen, und lange war in *Augsburg* keine
lustigere Hochzeit gefeiert worden.«
»Ihr spracht vorhin von Träumen«, sagte die Mutter,   25
»weißt du wohl, daß du mir damals auch von einem Traume erzähltest, den du in Rom gehabt hattest, und der dich
zuerst auf den Gedanken gebracht, zu uns nach Augsburg
zu kommen, und um mich zu werben?« »Du erinnerst
mich eben zur rechten Zeit«, sagte der Alte; »ich habe   30
diesen seltsamen Traum ganz vergessen, der mich damals
lange genug beschäftigte; aber eben er ist mir ein Beweis
dessen, was ich von den Träumen gesagt habe. Es ist unmöglich einen geordneteren und helleren zu haben; noch
jetzt entsinne ich mich jedes Umstandes ganz genau; und   35
doch, was hat er bedeutet? Daß ich von dir träumte, und

mich bald darauf von Sehnsucht ergriffen fühlte, dich zu
besitzen, war ganz natürlich: denn ich kannte dich schon.
Dein freundliches holdes Wesen hatte mich gleich anfangs
lebhaft gerührt, und nur die Lust nach der Fremde hielt
5 damals meinen Wunsch nach deinem Besitz noch zurück.
Um die Zeit des Traums war meine Neugierde schon
ziemlich gestillt, und nun konnte die Neigung leichter
durchdringen.«

»Erzählt uns doch jenen seltsamen Traum«, sagte der
10 Sohn. »Ich war eines Abends«, fing der Vater an, »umher-
gestreift. Der Himmel war rein, und der Mond bekleidete
die alten Säulen und Mauern mit seinem bleichen schauerlichen Lichte. Meine Gesellen gingen den Mädchen nach,
und mich trieb das Heimweh und die Liebe ins Freie.
15 Endlich ward ich durstig und ging ins erste beste Land-
haus hinein, um einen Trunk Wein oder Milch zu for-
dern. Ein alter Mann kam heraus, der mich wohl für einen
verdächtigen Besuch halten mochte. Ich trug ihm mein
Anliegen vor; und als er erfuhr, daß ich ein Ausländer und
20 ein Deutscher sei, lud er mich freundlich in die Stube und
brachte eine Flasche Wein. Er hieß mich niedersetzen,
und fragte mich nach meinem Gewerbe. Die Stube war
voll Bücher und Altertümer. Wir gerieten in ein weitläuf-
tiges Gespräch; er erzählte mir viel von alten Zeiten, von
25 Malern, Bildhauern und Dichtern. Noch nie hatte ich so
davon reden hören. Es war mir, als sei ich in einer neuen
Welt ans Land gestiegen. Er wies mir Siegelsteine und
andre alte Kunstarbeiten; dann las er mir mit lebendigem
Feuer herrliche Gedichte vor, und so verging die Zeit, wie
30 ein Augenblick. Noch jetzt heitert mein Herz sich auf,
wenn ich mich des bunten Gewühls der wunderlichen
Gedanken und Empfindungen erinnere, die mich in dieser Nacht erfüllten. In den heidnischen Zeiten war er wie
zu Hause, und sehnte sich mit unglaublicher Inbrunst in
35 dies graue Altertum zurück. Endlich wies er mir eine
Kammer an, wo ich den Rest der Nacht zubringen könn-

te, weil es schon zu spät sei, um noch zurückzukehren.
Ich schlief bald, und da dünkte michs ich sei in meiner
Vaterstadt und wanderte aus dem Tore. Es war, als müßte
ich irgendwohin gehn, um etwas zu bestellen, doch wußte
ich nicht wohin, und was ich verrichten solle. Ich ging   5
nach dem Harze mit überaus schnellen Schritten, und
wohl war mir, als sei es zur Hochzeit. Ich hielt mich nicht
auf dem Wege, sondern immer feldein durch Tal und
Wald, und bald kam ich an einen hohen Berg. Als ich
oben war, sah ich die Goldne Aue vor mir, und über-   10
schaute Thüringen weit und breit, also daß kein Berg in
der Nähe umher mir die Aussicht wehrte. Gegenüber lag
der Harz mit seinen dunklen Bergen, und ich sah unzählige Schlösser, Klöster und Ortschaften. Wie mir nun da
recht wohl innerlich ward, fiel mir der alte Mann ein, bei   15
dem ich schlief, und es geduchte mir, als sei das vor
geraumer Zeit geschehn, daß ich bei ihm gewesen sei.
Bald gewahrte ich eine Stiege, die in den Berg hinein ging,
und ich machte mich hinunter. Nach langer Zeit kam ich
in eine große Höhle, da saß ein Greis in einem langen   20
Kleide vor einem eisernen Tische, und schaute unverwandt nach einem wunderschönen Mädchen, die in Marmor gehauen vor ihm stand. Sein Bart war durch den
eisernen Tisch gewachsen und bedeckte seine Füße. Er
sah ernst und freundlich aus, und gemahnte mich wie ein   25
alter Kopf, den ich den Abend bei dem Manne gesehn
hatte. Ein glänzendes Licht war in der Höhle verbreitet.
Wie ich so stand und den Greis ansah, klopfte mir plötzlich mein Wirt auf die Schulter, nahm mich bei der Hand
und führte mich durch lange Gänge mit sich fort. Nach   30
einer Weile sah ich von weitem eine Dämmerung, als
wollte das Tageslicht einbrechen. Ich eilte darauf zu, und
befand mich bald auf einem grünen Plane; aber es schien
mir alles ganz anders, als in Thüringen. Ungeheure Bäume mit großen glänzenden Blättern verbreiteten weit um-   35
her Schatten. Die Luft war sehr heiß und doch nicht drük-

kend. Überall Quellen und Blumen und unter allen Blumen gefiel mir Eine ganz besonders, und es kam mir vor,
als neigten sich die andern gegen sie.«

»Ach! liebster Vater, sagt mir doch, welche Farbe sie hatte«, rief der Sohn mit heftiger Bewegung.

»Das entsinne ich mich nicht mehr, so genau ich mir auch
sonst alles eingeprägt habe.«

»War sie nicht blau?«

»Es kann sein«, fuhr der Alte fort, ohne auf Heinrichs
seltsame Heftigkeit Achtung zu geben. »So viel weiß ich
nur noch, daß mir ganz unaussprechlich zumute war, und
ich mich lange nicht nach meinem Begleiter umsah. Wie
ich mich endlich zu ihm wandte, bemerkte ich, daß er
mich aufmerksam betrachtete und mir mit inniger Freude
zulächelte. Auf welche Art ich von diesem Orte wegkam,
erinnere ich mir nicht mehr. Ich war wieder oben auf dem
Berge. Mein Begleiter stand bei mir, und sagte: Du hast
das Wunder der Welt gesehn. Es steht bei dir, das glücklichste Wesen auf der Welt und noch über das ein berühm-
ter Mann zu werden. Nimm wohl in acht, was ich dir
sage: wenn du am Tage Johannis gegen Abend wieder
hieher kommst, und Gott herzlich um das Verständnis
dieses Traumes bittest, so wird dir das höchste irdische
Los zuteil werden; dann gib nur acht, auf ein blaues
Blümchen, was du hier oben finden wirst, brich es ab, und
überlaß dich dann demütig der himmlischen Führung. Ich
war darauf im Traume unter den herrlichsten Gestalten
und Menschen, und unendliche Zeiten gaukelten mit
mannigfaltigen Veränderungen vor meinen Augen vorüber. Wie gelöst war meine Zunge, und was ich sprach,
klang wie Musik. Darauf ward alles wieder dunkel und
eng und gewöhnlich; ich sah deine Mutter mit freundlichem, verschämten Blick vor mir; sie hielt ein glänzendes
Kind in den Armen, und reichte mir es hin, als auf einmal
das Kind zusehends wuchs, immer heller und glänzender
ward, und sich endlich mit blendendweißen Flügeln über

uns erhob, uns beide in seinen Arm nahm, und so hoch
mit uns flog, daß die Erde nur wie eine goldene Schüssel
mit dem saubersten Schnitzwerk aussah. Dann erinnere
ich mir nur, daß wieder jene Blume und der Berg und der
Greis vorkamen; aber ich erwachte bald darauf und fühlte   5
mich von heftiger Liebe bewegt. Ich nahm Abschied von
meinem gastfreien Wirt, der mich bat, ihn oft wieder zu
besuchen, was ich ihm zusagte, und auch Wort gehalten
haben würde, wenn ich nicht bald darauf Rom verlassen
hätte, und ungestüm nach Augsburg gereist wäre.«   10

Zweites Kapitel

Johannis war vorbei, die Mutter hatte längst einmal nach
Augsburg ins väterliche Haus kommen und dem Großvater den noch unbekannten lieben Enkel mitbringen sollen. Einige gute Freunde des alten Ofterdingen, ein paar   15
Kaufleute, mußten in Handelsgeschäften dahin reisen. Da
faßte die Mutter den Entschluß, bei dieser Gelegenheit
jenen Wunsch auszuführen, und es lag ihr dies um so
mehr am Herzen, weil sie seit einiger Zeit merkte, daß
Heinrich weit stiller und in sich gekehrter war, als sonst.   20
Sie glaubte, er sei mißmütig oder krank, und eine weite
Reise, der Anblick neuer Menschen und Länder, und wie
sie verstohlen ahndete, die Reize einer jungen Landsmän-
nin würden die trübe Laune ihres Sohnes vertreiben, und
wieder einen so teilnehmenden und lebensfrohen Men-   25
schen aus ihm machen, wie er sonst gewesen. Der Alte
willigte in den Plan der Mutter, und Heinrich war über
die Maßen erfreut, in ein Land zu kommen, was er schon
lange, nach den Erzählungen seiner Mutter und mancher
Reisenden, wie ein irdisches Paradies sich gedacht, und   30
wohin er oft vergeblich sich gewünscht hatte.
Heinrich war eben zwanzig Jahr alt geworden. Er war nie

über die umliegenden Gegenden seiner Vaterstadt hinaus-
gekommen; die Welt war ihm nur aus Erzählungen bekannt. Wenig Bücher waren ihm ins Gesichte gekommen.
Bei der Hofhaltung des Landgrafen ging es nach der Sitte
der damaligen Zeiten einfach und still zu; und die Pracht
und Bequemlichkeit des fürstlichen Lebens dürfte sich
schwerlich mit den Annehmlichkeiten messen, die in spätern Zeiten ein bemittelter Privatmann sich und den Seinigen ohne Verschwendung verschaffen konnte. Dafür war
aber der Sinn für die Gerätschaften und Habseligkeiten,
die der Mensch zum mannigfachen Dienst seines Lebens
um sich her versammelt, desto zarter und tiefer. Sie waren
den Menschen werter und merkwürdiger. Zog schon das
Geheimnis der Natur und die Entstehung ihrer Körper
den ahndenden Geist an: so erhöhte die seltenere Kunst
ihrer Bearbeitung die romantische Ferne, aus der man sie
erhielt, und die Heiligkeit ihres Altertums, da sie sorgfäl-
tiger bewahrt, oft das Besitztum mehrerer Nachkom-
menschaften wurden, die Neigung zu diesen stummen
Gefährten des Lebens. Oft wurden sie zu dem Rang von
geweihten Pfändern eines besondern Segens und Schicksals erhoben, und das Wohl ganzer Reiche und weitver-
breiteter Familien hing an ihrer Erhaltung. Eine *liebliche*
Armut schmückte diese Zeiten mit einer eigentümlichen
ernsten und unschuldigen Einfalt; und die sparsam ver-
teilten Kleinodien glänzten desto bedeutender in dieser
Dämmerung, und erfüllten ein sinniges Gemüt mit wunderbaren Erwartungen. Wenn es wahr ist, daß erst eine
geschickte Verteilung von Licht, Farbe und Schatten die
verborgene Herrlichkeit der sichtbaren Welt offenbart,
und sich hier ein neues höheres Auge aufzutun scheint: so
war damals überall eine ähnliche Verteilung und Wirt-
schaftlichkeit wahrzunehmen; da hingegen die neuere
wohlhabendere Zeit das einförmige und unbedeutendere
Bild eines allgemeinen Tages darbietet. In allen Übergängen scheint, wie in einem Zwischenreiche, eine höhere,

geistliche Macht durchbrechen zu wollen; und wie auf der
Oberfläche unseres Wohnplatzes, die an unterirdischen
und überirdischen Schätzen reichsten Gegenden in der
Mitte zwischen den wilden, unwirtlichen Urgebirgen und
den unermeßlichen Ebenen liegen, so hat sich auch zwischen den rohen Zeiten der Barbarei, und dem kunstrei-
chen, vielwissenden und begüterten Weltalter eine tiefsinnige und romantische Zeit niedergelassen, die unter
schlichtem Kleide eine höhere Gestalt verbirgt. Wer wandelt nicht gern im Zwielichte, wenn die Nacht am Lichte
und das Licht an der Nacht in höhere Schatten und Farben
zerbricht; und also vertiefen wir uns willig in die Jahre,
wo Heinrich lebte und jetzt neuen Begebenheiten mit vollem Herzen entgegenging. Er nahm Abschied von seinen
Gespielen und seinem Lehrer, dem alten weisen Hofkaplan, der Heinrichts fruchtbare Anlagen kannte, und ihn
mit gerührtem Herzen und einem stillen Gebete entließ.
Die Landgräfin war seine Patin; er war oft auf der Wartburg bei ihr gewesen. Auch jetzt beurlaubte er sich bei
seiner Beschützerin, die ihm gute Lehren und eine goldene Halskette verehrte, und mit freundlichen Äußerungen
von ihm schied.
In wehmütiger Stimmung verließ Heinrich seinen Vater
und seine Geburtsstadt. Es ward ihm jetzt erst deutlich,
was Trennung sei; die Vorstellungen von der Reise waren
nicht von dem sonderbaren Gefühle begleitet gewesen,
was er jetzt empfand, als zuerst seine bisherige Welt von
ihm gerissen und er wie auf ein fremdes Ufer gespült
ward. Unendlich ist die jugendliche Trauer bei dieser ersten Erfahrung der Vergänglichkeit der irdischen Dinge,
die dem unerfahrnen Gemüt so notwendig, und unentbehrlich, so fest verwachsen mit dem eigentümlichsten
Dasein und so unveränderlich, wie dieses, vorkommen
müssen. Eine erste Ankündigung des Todes, bleibt die
erste Trennung unvergeßlich, und wird, nachdem sie lange wie ein nächtliches Gesicht den Menschen beängstigt

hat, endlich bei abnehmender Freude an den Erscheinungen des Tages, und zunehmender Sehnsucht nach einer bleibenden sichern Welt, zu einem freundlichen Wegweiser und einer tröstenden Bekanntschaft. Die Nähe seiner Mutter tröstete den Jüngling sehr. Die alte Welt schien noch nicht ganz verloren, und er umfaßte sie mit verdoppelter Innigkeit. Es war früh am Tage, als die Reisenden aus den Toren von Eisenach fortritten, und die Dämmerung begünstigte Heinrichs gerührte Stimmung. Je heller es ward, desto bemerklicher wurden ihm die neuen unbekannten Gegenden; und als auf einer Anhöhe die verlassene Landschaft von der aufgehenden Sonne auf einmal erleuchtet wurde, so fielen dem überraschten Jüngling alte Melodien seines Innern in den trüben Wechsel seiner Gedanken ein. Er sah sich an der Schwelle der Ferne, in die er oft vergebens von den nahen Bergen geschaut, und die er sich mit sonderbaren Farben ausgemalt hatte. Er war im Begriff, sich in ihre blaue Flut zu tauchen. Die Wunderblume stand vor ihm, und er sah nach Thüringen, welches er jetzt hinter sich ließ, mit der seltsamen Ahndung hinüber, als werde er nach langen Wanderungen von der Weltgegend her, nach welcher sie jetzt reisten, in sein Vaterland zurückkommen, und als reise er daher diesem eigentlich zu. Die Gesellschaft, die anfänglich aus ähnlichen Ursachen still gewesen war, fing nachgerade an aufzuwachen, und sich mit allerhand Gesprächen und Erzählungen die Zeit zu verkürzen. Heinrichs Mutter glaubte ihren Sohn aus den Träumereien reißen zu müssen, in denen sie ihn versunken sah, und fing an ihm von ihrem Vaterlande zu erzählen, von dem Hause ihres Vaters und dem fröhlichen Leben in Schwaben. Die Kaufleute stimmten mit ein, und bekräftigten die mütterlichen Erzählungen, rühmten die Gastfreiheit des alten Schwaning, und konnten nicht aufhören, die schönen Landsmänninnen ihrer Reisegefährtin zu preisen. »Ihr tut wohl«, sagten sie, »daß Ihr Euren Sohn dorthin führt. Die

Sitten Eures Vaterlandes sind milder und gefälliger. Die
Menschen wissen das Nützliche zu befördern, ohne das
Angenehme zu verachten. Jedermann sucht seine Bedürfnisse auf eine gesellige und reizende Art zu befriedigen.
Der Kaufmann befindet sich wohl dabei, und wird geehrt.   5
Die Künste und Handwerke vermehren und veredeln
sich, den Fleißigen dünkt die Arbeit leichter, weil sie ihm
zu mannigfachen Annehmlichkeiten verhilft, und er, indem er eine einförmige Mühe übernimmt, sicher ist, die
bunten Früchte mannigfacher und belohnender Beschäf-   10
tigungen dafür mitzugenießen. Geld, Tätigkeit und Waren erzeugen sich gegenseitig, und treiben sich in raschen
Kreisen, und das Land und die Städte blühen auf. Je eifri-
ger der Erwerbfleiß die Tage benutzt, desto ausschließli-
cher ist der Abend den reizenden Vergnügungen der   15
schönen Künste und des geselligen Umgangs gewidmet.
Das Gemüt sehnt sich nach Erholung und Abwechselung,
und wo sollte es diese auf eine anständigere und reizende-
re Art finden, als in der Beschäftigung mit den freien
Spielen und Erzeugnissen seiner edelsten Kraft, des bil-   20
denden Tiefsinns. Nirgends hört man so anmutige Sänger, findet so herrliche Maler, und nirgends sieht man auf
den Tanzsälen leichtere Bewegungen und lieblichere Gestalten. Die Nachbarschaft von Welschland zeigt sich in
dem ungezwungenen Betragen und den einnehmenden   25
Gesprächen. Euer Geschlecht darf die Gesellschaften
schmücken, und ohne Furcht vor Nachrede mit holdseli-
gem Bezeigen einen lebhaften Wetteifer, seine Aufmerksamkeit zu fesseln, erregen. Die rauhe Ernsthaftigkeit
und die wilde Ausgelassenheit der Männer macht einer   30
milden Lebendigkeit und sanfter bescheidner Freude
Platz, und die Liebe wird in tausendfachen Gestalten der
leitende Geist der glücklichen Gesellschaften. Weit entfernt, daß Ausschweifungen und unziemende Grundsätze
dadurch sollten herbeigelockt werden, scheint es, als flö-   35
hen die bösen Geister die Nähe der Anmut, und gewiß

sind in ganz Deutschland keine unbescholtenere Mädchen und keine treuere Frauen, als in Schwaben.

Ja, junger Freund, in der klaren warmen Luft des südlichen Deutschlands werdet Ihr Eure ernste Schüchternheit
5 wohl ablegen; die fröhlichen Mädchen werden Euch wohl geschmeidig und gesprächig machen. Schon Euer Name, als Fremder, und Eure nahe Verwandtschaft mit dem alten Schwaning, der die Freude jeder fröhlichen Gesellschaft ist, werden die reizenden Augen der Mädchen auf
10 sich ziehn; und wenn Ihr Eurem Großvater folgt, so werdet Ihr gewiß unsrer Vaterstadt eine ähnliche Zierde in einer holdseligen Frau mitbringen, wie Euer Vater.« Mit freundlichem Erröten dankte Heinrichs Mutter für das schöne Lob ihres Vaterlandes, und die gute Meinung von
15 ihren Landsmänninnen, und der gedankenvolle Heinrich hatte nicht umhin gekonnt, aufmerksam und mit innigem Wohlgefallen der Schilderung des Landes, dessen Anblick ihm bevorstand, zuzuhören. »Wenn Ihr auch«, fuhren die Kaufleute fort, »die Kunst Eures Vaters nicht ergrei
20 fen, und lieber, wie wir gehört haben, Euch mit gelehrten Dingen befassen wollt: so braucht Ihr nicht Geistlicher zu werden, und Verzicht auf die schönsten Genüsse dieses Lebens zu leisten. Es ist eben schlimm genug, daß die Wissenschaften in den Händen eines so von dem weltli
25 chen Leben abgesonderten Standes, und die Fürsten von so ungeselligen und wahrhaft unerfahrenen Männern beraten sind. In der Einsamkeit in welcher sie nicht selbst teil an den Weltgeschäften nehmen, müssen ihre Gedanken eine unnütze Wendung erhalten, und können nicht
30 auf die wirklichen Vorfälle passen. In Schwaben trefft Ihr auch wahrhaft kluge und erfahrne Männer unter den Laien; und Ihr mögt nun wählen, welchen Zweig menschlicher Kenntnisse Ihr wollt: so wird es Euch nicht an den besten Lehrern und Ratgebern fehlen.« Nach einer Weile
35 sagte Heinrich, dem bei dieser Rede sein Freund der Hofkaplan in den Sinn gekommen war: »Wenn ich bei meiner

Unkunde von der Beschaffenheit der Welt euch auch eben
nicht abfällig sein kann, in dem was ihr von der Unfähig-
keit der Geistlichen zu Führung und Beurteilung welt-
licher Angelegenheiten behauptet: so ist mirs doch wohl
erlaubt, euch an unsern trefflichen Hofkaplan zu erin-   5
nern, der gewiß ein Muster eines weisen Mannes ist, und
dessen Lehren und Ratschläge mir unvergessen sein
werden.«

»Wir ehren«, erwiderten die Kaufleute, »diesen trefflichen Mann von ganzem Herzen; aber dennoch können   10
wir nur insofern Eurer Meinung Beifall geben, daß er ein
weiser Mann sei, wenn Ihr von jener Weisheit sprecht, die
einen Gott wohlgefälligen Lebenswandel angeht. Haltet
Ihr ihn für ebenso weltklug, als er in den Sachen des Heils
geübt und unterrichtet ist: so erlaubt uns, daß wir Euch   15
nicht beistimmen. Doch glauben wir, daß dadurch der
heilige Mann nichts von seinem verdienten Lobe verliert;
da er viel zu vertieft in der Kunde der überirdischen Welt
ist, als daß er nach Einsicht und Ansehn in irdischen Dingen streben sollte.«   20

»Aber«, sagte Heinrich, »sollte nicht jene höhere Kunde
ebenfalls geschickt machen, recht unparteiisch den Zügel
menschlicher Angelegenheiten zu führen? sollte nicht jene kindliche unbefangene Einfalt sicherer den richtigen
Weg durch das Labyrinth der hiesigen Begebenheiten   25
treffen, als die durch Rücksicht auf eigenen Vorteil irrege-
leitete und gehemmte, von der unerschöpflichen Zahl
neuer Zufälle und Verwickelungen geblendete Klugheit?
Ich weiß nicht, aber mich dünkt, ich sähe zwei Wege um
zur Wissenschaft der menschlichen Geschichte zu gelan-   30
gen. Der eine, mühsam und unabsehlich, mit unzähligen
Krümmungen, der Weg der Erfahrung; der andere, fast
Ein Sprung nur, der Weg der innern Betrachtung. Der
Wanderer des ersten muß eins aus dem andern in einer
langwierigen Rechnung finden, wenn der andere die Na-   35
tur jeder Begebenheit und jeder Sache gleich unmittelbar

anschaut, und sie in ihrem lebendigen, mannigfaltigen
Zusammenhange betrachten, und leicht mit allen übrigen,
wie Figuren auf einer Tafel, vergleichen kann. Ihr müßt
verzeihen, wenn ich wie aus kindischen Träumen vor
euch rede; nur das Zutrauen zu eurer Güte und das Andenken meines Lehrers, der den zweiten Weg mir als seinen eignen von weitem gezeigt hat, machte mich so
dreist.«

»Wir gestehen Euch gern«, sagten die gutmütigen Kaufleute, »daß wir Eurem Gedankengange nicht zu folgen
vermögen: doch freut es uns, daß Ihr so warm Euch des
trefflichen Lehrers erinnert, und seinen Unterricht wohl
gefaßt zu haben scheint.
Es dünkt uns, Ihr habt Anlage zum Dichter. Ihr sprecht
so geläufig von den Erscheinungen Eures Gemüts, und es
fehlt Euch nicht an gewählten Ausdrücken und passenden
Vergleichungen. Auch neigt Ihr Euch zum Wunderbaren,
als dem Elemente der Dichter.«

»Ich weiß nicht«, sagte Heinrich, »wie es kommt. Schon
oft habe ich von Dichtern und Sängern sprechen gehört,
und habe noch nie einen gesehn. Ja, ich kann mir nicht
einmal einen Begriff von ihrer sonderbaren Kunst machen, und doch habe ich eine große Sehnsucht davon zu
hören. Es ist mir, als würde ich manches besser verstehen,
was jetzt nur dunkle Ahndung in mir ist. Von Gedichten
ist oft erzählt worden, aber nie habe ich eins zu sehen
bekommen, und mein Lehrer hat nie Gelegenheit gehabt
Kenntnisse von dieser Kunst einzuziehn. Alles, was er
mir davon gesagt, habe ich nicht deutlich begreifen können. Doch meinte er immer, es sei eine edle Kunst, der ich
mich ganz ergeben würde, wenn ich sie einmal kennen
lernte. In alten Zeiten sei sie weit gemeiner gewesen, und
habe jedermann einige Wissenschaft davon gehabt, jedoch einer vor dem andern. Sie sei noch mit andern verloren gegangenen herrlichen Künsten verschwistert gewesen. Die Sänger hätte göttliche Gunst hoch geehrt, so daß

sie begeistert durch unsichtbaren Umgang, himmlische
Weisheit auf Erden in lieblichen Tönen verkündigen
können.«

Die Kaufleute sagten darauf: »Wir haben uns freilich nie
um die Geheimnisse der Dichter bekümmert, wenn wir
gleich mit Vergnügen ihrem Gesange zugehört. Es mag
wohl wahr sein, daß eine besondere Gestirnung dazu gehört, wenn ein Dichter zur Welt kommen soll; denn es ist
gewiß eine recht wunderbare Sache mit dieser Kunst.
Auch sind die andern Künste gar sehr davon unterschie-
den, und lassen sich weit eher begreifen. Bei den Malern
und Tonkünstlern kann man leicht einsehn, wie es zu-
geht, und mit Fleiß und Geduld läßt sich beides lernen.
Die Töne liegen schon in den Saiten, und es gehört nur
eine Fertigkeit dazu, diese zu bewegen um jene in einer
reizenden Folge aufzuwecken. Bei den Bildern ist die Natur die herrlichste Lehrmeisterin. Sie erzeugt unzählige
schöne und wunderliche Figuren, gibt die Farben, das
Licht und den Schatten, und so kann eine geübte Hand,
ein richtiges Auge, und die Kenntnis von der Bereitung
und Vermischung der Farben, die Natur auf das vollkom-
menste nachahmen. Wie natürlich ist daher auch die Wirkung dieser Künste, das Wohlgefallen an ihren Werken,
zu begreifen. Der Gesang der Nachtigall, das Sausen des
Windes, und die herrlichen Lichter, Farben und Gestalten gefallen uns, weil sie unsere Sinne angenehm beschäftigen; und da unsere Sinne dazu von der Natur, die auch
jenes hervorbringt, so eingerichtet sind, so muß uns auch
die künstliche Nachahmung der Natur gefallen. Die Natur will selbst auch einen Genuß von ihrer großen Künst-
lichkeit haben, und darum hat sie sich in Menschen verwandelt, wo sie nun selber sich über ihre Herrlichkeit
freut, das Angenehme und Liebliche von den Dingen ab-
sondert, und es auf solche Art allein hervorbringt, daß sie
es auf mannigfaltigere Weise, und zu allen Zeiten und
allen Orten haben und genießen kann. Dagegen ist von

der Dichtkunst sonst nirgends äußerlich etwas anzutref-
fen. Auch schafft sie nichts mit Werkzeugen und Händen;
das Auge und das Ohr vernehmen nichts davon: denn das
bloße Hören der Worte ist nicht die eigentliche Wirkung
5 dieser geheimen Kunst. Es ist alles innerlich, und wie jene
Künstler die äußern Sinne mit angenehmen Empfindungen erfüllen, so erfüllt der Dichter das inwendige Heilig-
tum des Gemüts mit neuen, wunderbaren und gefälligen
Gedanken. Er weiß jene geheimen Kräfte in uns nach
10 Belieben zu erregen, und gibt uns durch Worte eine unbekannte herrliche Welt zu vernehmen. Wie aus tiefen Höhlen steigen alte und künftige Zeiten, unzählige Menschen,
wunderbare Gegenden, und die seltsamsten Begebenheiten in uns herauf, und entreißen uns der bekannten Ge-
15 genwart. Man hört fremde Worte und weiß doch, was sie
bedeuten sollen. Eine magische Gewalt üben die Sprüche
des Dichters aus; auch die gewöhnlichen Worte kommen
in reizenden Klängen vor, und berauschen die festgebann-
ten Zuhörer.«
20 »Ihr verwandelt meine Neugierde in heiße Ungeduld«,
sagte Heinrich. »Ich bitte euch, erzählt mir von allen Sängern, die ihr gehört habt. Ich kann nicht genug von diesen
besondern Menschen hören. Mir ist auf einmal, als hätte
ich irgendwo schon davon in meiner tiefsten Jugend reden
25 hören, doch kann ich mich schlechterdings nichts mehr
davon entsinnen. Aber mir ist das, was ihr sagt, so klar, so
bekannt, und ihr macht mir ein außerordentliches Vergnügen mit euren schönen Beschreibungen.«
»Wir erinnern uns selbst gern«, fuhren die Kaufleute fort,
30 »mancher frohen Stunden, die wir in Welschland, Frankreich und Schwaben in der Gesellschaft von Sängern zu-
gebracht haben, und freuen uns, daß Ihr so lebhaften Anteil an unsern Reden nehmet. Wenn man so in Gebirgen
reist, spricht es sich mit doppelter Annehmlichkeit, und
35 die Zeit vergeht spielend. Vielleicht ergötzt es Euch einige
artige Geschichten von Dichtern zu hören, die wir auf

unsern Reisen erfuhren. Von den Gesängen selbst, die wir
gehört haben, können wir wenig sagen, da die Freude und
der Rausch des Augenblicks das Gedächtnis hindert viel
zu behalten, und die unaufhörlichen Handelsgeschäfte
manches Andenken auch wieder verwischt haben.

In alten Zeiten muß die ganze Natur lebendiger und sinn-
voller gewesen sein, als heutzutage. Wirkungen, die jetzt
kaum noch die Tiere zu bemerken scheinen, und die Menschen eigentlich allein noch empfinden und genießen, bewegten damals leblose Körper; und so war es möglich,
daß kunstreiche Menschen allein Dinge möglich machten
und Erscheinungen hervorbrachten, die uns jetzt völlig
unglaublich und fabelhaft dünken. So sollen vor uralten
Zeiten in den Ländern des jetzigen griechischen Kaiser-
tums, wie uns Reisende berichtet, die diese Sagen noch
dort unter dem gemeinen Volke angetroffen haben, Dichter gewesen sein, die durch den seltsamen Klang wunderbarer Werkzeuge das geheime Leben der Wälder, die in
den Stämmen verborgenen Geister aufgeweckt, in wü-
sten, verödeten Gegenden den toten Pflanzensamen erregt, und blühende Gärten hervorgerufen, grausame Tiere gezähmt und verwilderte Menschen zu Ordnung und
Sitte gewöhnt, sanfte Neigungen und Künste des Friedens
in ihnen rege gemacht, reißende Flüsse in milde Gewässer
verwandelt, und selbst die totesten Steine in regelmäßige
tanzende Bewegungen hingerissen haben. Sie sollen zugleich Wahrsager und Priester, Gesetzgeber und Ärzte
gewesen sein, indem selbst die höhern Wesen durch ihre
zauberische Kunst herabgezogen worden sind, und sie in
den Geheimnissen der Zukunft unterrichtet, das Ebenmaß und die natürliche Einrichtung aller Dinge, auch die
innern Tugenden und Heilkräfte der Zahlen, Gewächse
und aller Kreaturen, ihnen offenbart. Seitdem sollen, wie
die Sage lautet, erst die mannigfaltigen Töne und die sonderbaren Sympathien und Ordnungen in die Natur gekommen sein, indem vorher alles wild, unordentlich und
feindselig gewesen ist. Seltsam ist nur hiebei, daß zwar

diese schönen Spuren, zum Andenken der Gegenwart jener wohltätigen Menschen, geblieben sind, aber entweder
ihre Kunst, oder jene zarte Gefühligkeit der Natur verloren gegangen ist. In diesen Zeiten hat es sich unter andern
5 einmal zugetragen, daß einer jener sonderbaren Dichter
oder mehr Tonkünstler – wiewohl die Musik und Poesie
wohl ziemlich eins sein mögen und vielleicht ebenso zusammen gehören, wie Mund und Ohr, da der erste nur ein
bewegliches und antwortendes Ohr ist – daß also dieser
10 Tonkünstler übers Meer in ein fremdes Land reisen wollte. Er war reich an schönen Kleinodien und köstlichen
Dingen, die ihm aus Dankbarkeit verehrt worden waren.
Er fand ein Schiff am Ufer, und die Leute darin schienen
bereitwillig, ihn für den verheißenen Lohn nach der ver-
15 langten Gegend zu fahren. Der Glanz und die Zierlichkeit
seiner Schätze reizten aber bald ihre Habsucht so sehr,
daß sie untereinander verabredeten, sich seiner zu bemächtigen, ihn ins Meer zu werfen, und nachher seine
Habe untereinander zu verteilen. Wie sie also mitten im
20 Meere waren, fielen sie über ihn her, und sagten ihm, daß
er sterben müsse, weil sie beschlossen hätten, ihn ins Meer
zu werfen. Er bat sie auf die rührendste Weise um sein
Leben, bot ihnen seine Schätze zum Lösegeld an, und
prophezeite ihnen großes Unglück, wenn sie ihren Vor-
25 satz ausführen würden. Aber weder das eine, noch das
andere konnte sie bewegen: denn sie fürchteten sich, daß
er ihre bösliche Tat einmal verraten möchte. Da er sie
nun einmal so fest entschlossen sah, bat er sie ihm wenigstens zu erlauben, daß er noch vor seinem Ende seinen
30 Schwanengesang spielen dürfe, dann wolle er mit seinem schlichten hölzernen Instrumente, vor ihren Augen
freiwillig ins Meer springen. Sie wußten recht wohl, daß
wenn sie seinen Zaubergesang hörten, ihre Herzen er-
weicht, und sie von Reue ergriffen werden würden; daher
35 nahmen sie sich vor, ihm zwar diese letzte Bitte zu gewähren, während des Gesanges aber sich die Ohren fest zu
verstopfen, daß sie nichts davon vernähmen, und so bei

ihrem Vorhaben bleiben könnten. Dies geschah. Der Sänger stimmte einen herrlichen, unendlich rührenden Gesang an. Das ganze Schiff tönte mit, die Wellen klangen, die Sonne und die Gestirne erschienen zugleich am Himmel, und aus den grünen Fluten tauchten tanzende Scharen von Fischen und Meerungeheuern hervor. Die Schiffer standen feindselig allein mit festverstopften Ohren, und warteten voll Ungeduld auf das Ende des Liedes. Bald war es vorüber. Da sprang der Sänger mit heitrer Stirn in den dunkeln Abgrund hin, sein wundertätiges Werkzeug im Arm. Er hatte kaum die glänzenden Wogen berührt, so hob sich der breite Rücken eines dankbaren Untiers unter ihm hervor, und es schwamm schnell mit dem erstaunten Sänger davon. Nach kurzer Zeit hatte es mit ihm die Küste erreicht, nach der er hingewollt hatte, und setzte ihn sanft im Schilfe nieder. Der Dichter sang seinem Retter ein frohes Lied, und ging dankbar von dannen. Nach einiger Zeit ging er einmal am Ufer des Meers allein, und klagte in süßen Tönen über seine verlorenen Kleinode, die ihm als Erinnerungen glücklicher Stunden und als Zeichen der Liebe und Dankbarkeit so wert gewesen waren. Indem er so sang, kam plötzlich sein alter Freund im Meere fröhlich daher gerauscht, und ließ aus seinem Rachen die geraubten Schätze auf den Sand fallen. Die Schiffer hatten, nach des Sängers Sprunge, sich sogleich in seine Hinterlassenschaft zu teilen angefangen. Bei dieser Teilung war Streit unter ihnen entstanden, und hatte sich in einen mörderischen Kampf geendigt, der den meisten das Leben gekostet; die wenigen, die übrig geblieben, hatten allein das Schiff nicht regieren können, und es war bald auf den Strand geraten, wo es scheiterte und unterging. Sie brachten mit genauer Not das Leben davon, und kamen mit leeren Händen und zerrissenen Kleidern ans Land, und so kehrten durch die Hülfe des dankbaren Meertiers, das die Schätze im Meere aufsuchte, dieselben in die Hände ihres alten Besitzers zurück.«

Drittes Kapitel

»Eine andere Geschichte«, fuhren die Kaufleute nach einer Pause fort, »die freilich nicht so wunderbar und auch aus spätern Zeiten ist, wird Euch vielleicht doch gefallen,
5 und Euch mit den Wirkungen jener wunderbaren Kunst noch bekannter machen. Ein alter König hielt einen glänzenden Hof. Weit und breit strömten Menschen herzu, um teil an der Herrlichkeit seines Lebens zu haben, und es gebrach weder den täglichen Festen an Überfluß köst-
10 licher Waren des Gaumes, noch an Musik, prächtigen Verzierungen und Trachten, und tausend abwechselnden Schauspielen und Zeitvertreiben, noch endlich an sinnreicher Anordnung, an klugen, gefälligen, und unterrichteten Männern zur Unterhaltung und Beseelung der Ge-
15 spräche, und an schöner, anmutiger Jugend von beiden Geschlechtern, die die eigentliche Seele reizender Feste ausmachen. Der alte König, der sonst ein strenger und ernster Mann war, hatte zwei Neigungen, die der wahre Anlaß dieser prächtigen Hofhaltung waren, und denen sie
20 ihre schöne Einrichtung zu danken hatte. Eine war die Zärtlichkeit für seine Tochter, die ihm als Andenken seiner früh verstorbenen Gemahlin und als ein unaussprechlich liebenswürdiges Mädchen unendlich teuer war, und für die er gern alle Schätze der Natur und alle Macht des
25 menschlichen Geistes aufgeboten hätte, um ihr einen Himmel auf Erden zu verschaffen. Die andere war eine wahre Leidenschaft für die Dichtkunst und ihre Meister. Er hatte von Jugend auf die Werke der Dichter mit innigem Vergnügen gelesen; an ihre Sammlung aus allen Spra-
30 chen großen Fleiß und große Summen gewendet, und von jeher den Umgang der Sänger über alles geschätzt. Von allen Enden zog er sie an seinen Hof und überhäufte sie mit Ehren. Er ward nicht müde ihren Gesängen zuzuhören, und vergaß oft die wichtigsten Angelegenheiten, ja
35 die Bedürfnisse des Lebens über einem neuen, hinreißen-

den Gesange. Seine Tochter war unter Gesängen aufge-
wachsen, und ihre ganze Seele war ein zartes Lied geworden, ein einfacher Ausdruck der Wehmut und Sehnsucht.
Der wohltätige Einfluß der beschützten und geehrten
Dichter zeigte sich im ganzen Lande, besonders aber am
Hofe. Man genoß das Leben mit langsamen, kleinen Zügen wie einen köstlichen Trank, und mit desto reinerem
Wohlbehagen, da alle widrige gehässige Leidenschaften,
wie Mißtöne von der sanften harmonischen Stimmung
verscheucht wurden, die in allen Gemütern herrschend
war. Frieden der Seele und innres seliges Anschauen einer
selbst geschaffenen, glücklichen Welt war das Eigentum
dieser wunderbaren Zeit geworden, und die Zwietracht
erschien nur in den alten Sagen der Dichter, als eine ehmalige Feindin der Menschen. Es schien, als hätten die Geister des Gesanges ihrem Beschützer kein lieblicheres Zeichen der Dankbarkeit geben können, als seine Tochter,
die alles besaß, was die süßeste Einbildungskraft nur in
der zarten Gestalt eines Mädchens vereinigen konnte.
Wenn man sie an den schönen Festen unter einer Schar
reizender Gespielen, im weißen glänzenden Gewande erblickte, wie sie den Wettgesängen der begeisterten Sänger
mit tiefem Lauschen zuhörte, und errötend einen duften-
den Kranz auf die Locken des Glücklichen drückte, dessen Lied den Preis gewonnen hatte: so hielt man sie für die
sichtbare Seele jener herrlichen Kunst, die jene Zauber-
sprüche beschworen hätten, und hörte auf sich über die
Entzückungen und Melodien der Dichter zu wundern.
Mitten in diesem irdischen Paradiese schien jedoch ein
geheimnisvolles Schicksal zu schweben. Die einzige Sorge
der Bewohner dieser Gegenden betraf die Vermählung
der aufblühenden Prinzessin, von der die Fortdauer dieser seligen Zeiten und das Verhängnis des ganzen Landes
abhing. Der König ward immer älter. Ihm selbst schien
diese Sorge lebhaft am Herzen zu liegen, und doch zeigte
sich keine Aussicht zu einer Vermählung für sie, die allen

Wünschen angemessen gewesen wäre. Die heilige Ehrfurcht für das königliche Haus erlaubte keinem Untertan,
an die Möglichkeit zu denken, die Prinzessin zu besitzen.
Man betrachtete sie wie ein überirdisches Wesen, und alle
5 Prinzen aus andern Ländern, die sich mit Ansprüchen auf
sie am Hofe gezeigt hatten, schienen so tief unter ihr zu
sein, daß kein Mensch auf den Einfall kam, die Prinzessin
oder der König werde die Augen auf einen unter ihnen
richten. Das Gefühl des Abstandes hatte sie auch allmäh-
10 lich alle verscheucht, und das ausgesprengte Gerücht des
ausschweifenden Stolzes dieser königlichen Familie
schien andern alle Lust zu benehmen, sich ebenfalls gede-
mütigt zu sehn. Ganz ungegründet war auch dieses Gerücht nicht. Der König war bei aller Milde beinah unwill-
15 kürlich in ein Gefühl der Erhabenheit geraten, was ihm
jeden Gedanken an die Verbindung seiner Tochter mit
einem Manne von niedrigerem Stande und dunklerer
Herkunft unmöglich oder unerträglich machte. Ihr hoher, einziger Wert hatte jenes Gefühl in ihm immer mehr
20 bestätigt. Er war aus einer uralten morgenländischen Kö-
nigsfamilie entsprossen. Seine Gemahlin war der letzte
Zweig der Nachkommenschaft des berühmten Helden
Rustan gewesen. Seine Dichter hatten ihm unaufhörlich
von seiner Verwandtschaft mit den ehemaligen über-
25 menschlichen Beherrschern der Welt vorgesungen, und in
dem Zauberspiegel ihrer Kunst war ihm der Abstand seiner Herkunft von dem Ursprunge der andern Menschen,
die Herrlichkeit seines Stammes noch heller erschienen,
so daß es ihn dünkte, nur durch die edlere Klasse der
30 Dichter mit dem übrigen Menschengeschlechte zusam-
menzuhängen. Vergebens sah er sich mit voller Sehnsucht
nach einem zweiten Rustan um, indem er fühlte, daß das
Herz seiner aufblühenden Tochter, der Zustand seines
Reichs, und sein zunehmendes Alter ihre Vermählung in
35 aller Absicht sehr wünschenswert machten.
Nicht weit von der Hauptstadt lebte auf einem abgelege-

nen Landgute ein alter Mann, der sich ausschließlich mit
der Erziehung seines einzigen Sohnes beschäftigte, und
nebenher den Landleuten in wichtigen Krankheiten Rat
erteilte. Der junge Mensch war ernst und ergab sich einzig
der Wissenschaft der Natur, in welcher ihn sein Vater von   5
Kindheit auf unterrichtete. Aus fernen Gegenden war der
Alte vor mehreren Jahren in dies friedliche und blühende
Land gezogen, und begnügte sich den wohltätigen Frieden, den der König um sich verbreitete, in der Stille zu
genießen. Er benutzte sie, die Kräfte der Natur zu erfor-   10
schen, und diese hinreißenden Kenntnisse seinem Sohne
mitzuteilen, der viel Sinn dafür verriet und dessen tiefem
Gemüt die Natur bereitwillig ihre Geheimnisse anver-
traute. Die Gestalt des jungen Menschen schien gewöhnlich und unbedeutend, wenn man nicht einen höhern Sinn   15
für die geheimere Bildung seines edlen Gesichts und die
ungewöhnliche Klarheit seiner Augen mitbrachte. Je länger man ihn ansah, desto anziehender ward er, und man
konnte sich kaum wieder von ihm trennen, wenn man
seine sanfte, eindringende Stimme und seine anmutige   20
Gabe zu sprechen hörte. Eines Tages hatte die Prinzessin,
deren Lustgärten an den Wald stießen, der das Landgut
des Alten in einem kleinen Tale verbarg, sich allein zu
Pferde in den Wald begeben, um desto ungestörter ihren
Phantasien nachhängen und einige schöne Gesänge sich   25
wiederholen zu können. Die Frische des hohen Waldes
lockte sie immer tiefer in seine Schatten, und so kam sie
endlich an das Landgut, wo der Alte mit seinem Sohne
lebte. Es kam ihr die Lust an, Milch zu trinken, sie stieg
ab, band ihr Pferd an einen Baum, und trat in das Haus,   30
um sich einen Trunk Milch auszubitten. Der Sohn war
gegenwärtig, und erschrak beinah über diese zauberhafte
Erscheinung eines majestätischen weiblichen Wesens, das
mit allen Reizen der Jugend und Schönheit geschmückt,
und von einer unbeschreiblich anziehenden Durchsich-   35
tigkeit der zartesten, unschuldigsten und edelsten Seele

beinah vergöttlicht wurde. Während er eilte ihre wie Gei-
stergesang tönende Bitte zu erfüllen, trat ihr der Alte mit
bescheidner Ehrfurcht entgegen, und lud sie ein, an dem
einfachen Herde, der mitten im Hause stand, und auf
5 welchem eine leichte blaue Flamme ohne Geräusch em-
porspielte, Platz zu nehmen. Es fiel ihr, gleich beim Ein-
tritt, der mit tausend seltenen Sachen gezierte Hausraum,
die Ordnung und Reinlichkeit des Ganzen, und eine seltsame Heiligkeit des Ortes auf, deren Eindruck noch
10 durch den schlicht gekleideten ehrwürdigen Greis und
den bescheidnen Anstand des Sohnes erhöhet wurde. Der
Alte hielt sie gleich für eine zum Hof gehörige Person,
wozu ihre kostbare Tracht, und ihr edles Betragen ihm
Anlaß genug gab. Während der Abwesenheit des Sohnes
15 befragte sie ihn um einige Merkwürdigkeiten, die ihr vorzüglich in die Augen fielen, worunter besonders einige
alte, sonderbare Bilder waren, die neben ihrem Sitze auf
dem Herde standen, und er war bereitwillig sie auf eine
anmutige Art damit bekannt zu machen. Der Sohn kam
20 bald mit einem Kruge voll frischer Milch zurück, und
reichte ihr denselben mit ungekünsteltem und ehrfuchts-
vollem Wesen. Nach einigen anziehenden Gesprächen
mit beiden, dankte sie auf die lieblichste Weise für die
freundliche Bewirtung, bat errötend den Alten um die
25 Erlaubnis wieder kommen, und seine lehrreichen Gespräche über die vielen wunderbaren Sachen genießen zu dürfen, und ritt zurück, ohne ihren Stand verraten zu haben,
da sie merkte, daß Vater und Sohn sie nicht kannten.
Ohnerachtet die Hauptstadt so nahe lag, hatten beide, in
30 ihre Forschungen vertieft, das Gewühl der Menschen zu
vermeiden gesucht, und es war dem Jüngling nie eine Lust
angekommen, den Festen des Hofes beizuwohnen; besonders da er seinen Vater höchstens auf eine Stunde zu
verlassen pflegte, um zuweilen im Walde nach Schmetter-
35 lingen, Käfern und Pflanzen umherzugehn, und die Eingebungen des stillen Naturgeistes durch den Einfluß sei-

ner mannigfaltigen äußeren Lieblichkeiten zu vernehmen. Dem Alten, der Prinzessin und dem Jüngling war
die einfache Begebenheit des Tages gleich wichtig. Der
Alte hatte leicht den neuen tiefen Eindruck bemerkt, den
die Unbekannte auf seinen Sohn machte. Er kannte diesen   5
genug, um zu wissen, daß jeder tiefe Eindruck bei ihm ein
lebenslänglicher sein würde. Seine Jugend und die Natur
seines Herzens mußten die erste Empfindung dieser Art
zur unüberwindlichen Neigung machen. Der Alte hatte
lange eine solche Begebenheit herannahen sehen. Die ho-   10
he Liebenswürdigkeit der Erscheinung flößte ihm unwillkürlich eine innige Teilnahme ein, und sein zuversichtli-
ches Gemüt entfernte alle Besorgnisse über die Entwickelung dieses sonderbaren Zufalls. Die Prinzessin hatte sich
nie in einem ähnlichen Zustande befunden, wie der war,   15
in welchem sie langsam nach Hause ritt. Es konnte vor der
einzigen helldunklen wunderbar beweglichen Empfindung einer neuen Welt, kein eigentlicher Gedanke in ihr
entstehen. Ein magischer Schleier dehnte sich in weiten
Falten um ihr klares Bewußtsein. Es war ihr, als würde sie   20
sich, wenn er aufgeschlagen würde, in einer überirdischen
Welt befinden. Die Erinnerung an die Dichtkunst, die
bisher ihre ganze Seele beschäftigt hatte, war zu einem
fernen Gesange geworden, der ihren seltsam lieblichen
Traum mit den ehemaligen Zeiten verband. Wie sie zu-   25
rück in den Palast kam, erschrak sie beinah über seine
Pracht und sein buntes Leben, noch mehr aber bei der
Bewillkommung ihres Vaters, dessen Gesicht zum ersten
Male in ihrem Leben eine scheue Ehrfurcht in ihr erregte.
Es schien ihr eine unabänderliche Notwendigkeit, nichts   30
von ihrem Abenteuer zu erwähnen. Man war ihre schwär-
merische Ernsthaftigkeit, ihren in Phantasieen und tiefes
Sinnen verlornen Blick schon zu gewohnt, um etwas Au-
ßerordentliches darin zu bemerken. Es war ihr jetzt nicht
mehr so lieblich zumute; sie schien sich unter lauter   35
Fremden, und eine sonderbare Bänglichkeit begleitete sie

bis an den Abend, wo das frohe Lied eines Dichters, der
die Hoffnung pries, und von den Wundern des Glaubens
an die Erfüllung unsrer Wünsche mit hinreißender Begeisterung sang, sie mit süßem Trost erfüllte und in die ange-
5 nehmsten Träume wiegte. Der Jüngling hatte sich gleich
nach ihrem Abschiede in den Wald verloren. An der Seite
des Weges war er in Gebüschen bis an die Pforten des
Gartens ihr gefolgt, und dann auf dem Wege zurückge-
gangen. Wie er so ging, sah er vor seinen Füßen einen
10 hellen Glanz. Er bückte sich danach und hob einen dun-
kelroten Stein auf, der auf einer Seite außerordentlich funkelte, und auf der andern eingegrabene unverständliche
Chiffern zeigte. Er erkannte ihn für einen kostbaren Karfunkel, und glaubte ihn in der Mitte des Halsbandes an
15 der Unbekannten bemerkt zu haben. Er eilte mit beflügel-
ten Schritten nach Hause, als wäre sie noch dort, und
brachte den Stein seinem Vater. Sie wurden einig, daß der
Sohn den andern Morgen auf den Weg zurückgehn und
warten sollte, ob der Stein gesucht würde, wo er ihn dann
20 zurückgeben könnte; sonst wollten sie ihn bis zu einem
zweiten Besuche der Unbekannten aufheben, um ihr
selbst ihn zu überreichen. Der Jüngling betrachtete fast
die ganze Nacht den Karfunkel und fühlte gegen Morgen
ein unwiderstehliches Verlangen einige Worte auf den
25 Zettel zu schreiben, in welchen er den Stein einwickelte.
Er wußte selbst nicht genau, was er sich bei den Worten
dachte, die er hinschrieb.

> Es ist dem Stein ein rätselhaftes Zeichen
> Tief eingegraben in sein glühend Blut,
30 > Er ist mit einem Herzen zu vergleichen,
> In dem das Bild der Unbekannten ruht.
> Man sieht um jenen tausend Funken streichen,
> Um dieses woget eine lichte Flut.
> In jenem liegt des Glanzes Licht begraben,
35 > Wird dieses auch das Herz des Herzens haben?

Kaum daß der Morgen anbrach, so begab er sich schon auf
den Weg, und eilte der Pforte des Gartens zu.

Unterdessen hatte die Prinzessin abends beim Auskleiden
den teuren Stein in ihrem Halsbande vermißt, der ein
Andenken ihrer Mutter und noch dazu ein Talisman war,   5
dessen Besitz ihr die Freiheit ihrer Person sicherte, indem
sie damit nie in fremde Gewalt ohne ihren Willen geraten
konnte.

Dieser Verlust befremdete sie mehr, als daß er sie er-
schreckt hätte. Sie erinnerte sich, ihn gestern bei dem   10
Spazierritt noch gehabt zu haben, und glaubte fest, daß er
entweder im Hause des Alten, oder auf dem Rückwege im
Walde verloren gegangen sein müsse; der Weg war ihr
noch in frischem Andenken, und so beschloß sie gleich
früh den Stein aufzusuchen, und ward bei diesem Gedan-   15
ken so heiter, daß es fast das Ansehn gewann, als sei sie gar
nicht unzufrieden mit dem Verluste, weil er Anlaß gäbe
jenen Weg sogleich noch einmal zu machen. Mit dem
Tage ging sie durch den Garten nach dem Walde, und weil
sie eilfertiger ging als gewöhnlich, so fand sie es ganz   20
natürlich, daß ihr das Herz lebhaft schlug, und ihr die
Brust beklomm. Die Sonne fing eben an, die Wipfel der
alten Bäume zu vergolden, die sich mit sanftem Flüstern
bewegten, als wollten sie sich gegenseitig aus nächtlichen
Gesichtern erwecken, um die Sonne gemeinschaftlich zu   25
begrüßen, als die Prinzessin durch ein fernes Geräusch
veranlaßt, den Weg hinunter und den Jüngling auf sich
zueilen sah, der in demselben Augenblick ebenfalls sie
bemerkte.

Wie angefesselt blieb er eine Weile stehn, und blickte un-   30
verwandt sie an, gleichsam um sich zu überzeugen, daß
ihre Erscheinung wirklich und keine Täuschung sei. Sie
begrüßten sich mit einem zurückgehaltenen Ausdruck
von Freude, als hätten sie sich schon lange gekannt und
geliebt. Noch ehe die Prinzessin die Ursache ihres frühen   35
Spazierganges ihm entdecken konnte, überreichte er ihr

mit Erröten und Herzklopfen den Stein in dem beschrie-
benen Zettel. Es war, als ahndete die Prinzessin den Inhalt
der Zeilen. Sie nahm ihn stillschweigend mit zitternder
Hand und hing ihm zur Belohnung für seinen glücklichen
Fund beinah unwillkürlich eine goldne Kette um, die sie
um den Hals trug. Beschämt kniete er vor ihr und konnte,
da sie sich nach seinem Vater erkundigte, einige Zeit keine
Worte finden. Sie sagte ihm halbleise, und mit niederge-
schlagenen Augen, daß sie bald wieder zu ihnen kommen,
und die Zusage des Vaters sie mit seinen Seltenheiten bekannt zu machen, mit vieler Freude benutzen würde.
Sie dankte dem Jünglinge noch einmal mit ungewöhnlicher Innigkeit, und ging hierauf langsam, ohne sich um-
zusehen, zurück. Der Jüngling konnte kein Wort vor-
bringen. Er neigte sich ehrfurchtsvoll und sah ihr lange
nach, bis sie hinter den Bäumen verschwand. Nach dieser
Zeit vergingen wenig Tage bis zu ihrem zweiten Besuche,
dem bald mehrere folgten. Der Jüngling ward unvermerkt
ihr Begleiter bei diesen Spaziergängen. Er holte sie zu
bestimmten Stunden am Garten ab, und brachte sie dahin
zurück. Sie beobachtete ein unverbrüchliches Stillschwei-
gen über ihren Stand, so zutraulich sie auch sonst gegen
ihren Begleiter wurde, dem bald kein Gedanke in ihrer
himmlischen Seele verborgen blieb. Es war, als flößte ihr
die Erhabenheit ihrer Herkunft eine geheime Furcht ein.
Der Jüngling gab ihr ebenfalls seine ganze Seele. Vater
und Sohn hielten sie für ein vornehmes Mädchen vom
Hofe. Sie hing an dem Alten mit der Zärtlichkeit einer
Tochter. Ihre Liebkosungen gegen ihn waren die entzük-
kenden Vorboten ihrer Zärtlichkeit gegen den Jüngling.
Sie ward bald einheimisch in dem wunderbaren Hause;
und wenn sie dem Alten und dem Sohne, der zu ihren
Füßen saß, auf ihrer Laute reizende Lieder mit einer überirdischen Stimme vorsang, und letzteren in dieser lieblichen Kunst unterrichtete: so erfuhr sie dagegen von seinen begeisterten Lippen die Enträtselung der überall ver-

breiteten Naturgeheimnisse. Er lehrte ihr, wie durch
wundervolle Sympathie die Welt entstanden sei, und die
Gestirne sich zu melodischen Reigen vereinigt hätten. Die
Geschichte der Vorwelt ging durch seine heiligen Erzählungen in ihrem Gemüt auf; und wie entzückt war sie,   5
wenn ihr Schüler, in der Fülle seiner Eingebungen, die
Laute ergriff und mit unglaublicher Gelehrigkeit in die
wundervollsten Gesänge ausbrach. Eines Tages, wo ein
besonders kühner Schwung sich seiner Seele in ihrer Gesellschaft bemächtigt hatte, und die mächtige Liebe auf   10
dem Rückwege ihre jungfräuliche Zurückhaltung mehr
als gewöhnlich überwand, so daß sie beide ohne selbst zu
wissen wie einander in die Arme sanken, und der erste
glühende Kuß sie auf ewig zusammenschmelzte, fing mit
einbrechender Dämmerung ein gewaltiger Sturm in den   15
Gipfeln der Bäume plötzlich zu toben an. Drohende Wet-
terwolken zogen mit tiefem nächtlichen Dunkel über sie
her. Er eilte sie in Sicherheit vor dem fürchterlichen Un-
gewitter und den brechenden Bäumen zu bringen: aber er
verfehlte in der Nacht und voll Angst wegen seiner Ge-   20
liebten den Weg, und geriet immer tiefer in den Wald
hinein. Seine Angst wuchs, wie er seinen Irrtum bemerkte. Die Prinzessin dachte an das Schrecken des Königs
und des Hofes; eine unnennbare Ängstlichkeit fuhr zuweilen, wie ein zerstörender Strahl, durch ihre Seele, und 25
nur die Stimme ihres Geliebten, der ihr unaufhörlich
Trost zusprach, gab ihr Mut und Zutrauen zurück, und
erleichterte ihre beklommne Brust. Der Sturm wütete
fort; alle Bemühungen den Weg zu finden waren vergeblich, und sie priesen sich beide glücklich, bei der Erleuch- 30
tung eines Blitzes eine nahe Höhle an dem steilen Abhang
eines waldigen Hügels zu entdecken, wo sie eine sichere
Zuflucht gegen die Gefahren des Ungewitters zu finden
hofften, und eine Ruhestätte für ihre erschöpften Kräfte.
Das Glück begünstigte ihre Wünsche. Die Höhle war   35
trocken und mit reinlichem Moose bewachsen. Der Jüng-

ling zündete schnell ein Feuer von Reisern und Moos an,
woran sie sich trocknen konnten, und die beiden Liebenden sahen sich nun auf eine wunderbare Weise von der
Welt entfernt, aus einem gefahrvollen Zustande gerettet,
und auf einem bequemen, warmen Lager allein nebeneinander.
Ein wilder Mandelstrauch hing mit Früchten beladen in
die Höhle hinein, und ein nahes Rieseln ließ sie frisches
Wasser zur Stillung ihres Durstes finden. Die Laute hatte
der Jüngling mitgenommen, und sie gewährte ihnen jetzt
eine aufheiternde und beruhigende Unterhaltung bei dem
knisternden Feuer. Eine höhere Macht schien den Knoten
schneller lösen zu wollen, und brachte sie unter sonderbaren Umständen in diese romantische Lage. Die Unschuld
ihrer Herzen, die zauberhafte Stimmung ihrer Gemüter,
und die verbundene unwiderstehliche Macht ihrer süßen
Leidenschaft und ihrer Jugend ließ sie bald die Welt und
ihre Verhältnisse vergessen, und wiegte sie unter dem
Brautgesange des Sturms und den Hochzeitfackeln der
Blitze in den süßesten Rausch ein, der je ein sterbliches
Paar beseligt haben mag. Der Anbruch des lichten blauen
Morgens war für sie das Erwachen in einer neuen seligen
Welt. Ein Strom heißer Tränen, der jedoch bald aus den
Augen der Prinzessin hervorbrach, verriet ihrem Geliebten die erwachenden tausendfachen Bekümmernisse ihres
Herzens. Er war in dieser Nacht um mehrere Jahre älter,
aus einem Jünglinge zum Manne geworden. Mit über-
schwenglicher Begeisterung tröstete er seine Geliebte,
erinnerte sie an die Heiligkeit der wahrhaften Liebe, und
an den hohen Glauben, den sie einflöße, und bat sie, die
heiterste Zukunft von dem Schutzgeist ihres Herzens mit
Zuversicht zu erwarten. Die Prinzessin fühlte die Wahrheit seines Trostes, und entdeckte ihm, sie sei die Tochter
des Königs, und nur bange wegen des Stolzes und der
Bekümmernisse ihres Vaters. Nach langen reiflichen
Überlegungen wurden sie über die zu fassende Entschlie-

ßung einig, und der Jüngling machte sich sofort auf den
Weg, um seinen Vater aufzusuchen, und diesen mit ihrem
Plane bekannt zu machen. Er versprach in kurzen wieder
bei ihr zu sein, und verließ sie beruhigt und in süßen
Vorstellungen der künftigen Entwickelung dieser Bege- 5
benheiten. Der Jüngling hatte bald seines Vaters Wohnung erreicht, und der Alte war sehr erfreut, ihn unver-
letzt ankommen zu sehen. Er erfuhr nun die Geschichte
und den Plan der Liebenden, und bezeigte sich nach einigem Nachdenken bereitwillig ihn zu unterstützen. Sein 10
Haus lag ziemlich versteckt, und hatte einige unterirdische Zimmer, die nicht leicht aufzufinden waren. Hier
sollte die Wohnung der Prinzessin sein. Sie ward also in
der Dämmerung abgeholt, und mit tiefer Rührung von
dem Alten empfangen. Sie weinte nachher oft in der Ein- 15
samkeit, wenn sie ihres traurigen Vaters gedachte: doch
verbarg sie ihren Kummer vor ihrem Geliebten, und sagte
es nur dem Alten, der sie freundlich tröstete, und ihr die
nahe Rückkehr zu ihrem Vater vorstellte.
Unterdes war man am Hofe in große Bestürzung geraten, 20
als abends die Prinzessin vermißt wurde. Der König war
ganz außer sich, und schickte überall Leute aus, sie zu
suchen. Kein Mensch wußte sich ihr Verschwinden zu
erklären. Keinem kam ein heimliches Liebesverständnis
in die Gedanken, und so ahndete man keine Entführung, 25
da ohnedies kein Mensch weiter fehlte. Auch nicht zu der
entferntesten Vermutung war Grund da. Die ausge-
schickten Boten kamen unverrichteter Sache zurück, und
der König fiel in tiefe Traurigkeit. Nur wenn abends seine
Sänger vor ihn kamen und schöne Lieder mitbrachten, 30
war es, als ließe sich die alte Freude wieder vor ihm blik-
ken; seine Tochter dünkte ihm nah, und er schöpfte Hoffnung, sie bald wieder zu sehen. War er aber wieder allein,
so zerriß es ihm von neuem das Herz und er weinte laut.
Dann gedachte er bei sich selbst: Was hilft mir nun alle die 35
Herrlichkeit, und meine hohe Geburt? Nun bin ich doch

elender als die andern Menschen. Meine Tochter kann mir
nichts ersetzen. Ohne sie sind auch die Gesänge nichts, als
leere Worte und Blendwerk. Sie war der Zauber, der ihnen Leben und Freude, Macht und Gestalt gab. Wollt ich
5 doch lieber, ich wäre der geringste meiner Diener. Dann
hätte ich meine Tochter noch; auch wohl einen Eidam
dazu und Enkel, die mir auf den Knien säßen: dann wäre
ich ein anderer König, als jetzt. Es ist nicht die Krone und
das Reich, was einen König macht. Es ist jenes volle,
10 überfließende Gefühl der Glückseligkeit, der Sättigung
mit irdischen Gütern, jenes Gefühl der überschwenglichen Gnüge. So werd ich nun für meinen Übermut be-
straft. Der Verlust meiner Gattin hat mich noch nicht
genug erschüttert. Nun hab ich auch ein grenzenloses
15 Elend. So klagte der König in den Stunden der heißesten
Sehnsucht. Zuweilen brach auch seine alte Strenge und
sein Stolz wieder hervor. Er zürnte über seine Klagen; wie
ein König wollte er dulden und schweigen. Er meinte
dann, er leide mehr, als alle anderen, und gehöre ein gro-
20 ßer Schmerz zum Königtum; aber wenn es dann dämmer-
te, und er in die Zimmer seiner Tochter trat, und sah ihre
Kleider hängen, und ihre kleinern Habseligkeiten stehn,
als habe sie eben das Zimmer verlassen: so vergaß er seine
Vorsätze, gebärdete sich wie ein trübseliger Mensch, und
25 rief seine geringsten Diener um Mitleid an. Die ganze
Stadt und das ganze Land weinten und klagten von ganzem Herzen mit ihm. Sonderlich war es, daß eine Sage
umherging, die Prinzessin lebe noch, und werde bald mit
einem Gemahl wiederkommen. Kein Mensch wußte, wo-
30 her die Sage kam: aber alles hing sich mit frohem Glauben
daran, und sah mit ungeduldiger Erwartung ihrer baldi-
gen Wiederkunft entgegen. So vergingen mehrere Mon-
den, bis das Frühjahr wieder herankam. ›Was gilts‹, sagten einige in wunderlichem Mute, ›nun kommt auch die
35 Prinzessin wieder.‹ Selbst der König ward heitrer und
hoffnungsvoller. Die Sage dünkte ihm wie die Verheißung

einer gütigen Macht. Die ehemaligen Feste fingen wieder
an, und es schien zum völligen Aufblühen der alten Herrlichkeit nur noch die Prinzessin zu fehlen. Eines Abends,
da es gerade jährig wurde, daß sie verschwand, war der
ganze Hof im Garten versammelt. Die Luft war warm   5
und heiter; ein leiser Wind tönte nur oben in den alten
Wipfeln, wie die Ankündigung eines fernen fröhlichen
Zuges. Ein mächtiger Springquell stieg zwischen den vielen Fackeln mit zahllosen Lichtern hinauf in die Dunkelheit der tönenden Wipfel, und begleitete mit melodischem   10
Plätschern die mannigfaltigen Gesänge, die unter den
Bäumen hervorklangen. Der König saß auf einem köstlichen Teppich, und um ihn her war der Hof in festlichen
Kleidern versammelt. Eine zahlreiche Menge erfüllte den
Garten, und umgab das prachtvolle Schauspiel. Der Kö-   15
nig saß eben in tiefen Gedanken. Das Bild seiner verlornen Tochter stand mit ungewöhnlicher Klarheit vor ihm;
er gedachte der glücklichen Tage, die um diese Zeit im
vergangenen Jahre ein plötzliches Ende nahmen. Eine
heiße Sehnsucht übermannte ihn, und es flossen häufige   20
Tränen von seinen ehrwürdigen Wangen; doch empfand
er eine ungewöhnliche Heiterkeit. Es dünkte ihm das
traurige Jahr nur ein schwerer Traum zu sein, und er hob
die Augen auf, gleichsam um ihre hohe, heilige, entzük-
kende Gestalt unter den Menschen und den Bäumen auf-   25
zusuchen. Eben hatten die Dichter geendigt, und eine
tiefe Stille schien das Zeichen der allgemeinen Rührung zu
sein, denn die Dichter hatten die Freuden des Wieder-
sehns, den Frühling und die Zukunft besungen, wie sie
die Hoffnung zu schmücken pflegt.   30
Plötzlich wurde die Stille durch leise Laute einer unbekannten schönen Stimme unterbrochen, die von einer uralten Eiche herzukommen schienen. Alle Blicke richteten
sich dahin, und man sah einen Jüngling in einfacher, aber
fremder Tracht stehen, der eine Laute im Arm hielt, und   35
ruhig in seinem Gesange fortfuhr, indem er jedoch, wie

der König seinen Blick nach ihm wandte, eine tiefe Verbeugung machte. Die Stimme war außerordentlich schön,
und der Gesang trug ein fremdes, wunderbares Gepräge.
Er handelte von dem Ursprunge der Welt, von der Entste
5 hung der Gestirne, der Pflanzen, Tiere und Menschen,
von der allmächtigen Sympathie der Natur, von der uralten goldenen Zeit und ihren Beherrscherinnen, der Liebe
und Poesie, von der Erscheinung des Hasses und der Barbarei und ihren Kämpfen mit jenen wohltätigen Göttin
10 nen, und endlich von dem zukünftigen Triumph der letztern, dem Ende der Trübsale, der Verjüngung der Natur
und der Wiederkehr eines ewigen goldenen Zeitalters.
Die alten Dichter traten selbst von Begeisterung hingerissen, während des Gesanges näher um den seltsamen
15 Fremdling her. Ein niegefühltes Entzücken ergriff die Zuschauer, und der König selbst fühlte sich wie auf einem
Strom des Himmels weggetragen. Ein solcher Gesang war
nie vernommen worden, und alle glaubten, ein himmlisches Wesen sei unter ihnen erschienen, besonders da der
20 Jüngling unterm Singen immer schöner, immer herrlicher, und seine Stimme immer gewaltiger zu werden
schien. Die Luft spielte mit seinen goldenen Locken. Die
Laute schien sich unter seinen Händen zu beseelen, und
sein Blick schien trunken in eine geheimere Welt hinüber
25 zuschauen. Auch die Kinderunschuld und Einfalt seines
Gesichts schien allen übernatürlich. Nun war der herrliche Gesang geendigt. Die bejahrten Dichter drückten den
Jüngling mit Freudentränen an ihre Brust. Ein stilles inniges Jauchzen ging durch die Versammlung. Der König
30 kam gerührt auf ihn zu. Der Jüngling warf sich ihm bescheiden zu Füßen. Der König hob ihn auf, umarmte ihn
herzlich, und hieß ihn sich eine Gabe ausbitten. Da bat er
mit glühenden Wangen den König, noch ein Lied gnädig
anzuhören, und dann über seine Bitte zu entscheiden.
35 Der König trat einige Schritte zurück und der Fremdling
fing an:

Der Sänger geht auf rauhen Pfaden,
Zerreißt in Dornen sein Gewand;
Er muß durch Fluß und Sümpfe baden,
Und keins reicht hülfreich ihm die Hand.
Einsam und pfadlos fließt in Klagen   5
Jetzt über sein ermattet Herz;
Er kann die Laute kaum noch tragen,
Ihn übermannt ein tiefer Schmerz.

›Ein traurig Los ward mir beschieden,
Ich irre ganz verlassen hier,   10
Ich brachte allen Lust und Frieden,
Doch keiner teilte sie mit mir.
Es wird ein jeder seiner Habe
Und seines Lebens froh durch mich;
Doch weisen sie mit karger Gabe   15
Des Herzens Forderung von sich.

Man läßt mich ruhig Abschied nehmen,
Wie man den Frühling wandern sieht;
Es wird sich keiner um ihn grämen,
Wenn er betrübt von dannen zieht.   20
Verlangend sehn sie nach den Früchten,
Und wissen nicht, daß er sie sät;
Ich kann den Himmel für sie dichten,
Doch meiner denkt nicht Ein Gebet.

Ich fühle dankbar Zaubermächte   25
An diese Lippen festgebannt.
O! knüpfte nur an meine Rechte
Sich auch der Liebe Zauberband.
Es kümmert keine sich des Armen,
Der dürftig aus der Ferne kam;   30
Welch Herz wird Sein sich noch erbarmen
Und lösen seinen tiefen Gram?‹

Er sinkt im hohen Grase nieder,
Und schläft mit nassen Wangen ein;
Da schwebt der hohe Geist der Lieder
In die beklemmte Brust hinein:
5 ›Vergiß anjetzt, was du gelitten,
In kurzem schwindet deine Last,
Was du umsonst gesucht in Hütten,
Das wirst du finden im Palast.

Du nahst dem höchsten Erdenlohne,
10 Bald endigt der verschlungne Lauf;
Der Myrtenkranz wird eine Krone,
Dir setzt die treuste Hand sie auf.
Ein Herz voll Einklang ist berufen
Zur Glorie um einen Thron;
15 Der Dichter steigt auf rauhen Stufen
Hinan, und wird des Königs Sohn.‹

So weit war er in seinem Gesange gekommen, und ein
sonderbares Erstaunen hatte sich der Versammlung bemächtigt, als während dieser Strophen ein alter Mann mit
20 einer verschleierten weiblichen Gestalt von edlem Wuch-
se, die ein wunderschönes Kind auf dem Arme trug, das
freundlich in der fremden Versammlung umhersah, und
lächelnd nach dem blitzenden Diadem des Königs die
kleinen Händchen streckte, zum Vorschein kamen, und
25 sich hinter den Sänger stellten; aber das Staunen wuchs,
als plötzlich aus den Gipfeln der alten Bäume, der Lieb-
lingsadler des Königs, den er immer um sich hatte, mit
einer goldenen Stirnbinde, die er aus seinen Zimmern ent-
wandt haben mußte, herabflog, und sich auf das Haupt
30 des Jünglings niederließ, so daß die Binde sich um seine
Locken schlug. Der Fremdling erschrak einen Augenblick; der Adler flog an die Seite des Königs, und ließ die
Binde zurück. Der Jüngling reichte sie dem Kinde, das
danach verlangte, ließ sich auf ein Knie gegen den König

nieder, und fuhr in seinem Gesange mit bewegter Stimme
fort:

> Der Sänger fährt aus schönen Träumen
> Mit froher Ungeduld empor;
> Er wandelt unter hohen Bäumen   5
> Zu des Palastes ehrnem Tor.
> Die Mauern sind wie Stahl geschliffen,
> Doch sie erklimmt sein Lied geschwind,
> Es steigt von Lieb und Weh ergriffen
> Zu ihm hinab des Königs Kind.   10
>
> Die Liebe drückt sie fest zusammen
> Der Klang der Panzer treibt sie fort;
> Sie lodern auf in süßen Flammen,
> Im nächtlich stillen Zufluchtsort.
> Sie halten furchtsam sich verborgen,   15
> Weil sie der Zorn des Königs schreckt;
> Und werden nun von jedem Morgen
> Zu Schmerz und Lust zugleich erweckt.
>
> Der Sänger spricht mit sanften Klängen
> Der neuen Mutter Hoffnung ein;   20
> Da tritt, gelockt von den Gesängen
> Der König in die Kluft hinein.
> Die Tochter reicht in goldnen Locken
> Den Enkel von der Brust ihm hin;
> Sie sinken reuig und erschrocken,   25
> Und mild zergeht sein strenger Sinn.
>
> Der Liebe weicht und dem Gesange
> Auch auf dem Thron ein Vaterherz,
> Und wandelt bald in süßem Drange
> Zu ewger Lust den tiefen Schmerz.   30
> Die Liebe gibt, was sie entrissen,
> Mit reichem Wucher bald zurück,
> Und unter den Versöhnungsküssen
> Entfaltet sich ein himmlisch Glück.

> Geist des Gesangs, komm du hernieder,
> Und steh auch jetzt der Liebe bei;
> Bring die verlorne Tochter wieder,
> Daß ihr der König Vater sei! –
> 5 Daß er mit Freuden sie umschließet,
> Und seines Enkels sich erbarmt,
> Und wenn das Herz ihm überfließet,
> Den Sänger auch als Sohn umarmt.

Der Jüngling hob mit bebender Hand bei diesen Worten,
10 die sanft in den dunklen Gängen verhallten, den Schleier.
Die Prinzessin fiel mit einem Strom von Tränen zu den
Füßen des Königs, und hielt ihm das schöne Kind hin. Der
Sänger kniete mit gebeugtem Haupte an ihrer Seite.
Eine ängstliche Stille schien jeden Atem festzuhalten. Der
15 König war einige Augenblicke sprachlos und ernst; dann
zog er die Prinzessin an seine Brust, drückte sie lange fest
an sich und weinte laut. Er hob nun auch den Jüngling zu
sich auf, und umschloß ihn mit herzlicher Zärtlichkeit.
Ein helles Jauchzen flog durch die Versammlung, die sich
20 dicht zudrängte. Der König nahm das Kind und reichte es
mit rührender Andacht gen Himmel; dann begrüßte er
freundlich den Alten. Unendliche Freudentränen flossen.
In Gesänge brachen die Dichter aus, und der Abend ward
ein heiliger Vorabend dem ganzen Lande, dessen Leben
25 fortan nur Ein schönes Fest war. Kein Mensch weiß, wo
das Land hingekommen ist. Nur in Sagen heißt es, daß
Atlantis von mächtigen Fluten den Augen entzogen worden sei.«

Viertes Kapitel

30 Einige Tagereisen waren ohne die mindeste Unterbre-
chung geendigt. Der Weg war fest und trocken, die Witterung erquickend und heiter, und die Gegenden, durch die

sie kamen, fruchtbar, bewohnt und mannigfaltig. Der
furchtbare Thüringer Wald lag im Rücken; die Kaufleute
hatten den Weg öfterer gemacht, waren überall mit den
Leuten bekannt, und erfuhren die gastfreiste Aufnahme.
Sie vermieden die abgelegenen und durch Räubereien be-   5
kannten Gegenden, und nahmen, wenn sie ja gezwungen
waren, solche zu durchreisen, ein hinlängliches Geleite
mit. Einige Besitzer benachbarter Bergschlösser standen
mit den Kaufleuten in gutem Vernehmen. Sie wurden besucht und bei ihnen nachgefragt, ob sie Bestellungen nach   10
Augsburg zu machen hätten. Eine freundliche Bewirtung
ward ihnen zuteil, und die Frauen und Töchter drängten
sich mit herzlicher Neugier um die Fremdlinge. Heinrichs Mutter gewann sie bald durch ihre gutmütige Bereit-
willigkeit und Teilnahme. Man war erfreut eine Frau aus   15
der Residenzstadt zu sehn, die ebenso willig die Neuig-
keiten der Mode, als die Zubereitung einiger schmackhaf-
ter Schüsseln mitteilte. Der junge Ofterdingen ward von
Rittern und Frauen wegen seiner Bescheidenheit und seines ungezwungenen milden Betragens gepriesen, und die   20
letztern verweilten gern auf seiner einnehmenden Gestalt,
die wie das einfache Wort eines Unbekannten war, das
man fast überhört, bis längst nach seinem Abschiede es
seine tiefe unscheinbare Knospe immer mehr auftut, und
endlich eine herrliche Blume in allem Farbenglanze dicht-   25
verschlungener Blätter zeigt, so daß man es nie vergißt,
nicht müde wird es zu wiederholen, und einen unversieg-
lichen immer gegenwärtigen Schatz daran hat. Man be-
sinnt sich nun genauer auf den Unbekannten, und ahndet
und ahndet, bis es auf einmal klar wird, daß es ein Bewoh-   30
ner der höhern Welt gewesen sei. – Die Kaufleute erhiel-
ten eine große Menge Bestellungen, und man trennte sich
gegenseitig mit herzlichen Wünschen, einander bald wieder zu sehn. Auf einem dieser Schlösser, wo sie gegen
Abend hinkamen, ging es fröhlich zu. Der Herr des   35
Schlosses war ein alter Kriegsmann, der die Muße des

Friedens, und die Einsamkeit seines Aufenthalts mit öf-
tern Gelagen feierte und unterbrach, und außer dem
Kriegsgetümmel und der Jagd keinen andern Zeitvertreib
kannte, als den gefüllten Becher.

5 Er empfing die Ankommenden mit brüderlicher Herzlichkeit, mitten unter lärmenden Genossen. Die Mutter
ward zur Hausfrau geführt. Die Kaufleute und Heinrich
mußten sich an die lustige Tafel setzen, wo der Becher
tapfer umherging. Heinrichen ward auf vieles Bitten in
10 Rücksicht seiner Jugend das jedesmalige Bescheidtun er-
lassen, dagegen die Kaufleute sich nicht faul finden, sondern sich den alten Frankenwein tapfer schmecken ließen.
Das Gespräch lief über ehmalige Kriegsabenteuer hin.
Heinrich hörte mit großer Aufmerksamkeit den neuen
15 Erzählungen zu. Die Ritter sprachen vom Heiligen Lande, von den Wundern des Heiligen Grabes, von den
Abenteuern ihres Zuges, und ihrer Seefahrt, von den Sarazenen, in deren Gewalt einige geraten gewesen waren,
und dem fröhlichen und wunderbaren Leben im Felde
20 und im Lager. Sie äußerten mit großer Lebhaftigkeit ihren
Unwillen jene himmlische Geburtsstätte der Christenheit
noch im frevelhaften Besitz der Ungläubigen zu wissen.
Sie erhoben die großen Helden, die sich eine ewige Krone
durch ihr tapfres, unermüdliches Bezeigen gegen dieses
25 ruchlose Volk erworben hätten. Der Schloßherr zeigte
das kostbare Schwert, was er einem Anführer derselben
mit eigner Hand abgenommen, nachdem er sein Kastell
erobert, ihn getötet, und seine Frau und Kinder zu Gefangenen gemacht, welches ihm der Kaiser in seinem Wap-
30 pen zu führen vergönnet hatte. Alle besahen das prächtige
Schwert, auch Heinrich nahm es in seine Hand, und fühlte sich von einer kriegerischen Begeisterung ergriffen. Er
küßte es mit inbrünstiger Andacht. Die Ritter freuten sich
über seinen Anteil. Der Alte umarmte ihn, und munterte
35 ihn auf, auch seine Hand auf ewig der Befreiung des Heiligen Grabes zu widmen, und das wundertätige Kreuz auf

seine Schultern befestigen zu lassen. Er war überrascht,
und seine Hand schien sich nicht von dem Schwerte losmachen zu können. »Besinne dich, mein Sohn«, rief der
alte Ritter. »Ein neuer Kreuzzug ist vor der Tür. Der
Kaiser selbst wird unsere Scharen in das Morgenland füh- 5
ren. Durch ganz Europa schallt von neuem der Ruf des
Kreuzes, und heldenmütige Andacht regt sich aller Orten. Wer weiß, ob wir nicht übers Jahr in der großen
weltherrlichen Stadt Jerusalem als frohe Sieger beieinan-
der sitzen, und uns bei vaterländischem Wein an unsere 10
Heimat erinnern. Du kannst auch bei mir ein morgenlän-
disches Mädchen sehn. Sie dünken uns Abendländern gar
anmutig, und wenn du das Schwert gut zu führen ver-
stehst, so kann es dir an schönen Gefangenen nicht fehlen.« Die Ritter sangen mit lauter Stimme den Kreuzge- 15
sang, der damals in ganz Europa gesungen wurde:

> Das Grab steht unter wilden Heiden;
> Das Grab, worin der Heiland lag,
> Muß Frevel und Verspottung leiden
> Und wird entheiligt jeden Tag.   20
> Es klagt heraus mit dumpfer Stimme:
> »Wer rettet mich von diesem Grimme!«
>
> Wo bleiben seine Heldenjünger?
> Verschwunden ist die Christenheit!
> Wer ist des Glaubens Wiederbringer?   25
> Wer nimmt das Kreuz in dieser Zeit?
> Wer bricht die schimpflichsten der Ketten,
> Und wird das Heilge Grab erretten?
>
> Gewaltig geht auf Land und Meeren
> In tiefer Nacht ein heilger Sturm;   30
> Die trägen Schläfer aufzustören,
> Umbraust er Lager, Stadt und Turm,
> Ein Klaggeschrei um alle Zinnen:
> »Auf, träge Christen, zieht von hinnen.«

Es lassen Engel aller Orten
Mit ernstem Antlitz stumm sich sehn,
Und Pilger sieht man vor den Pforten
Mit kummervollen Wangen stehn;
5   Sie klagen mit den bängsten Tönen
Die Grausamkeit der Sarazenen.

Es bricht ein Morgen, rot und trübe,
Im weiten Land der Christen an.
Der Schmerz der Wehmut und der Liebe
10   Verkündet sich bei jedermann.
Ein jedes greift nach Kreuz und Schwerte
Und zieht entflammt von seinem Herde.

Ein Feuereifer tobt im Heere,
Das Grab des Heilands zu befrein.
15   Sie eilen fröhlich nach dem Meere,
Um bald auf heilgem Grund zu sein.
Auch Kinder kommen noch gelaufen
Und mehren den geweihten Haufen.

Hoch weht das Kreuz im Siegspaniere,
20   Und alte Helden stehn voran.
Des Paradieses selge Türe
Wird frommen Kriegern aufgetan;
Ein jeder will das Glück genießen
Sein Blut für Christus zu vergießen.

25   Zum Kampf ihr Christen! Gottes Scharen
Ziehn mit in das Gelobte Land.
Bald wird der Heiden Grimm erfahren
Des Christengottes Schreckenshand.
Wir waschen bald in frohem Mute
30   Das Heilige Grab mit Heidenblute.

Die heilge Jungfrau schwebt, getragen
Von Engeln, ob der wilden Schlacht,

Wo jeder, den das Schwert geschlagen,
In ihrem Mutterarm erwacht.
Sie neigt sich mit verklärter Wange
Herunter zu dem Waffenklange.

Hinüber zu der heilgen Stätte!   5
Des Grabes dumpfe Stimme tönt!
Bald wird mit Sieg und mit Gebete
Die Schuld der Christenheit versöhnt!
Das Reich der Heiden wird sich enden,
Ist erst das Grab in unsern Händen.   10

Heinrichs ganze Seele war in Aufruhr, das Grab kam ihm
wie eine bleiche, edle, jugendliche Gestalt vor, die auf
einem großen Stein mitten unter wildem Pöbel säße, und
auf eine entsetzliche Weise gemißhandelt würde, als wenn
sie mit kummervollen Gesichte nach einem Kreuze blik-   15
ke, was im Hintergrunde mit lichten Zügen schimmerte,
und sich in bewegten Wellen eines Meeres unendlich ver-
vielfältigte.
Seine Mutter schickte eben herüber, um ihn zu holen, und
der Hausfrau des Ritters vorzustellen. Die Ritter waren in 20
ihr Gelag und ihre Vorstellungen des bevorstehenden Zuges vertieft, und bemerkten nicht, daß Heinrich sich entfernte. Er fand seine Mutter in traulichem Gespräch mit
der alten, gutmütigen Frau des Schlosses, die ihn freundlich bewillkommte. Der Abend war heiter; die Sonne be-   25
gann sich zu neigen, und Heinrich, der sich nach Einsamkeit sehnte, und von der goldenen Ferne gelockt wurde,
die durch die engen, tiefen Bogenfenster in das düstre
Gemach hineintrat, erhielt leicht die Erlaubnis, sich au-
ßerhalb des Schlosses besehen zu dürfen. Er eilte ins   30
Freie, sein ganzes Gemüt war rege, er sah von der Höhe
des alten Felsen zunächst in das waldige Tal, durch das ein
Bach herunterstürzte und einige Mühlen trieb, deren Geräusch man kaum aus der gewaltigen Tiefe vernehmen

konnte, und dann in eine unabsehliche Ferne von Bergen,
Wäldern und Niederungen, und seine innere Unruhe
wurde besänftigt. Das kriegerische Getümmel verlor sich,
und es blieb nur eine klare bilderreiche Sehnsucht zurück.
5 Er fühlte, daß ihm eine Laute mangelte, so wenig er auch
wußte, wie sie eigentlich gebaut sei, und welche Wirkung
sie hervorbringe. Das heitere Schauspiel des herrlichen
Abends wiegte ihn in sanfte Phantasieen: die Blume seines
Herzens ließ sich zuweilen, wie ein Wetterleuchten in
10 ihm sehn. – Er schweifte durch das wilde Gebüsch und
kletterte über bemooste Felsenstücke, als auf einmal aus
einer nahen Tiefe ein zarter eindringender Gesang einer
weiblichen Stimme von wunderbaren Tönen begleitet, erwachte. Es war ihm gewiß, daß es eine Laute sei; er blieb
15 verwunderungsvoll stehen, und hörte in gebrochner
deutscher Aussprache folgendes Lied:

> Bricht das matte Herz noch immer
> Unter fremdem Himmel nicht?
> Kommt der Hoffnung bleicher Schimmer
20 > Immer mir noch zu Gesicht?
> Kann ich wohl noch Rückkehr wähnen?
> Stromweis stürzen meine Tränen,
> Bis mein Herz in Kummer bricht.

> Könnt ich dir die Myrten zeigen
25 > Und der Zeder dunkles Haar!
> Führen dich zum frohen Reigen
> Der geschwisterlichen Schar!
> Sähst du im gestickten Kleide,
> Stolz im köstlichen Geschmeide
30 > Deine Freundin, wie sie war.

> Edle Jünglinge verneigen
> Sich mit heißem Blick vor ihr;
> Zärtliche Gesänge steigen
> Mit dem Abendstern zu mir.

Dem Geliebten darf man trauen;
Ewge Lieb und Treu den Frauen,
Ist der Männer Losung hier.

Hier, wo um kristallne Quellen
Liebend sich der Himmel legt,   5
Und mit heißen Balsamwellen
Um den Hain zusammenschlägt,
Der in seinen Lustgebieten,
Unter Früchten, unter Blüten
Tausend bunte Sänger hegt.   10

Fern sind jene Jugendträume!
Abwärts liegt das Vaterland!
Längst gefällt sind jene Bäume,
Und das alte Schloß verbrannt.
Fürchterlich, wie Meereswogen   15
Kam ein rauhes Heer gezogen,
Und das Paradies verschwand.

Fürchterliche Gluten flossen
In die blaue Luft empor,
Und es drang auf stolzen Rossen   20
Eine wilde Schar ins Tor.
Säbel klirrten, unsre Brüder,
Unser Vater kam nicht wieder,
Und man riß uns wild hervor.

Meine Augen wurden trübe;   25
Fernes, mütterliches Land,
Ach! sie bleiben dir voll Liebe
Und voll Sehnsucht zugewandt!
Wäre nicht dies Kind vorhanden,
Längst hätt ich des Lebens Banden   30
Aufgelöst mit kühner Hand.

Heinrich hörte das Schluchzen eines Kindes und eine tröstende Stimme. Er stieg tiefer durch das Gebüsch hinab,
und fand ein bleiches, abgehärmtes Mädchen unter einer
alten Eiche sitzen. Ein schönes Kind hing weinend an
5 ihrem Halse, auch ihre Tränen flossen, und eine Laute lag
neben ihr auf dem Rasen. Sie erschrak ein wenig, als sie
den fremden Jüngling erblickte, der mit wehmütigem Gesicht sich ihr näherte.

»Ihr habt wohl meinen Gesang gehört«, sagte sie freund-
10 lich. »Euer Gesicht dünkt mir bekannt, laßt mich besinnen – Mein Gedächtnis ist schwach geworden, aber Euer
Anblick erweckt in mir eine sonderbare Erinnerung aus
frohen Zeiten. O! mir ist, als glicht Ihr einem meiner
Brüder, der noch vor unserm Unglück von uns schied,
15 und nach Persien zu einem berühmten Dichter zog. Vielleicht lebt er noch, und besingt traurig das Unglück seiner
Geschwister. Wüßt ich nur noch einige seiner herrlichen
Lieder, die er uns hinterließ! Er war edel und zärtlich, und
kannte kein größeres Glück als seine Laute.« Das Kind
20 war ein Mädchen von zehn bis zwölf Jahren, das den
fremden Jüngling aufmerksam betrachtete und sich fest an
den Busen der unglücklichen Zulima schmiegte. Heinrichs Herz war von Mitleid durchdrungen; er tröstete die
Sängerin mit freundlichen Worten, und bat sie, ihm um-
25 ständlicher ihre Geschichte zu erzählen. Sie schien es
nicht ungern zu tun. Heinrich setzte sich ihr gegenüber
und vernahm ihre von häufigen Tränen unterbrochne Erzählung. Vorzüglich hielt sie sich bei dem Lobe ihrer
Landsleute und ihres Vaterlandes auf. Sie schilderte den
30 Edelmut derselben, und ihre reine starke Empfänglichkeit
für die Poesie des Lebens und die wunderbare, geheimnisvolle Anmut der Natur. Sie beschrieb die romantischen
Schönheiten der fruchtbaren arabischen Gegenden, die
wie glückliche Inseln in unwegsamen Sandwüsteneien lä-
35 gen, wie Zufluchtsstätte der Bedrängten und Ruhebedürf-
tigen, wie Kolonien des Paradieses, voll frischer Quellen,

die über dichten Rasen und funkelnde Steine durch alte,
ehrwürdige Haine rieselten, voll bunter Vögel mit melodischen Kehlen und anziehend durch mannigfaltige
Überbleibsel ehemaliger denkwürdiger Zeiten. »Ihr würdet mit Verwunderung«, sagte sie, »die buntfarbigen, hellen, seltsamen Züge und Bilder auf den alten Steinplatten
sehn. Sie scheinen so bekannt und nicht ohne Ursach so
wohl erhalten zu sein. Man sinnt und sinnt, einzelne Bedeutungen ahnet man, und wird um so begieriger den
tiefsinnigen Zusammenhang dieser uralten Schrift zu erraten. Der unbekannte Geist derselben erregt ein unge-
wöhnliches Nachdenken, und wenn man auch ohne den
gewünschten Fund von dannen geht, so hat man doch
tausend merkwürdige Entdeckungen in sich selbst gemacht, die dem Leben einen neuen Glanz und dem Gemüt eine lange, belohnende Beschäftigung geben. Das Leben auf einem längst bewohnten und ehemals schon durch
Fleiß, Tätigkeit und Neigung verherrlichten Boden hat
einen besondern Reiz. Die Natur scheint dort menschlicher und verständlicher geworden, eine dunkle Erinnerung unter der durchsichtigen Gegenwart wirft die Bilder
der Welt mit scharfen Umrissen zurück, und so genießt
man eine doppelte Welt, die eben dadurch das Schwere
und Gewaltsame verliert und die zauberische Dichtung
und Fabel unserer Sinne wird. Wer weiß, ob nicht auch
ein unbegreiflicher Einfluß der ehemaligen, jetzt unsichtbaren Bewohner mit ins Spiel kommt, und vielleicht ist es
dieser dunkle Zug, der die Menschen aus neuen Gegenden, sobald eine gewisse Zeit ihres Erwachens kömmt,
mit so zerstörender Ungeduld nach der alten Heimat ihres
Geschlechts treibt, und sie Gut und Blut an den Besitz
dieser Länder zu wagen anregt.« Nach einer Pause fuhr
sie fort: »Glaubt ja nicht, was man euch von den Grausamkeiten meiner Landsleute erzählt hat. Nirgends wurden Gefangene großmütiger behandelt, und auch eure
Pilger nach Jerusalem wurden mit Gastfreundschaft auf-

genommen, nur daß sie selten derselben wert waren. Die meisten waren nichtsnutzige, böse Menschen, die ihre Wallfahrten mit Bubenstücken bezeichneten, und dadurch freilich oft gerechter Rache in die Hände fielen.
5 Wie ruhig hätten die Christen das Heilige Grab besuchen können, ohne nötig zu haben, einen fürchterlichen, unnützen Krieg anzufangen, der alles erbittert, unendliches Elend verbreitet, und auf immer das Morgenland von Europa getrennt hat. Was lag an dem Namen des Besitzers?
10 Unsere Fürsten ehrten andachtsvoll das Grab eures Heiligen, den auch wir für einen göttlichen Propheten halten; und wie schön hätte sein heiliges Grab die Wiege eines glücklichen Einverständnisses, der Anlaß ewiger wohltätiger Bündnisse werden können!«
15 Der Abend war unter ihren Gesprächen herbeigekommen. Es fing an Nacht zu werden, und der Mond hob sich aus dem feuchten Walde mit beruhigendem Glanze herauf. Sie stiegen langsam nach dem Schlosse; Heinrich war voll Gedanken, die kriegerische Begeisterung war gänz-
20 lich verschwunden. Er merkte eine wunderliche Verwirrung in der Welt; der Mond zeigte ihm das Bild eines tröstenden Zuschauers und erhob ihn über die Unebenheiten der Erdoberfläche, die in der Höhe so unbeträchtlich erschienen, so wild und unersteiglich sie auch dem
25 Wanderer vorkamen. Zulima ging still neben ihm her, und führte das Kind. Heinrich trug die Laute. Er suchte die sinkende Hoffnung seiner Begleiterin, ihr Vaterland dereinst wieder zu sehn, zu beleben, indem er innerlich einen heftigen Beruf fühlte, ihr Retter zu sein, ohne zu
30 wissen, auf welche Art es geschehen könne. Eine besondere Kraft schien in seinen einfachen Worten zu liegen, denn Zulima empfand eine ungewohnte Beruhigung und dankte ihm für seine Zusprache auf die rührendste Weise. Die Ritter waren noch bei ihren Bechern und die Mutter
35 in häuslichen Gesprächen. Heinrich hatte keine Lust in den lärmenden Saal zurückzugehn. Er fühlte sich müde,

und begab sich bald mit seiner Mutter in das angewiesene
Schlafgemach. Er erzählte ihr vor dem Schlafengehn, was
ihm begegnet sei, und schlief bald zu unterhaltenden
Träumen ein. Die Kaufleute hatten sich auch zeitig fort-
begeben, und waren früh wieder munter. Die Ritter lagen   5
in tiefer Ruhe, als sie abreisten; die Hausfrau aber nahm
zärtlichen Abschied. Zulima hatte wenig geschlafen, eine
innere Freude hatte sie wach erhalten; sie erschien beim
Abschiede, und bediente die Reisenden demütig und emsig. Als sie Abschied nahmen brachte sie mit vielen Trä-   10
nen ihre Laute zu Heinrich, und bat mit rührender Stimme, sie zu Zulimas Andenken mitzunehmen. »Es war
meines Bruders Laute«, sagte sie, »der sie mir beim Abschied schenkte; es ist das einzige Besitztum, was ich gerettet habe. Sie schien Euch gestern zu gefallen, und Ihr   15
laßt mir ein unschätzbares Geschenk zurück, süße Hoffnung. Nehmt dieses geringe Zeichen meiner Dankbarkeit, und laßt es ein Pfand Eures Andenkens an die arme
Zulima sein. Wir werden uns gewiß wiedersehn, und
dann bin ich vielleicht glücklicher.« Heinrich weinte; er   20
weigerte sich, diese ihr so unentbehrliche Laute anzuneh-
men: »Gebt mir«, sagte er, »das goldene Band mit den
unbekannten Buchstaben aus Euren Haaren, wenn es
nicht ein Andenken Eurer Eltern oder Geschwister ist,
und nehmt dagegen einen Schleier an, den mir meine Mut-   25
ter gern abtreten wird.« Sie wich endlich seinem Zureden
und gab ihm das Band, indem sie sagte: »Es ist mein Name
in den Buchstaben meiner Muttersprache, den ich in bes-
sern Zeiten selbst in dieses Band gestickt habe. Betrachtet
es gern, und denkt, daß es eine lange, kummervolle Zeit   30
meine Haare festgehalten hat, und mit seiner Besitzerin
verbleicht ist.« Heinrichs Mutter zog den Schleier heraus,
und reichte ihr ihn hin, indem sie sie an sich zog und
weinend umarmte. –

Fünftes Kapitel

Nach einigen Tagereisen kamen sie an ein Dorf, am Fuße
einiger spitzen Hügel, die von tiefen Schluchten unterbrochen waren. Die Gegend war übrigens fruchtbar und
5 angenehm, ohngeachtet die Rücken der Hügel ein totes,
abschreckendes Ansehn hatten. Das Wirtshaus war reinlich, die Leute bereitwillig, und eine Menge Menschen,
teils Reisende, teils bloße Trinkgäste, saßen in der Stube,
und unterhielten sich von allerhand Dingen.
10 Unsre Reisenden gesellten sich zu ihnen, und mischten
sich in die Gespräche. Die Aufmerksamkeit der Gesellschaft war vorzüglich auf einen alten Mann gerichtet, der
in fremder Tracht an einem Tische saß, und freundlich die
neugierigen Fragen beantwortete, die an ihn geschahen.
15 Er kam aus fremden Landen, hatte sich heute früh die
Gegend umher genau betrachtet, und erzählte nun von
seinem Gewerbe und seinen heutigen Entdeckungen. Die
Leute nannten ihn einen Schatzgräber. Er sprach aber
sehr bescheiden von seinen Kenntnissen und seiner
20 Macht, doch trugen seine Erzählungen das Gepräge der
Seltsamkeit und Neuheit. Er erzählte, daß er aus Böhmen
gebürtig sei. Von Jugend auf habe er eine heftige Neugierde gehabt zu wissen, was in den Bergen verborgen sein
müsse, wo das Wasser in den Quellen herkomme, und wo
25 das Gold und Silber und die köstlichen Steine gefunden
würden, die den Menschen so unwiderstehlich an sich
zögen. Er habe in der nahen Klosterkirche oft diese festen
Lichter an den Bildern und Reliquien betrachtet, und nur
gewünscht, daß sie zu ihm reden könnten, um ihm von
30 ihrer geheimnisvollen Herkunft zu erzählen. Er habe
wohl zuweilen gehört, daß sie aus weit entlegenen Ländern kämen; doch habe er immer gedacht, warum es nicht
auch in diesen Gegenden solche Schätze und Kleinodien
geben könne. Die Berge seien doch nicht umsonst so weit
35 im Umfange und erhaben und so fest verwahrt; auch habe

es ihm verdünkt, wie wenn er zuweilen auf den Gebirgen glänzende und flimmernde Steine gefunden hätte. Er sei fleißig in den Felsenritzen und Höhlen umhergeklettert, und habe sich mit unaussprechlichem Vergnügen in diesen uralten Hallen und Gewölben umgesehn. – Endlich   5
sei ihm einmal ein Reisender begegnet, der zu ihm gesagt, er müsse ein Bergmann werden, da könne er die Befriedigung seiner Neugier finden. In Böhmen gäbe es Bergwerke. Er solle nur immer an dem Flusse hinuntergehn, nach zehn bis zwölf Tagen werde er in Eula sein, und dort   10
dürfe er nur sprechen, daß er gern ein Bergmann werden wolle. Er habe sich dies nicht zweimal sagen lassen, und sich gleich den andern Tag auf den Weg gemacht. »Nach einem beschwerlichen Gange von mehreren Tagen«, fuhr er fort, »kam ich nach Eula. Ich kann euch nicht sagen,   15
wie herrlich mir zumute ward, als ich von einem Hügel die Haufen von Steinen erblickte, die mit grünen Gebüschen durchwachsen waren, auf denen bretterne Hütten standen, und als ich aus dem Tal unten die Rauchwolken über den Wald heraufziehn sah. Ein fernes Getöse ver-   20
mehrte meine Erwartungen, und mit unglaublicher Neugierde und voll stiller Andacht stand ich bald auf einem solchen Haufen, den man Halde nennt, vor den dunklen Tiefen, die im Innern der Hütten steil in den Berg hineinführten. Ich eilte nach dem Tale und begegnete bald eini-   25
gen schwarzgekleideten Männern mit Lampen, die ich nicht mit Unrecht für Bergleute hielt, und mit schüchterner Ängstlichkeit ihnen mein Anliegen vortrug. Sie hörten mich freundlich an, und sagten mir, daß ich nur hinunter nach den Schmelzhütten gehn und nach dem Steiger   30
fragen sollte, welcher den Anführer und Meister unter ihnen vorstellt; dieser werde mir Bescheid geben, ob ich angenommen werden möge. Sie meinten, daß ich meinen Wunsch wohl erreichen würde, und lehrten mich den üblichen Gruß ›Glück auf‹ womit ich den Steiger anreden   35
sollte. Voll fröhlicher Erwartungen setzte ich meinen

Weg fort, und konnte nicht aufhören, den neuen bedeutungsvollen Gruß mir beständig zu wiederholen. Ich fand
einen alten, ehrwürdigen Mann, der mich mit vieler
Freundlichkeit empfing, und nachdem ich ihm meine Geschichte erzählt, und ihm meine große Lust, seine seltne,
geheimnisvolle Kunst zu erlernen, bezeugt hatte, bereitwillig versprach, mir meinen Wunsch zu gewähren. Ich
schien ihm zu gefallen, und er behielt mich in seinem
Hause. Den Augenblick konnte ich kaum erwarten, wo
ich in die Grube fahren und mich in der reizenden Tracht
sehn würde. Noch denselben Abend brachte er mir ein
Grubenkleid, und erklärte mir den Gebrauch einiger
Werkzeuge, die in einer Kammer aufbewahrt waren.
Abends kamen Bergleute zu ihm, und ich verfehlte kein
Wort von ihren Gesprächen, so unverständlich und fremd
mir sowohl die Sprache, als der größte Teil des Inhalts
ihrer Erzählungen vorkam. Das wenige jedoch, was ich
zu begreifen glaubte, erhöhte die Lebhaftigkeit meiner
Neugierde, und beschäftigte mich des Nachts in seltsamen Träumen. Ich erwachte beizeiten und fand mich bei
meinem neuen Wirte ein, bei dem sich allmählich die
Bergleute versammelten, um seine Verordnungen zu vernehmen. Eine Nebenstube war zu einer kleinen Kapelle
vorgerichtet. Ein Mönch erschien und las eine Messe,
nachher sprach er ein feierliches Gebet, worin er den
Himmel anrief, die Bergleute in seine heilige Obhut zu
nehmen, sie bei ihren gefährlichen Arbeiten zu unterstützen, vor Anfechtungen und Tücken böser Geister sie zu
schützen, und ihnen reiche Anbrüche zu bescheren. Ich
hatte nie mit mehr Inbrunst gebetet, und nie die hohe
Bedeutung der Messe lebhafter empfunden. Meine künftigen Genossen kamen mir wie unterirdische Helden vor,
die tausend Gefahren zu überwinden hätten, aber auch
ein beneidenswertes Glück an ihren wunderbaren Kenntnissen besäßen, und in dem ernsten, stillen Umgange mit
den uralten Felsensöhnen der Natur, in ihren dunkeln,

wunderbaren Kammern, zum Empfängnis himmlischer
Gaben und zur freudigen Erhebung über die Welt und
ihre Bedrängnisse ausgerüstet würden. Der Steiger gab
mir nach geendigtem Gottesdienst eine Lampe und ein
kleines hölzernes Kruzifix, und ging mit mir nach dem
Schachte, wie wir die schroffen Eingänge in die unterirdischen Gebäude zu nennen pflegen. Er lehrte mich die Art
des Hinabsteigens, machte mich mit den notwendigen
Vorsichtigkeitsregeln, sowie mit den Namen der mannigfaltigen Gegenstände und Teile bekannt. Er fuhr voraus,
und schurrte auf dem runden Balken hinunter, indem er
sich mit der einen Hand an einem Seil anhielt, das in einem
Knoten an einer Seitenstange fortglitschte, und mit der
andern die brennende Lampe trug; ich folgte seinem Beispiel, und wir gelangten so mit ziemlicher Schnelle bald in
eine beträchtliche Tiefe. Mir war seltsam feierlich zumute, und das vordere Licht funkelte wie ein glücklicher
Stern, der mir den Weg zu den verborgenen Schatzkam-
mern der Natur zeigte. Wir kamen unten in einen Irrgar-
ten von Gängen, und mein freundlicher Meister ward
nicht müde meine neugierigen Fragen zu beantworten,
und mich über seine Kunst zu unterrichten. Das Rau-
schen des Wassers, die Entfernung von der bewohnten
Oberfläche, die Dunkelheit und Verschlungenheit der
Gänge, und das entfernte Geräusch der arbeitenden Bergleute ergötzte mich ungemein, und ich fühlte nun mit
Freuden mich im vollen Besitz dessen, was von jeher mein
sehnlichster Wunsch gewesen war. Es läßt sich auch diese
volle Befriedigung eines angebornen Wunsches, diese
wundersame Freude an Dingen, die ein näheres Verhältnis zu unserm geheimen Dasein haben mögen, zu Beschäftigungen, für die man von der Wiege an bestimmt und
ausgerüstet ist, nicht erklären und beschreiben. Vielleicht
daß sie jedem andern gemein, unbedeutend und abschrek-
kend vorgekommen wären; aber mir schienen sie so unentbehrlich zu sein, wie die Luft der Brust und die Speise

dem Magen. Mein alter Meister freute sich über meine
innige Lust, und verhieß mir, daß ich bei diesem Fleiße
und dieser Aufmerksamkeit es weit bringen, und ein
tüchtiger Bergmann werden würde. Mit welcher Andacht
sah ich zum erstenmal in meinem Leben am sechzehnten
März, vor nunmehr fünfundvierzig Jahren, den König
der Metalle in zarten Blättchen zwischen den Spalten des
Gesteins. Es kam mir vor, als sei er hier wie in festen
Gefängnissen eingesperrt und glänze freundlich dem
Bergmann entgegen, der mit so viel Gefahren und Mühseligkeiten sich den Weg zu ihm durch die starken Mauern
gebrochen, um ihn an das Licht des Tages zu fördern,
damit er an königlichen Kronen und Gefäßen und an heiligen Reliquien zu Ehren gelangen, und in geachteten und
wohlverwahrten Münzen, mit Bildnissen geziert, die
Welt beherrschen und leiten möge. Von der Zeit an blieb
ich in Eula, und stieg allmählich bis zum Häuer, welches
der eigentliche Bergmann ist, der die Arbeiten auf dem
Gestein betreibt, nachdem ich anfänglich bei der Ausför-
derung der losgehauenen Stufen in Körben angestellt gewesen war.«
Der alte Bergmann ruhte ein wenig von seiner Erzählung
aus, und trank, indem ihm seine aufmerksamen Zuhörer
ein fröhliches »Glückauf« zubrachten. Heinrichen er-
freuten die Reden des alten Mannes ungemein, und er war
sehr geneigt noch mehr von ihm zu hören.
Die Zuhörer unterhielten sich von den Gefahren und
Seltsamkeiten des Bergbaus, und erzählten wunderbare
Sagen, über die der Alte oft lächelte, und freundlich
ihre sonderbaren Vorstellungen zu berichtigen bemüht
war.
Nach einer Weile sagte Heinrich: »Ihr mögt seitdem viel
seltsame Dinge gesehn und erfahren haben; hoffentlich hat
Euch nie Eure gewählte Lebensart gereut? Wärt Ihr nicht
so gefällig und erzähltet uns, wie es Euch seitdem ergan-
gen, und auf welcher Reise Ihr jetzt begriffen seid? Es

scheint, als hättet Ihr Euch weiter in der Welt umgesehn,
und gewiß darf ich vermuten, daß Ihr jetzt mehr, als einen
gemeinen Bergmann vorstellt.« »Es ist mir selber lieb«,
sagte der Alte, »mich der verflossenen Zeiten zu erinnern,
in denen ich Anlässe finde, mich der göttlichen Barmher-
zigkeit und Güte zu erfreun. Das Geschick hat mich
durch ein frohes und heitres Leben geführt, und es ist kein
Tag vorübergegangen, an welchem ich mich nicht mit
dankbarem Herzen zur Ruhe gelegt hätte. Ich bin immer
glücklich in meinen Verrichtungen gewesen, und unser   10
aller Vater im Himmel hat mich vor dem Bösen behütet,
und in Ehren grau werden lassen. Nächst ihm habe ich
alles meinem alten Meister zu verdanken, der nun lange
zu seinen Vätern versammelt ist, und an den ich nie ohne
Tränen denken kann. Er war ein Mann aus der alten Zeit   15
nach dem Herzen Gottes. Mit tiefen Einsichten war er
begabt, und doch kindlich und demütig in seinem Tun.
Durch ihn ist das Bergwerk in großen Flor gekommen,
und hat dem Herzoge von Böhmen zu ungeheuren Schätzen verholfen. Die ganze Gegend ist dadurch bevölkert   20
und wohlhabend, und ein blühendes Land geworden. Alle Bergleute verehrten ihren Vater in ihm, und so lange
Eula steht, wird auch sein Name mit Rührung und Dankbarkeit genannt werden. Er war seiner Geburt nach ein
Lausitzer und hieß Werner. Seine einzige Tochter war   25
noch ein Kind, wie ich zu ihm ins Haus kam. Meine
Emsigkeit, meine Treue, und meine leidenschaftliche An-
hänglichkeit an ihn, gewannen mir seine Liebe mit jedem
Tage mehr. Er gab mir seinen Namen und machte mich zu
seinem Sohne. Das kleine Mädchen ward nachgerade ein   30
wackres, muntres Geschöpf, deren Gesicht so freundlich
glatt und weiß war, wie ihr Gemüt. Der Alte sagte mir oft,
wenn er sah, daß sie mir zugetan war, daß ich gern mit ihr
schäkerte, und kein Auge von den ihrigen verwandte, die
so blau und offen, wie der Himmel waren, und wie die   35
Kristalle glänzten: wenn ich ein rechtlicher Bergmann

werden würde, wolle er sie mir nicht versagen; und er
hielt Wort. – Den Tag, wie ich Häuer wurde, legte er seine
Hände auf uns und segnete uns als Braut und Bräutigam
ein, und wenig Wochen darauf führte ich sie als meine
Frau auf meine Kammer. Denselben Tag hieb ich in der
Frühschicht noch als Lehrhäuer, eben wie die Sonne oben
aufging, eine reiche Ader an. Der Herzog schickte mir
eine goldene Kette mit seinem Bildnis auf einer großen
Münze, und versprach mir den Dienst meines Schwieger-
vaters. Wie glücklich war ich, als ich sie am Hochzeittage
meiner Braut um den Hals hängen konnte, und aller Augen auf sie gerichtet waren. Unser alter Vater erlebte noch
einige muntre Enkel, und die Anbrüche seines Herbstes
waren reicher, als er gedacht hatte. Er konnte mit Freu-
digkeit seine Schicht beschließen, und aus der dunkeln
Grube dieser Welt fahren, um in Frieden auszuruhen,
und den großen Lohntag zu erwarten.«
»Herr«, sagte der Alte, indem er sich zu Heinrichen
wandte, und einige Tränen aus den Augen trocknete, »der
Bergbau muß von Gott gesegnet werden! denn es gibt
keine Kunst, die ihre Teilhaber glücklicher und edler
machte, die mehr den Glauben an eine himmlische Weisheit und Fügung erweckte, und die Unschuld und Kind-
lichkeit des Herzens reiner erhielte, als der Bergbau. Arm
wird der Bergmann geboren, und arm gehet er wieder
dahin. Er begnügt sich zu wissen, wo die metallischen
Mächte gefunden werden, und sie zu Tage zu fördern;
aber ihr blendender Glanz vermag nichts über sein lautres
Herz. Unentzündet von gefährlichem Wahnsinn, freut er
sich mehr über ihre wunderlichen Bildungen, und die
Seltsamkeiten ihrer Herkunft und ihrer Wohnungen, als
über ihren alles verheißenden Besitz. Sie haben für ihn
keinen Reiz mehr, wenn sie Waren geworden sind, und er
sucht sie lieber unter tausend Gefahren und Mühseligkeiten in den Vesten der Erde, als daß er ihrem Rufe in die
Welt folgen, und auf der Oberfläche des Bodens durch

täuschende, hinterlistige Künste nach ihnen trachten sollte. Jene Mühseligkeiten erhalten sein Herz frisch und seinen Sinn wacker; er genießt seinen kärglichen Lohn mit
inniglichem Danke, und steigt jeden Tag mit verjüngter
Lebensfreude aus den dunkeln Grüften seines Berufs.   5
Nur Er kennt die Reize des Lichts und der Ruhe, die
Wohltätigkeit der freien Luft und Aussicht um sich her;
nur ihm schmeckt Trank und Speise recht erquicklich und
andächtig, wie der Leib des Herrn; und mit welchem lie-
bevollen und empfänglichen Gemüt tritt er nicht unter   10
seinesgleichen, oder herzt seine Frau und Kinder, und
ergötzt sich dankbar an der schönen Gabe des traulichen
Gesprächs!
Sein einsames Geschäft sondert ihn vom Tage und dem
Umgange mit Menschen einen großen Teil seines Lebens   15
ab. Er gewöhnt sich nicht zu einer stumpfen Gleichgültigkeit gegen diese überirdischen tiefsinnigen Dinge und be-
hält die kindliche Stimmung, in der ihm alles mit seinem
eigentümlichsten Geiste und in seiner ursprünglichen
bunten Wunderbarkeit erscheint. Die Natur will nicht   20
der ausschließliche Besitz eines Einzigen sein. Als Eigentum verwandelt sie sich in ein böses Gift, was die Ruhe
verscheucht, und die verderbliche Lust, alles in diesen
Kreis des Besitzers zu ziehn, mit einem Gefolge von
unendlichen Sorgen und wilden Leidenschaften herbei-   25
lockt. So untergräbt sie heimlich den Grund des Eigentü-
mers, und begräbt ihn bald in den einbrechenden Abgrund, um aus Hand in Hand zu gehen, und so ihre Neigung, allen anzugehören, allmählich zu befriedigen.
Wie ruhig arbeitet dagegen der arme genügsame Berg-   30
mann in seinen tiefen Einöden, entfernt von dem unruhigen Tumult des Tages, und einzig von Wißbegier und
Liebe zur Eintracht beseelt. Er gedenkt in seiner Einsamkeit mit inniger Herzlichkeit seiner Genossen und seiner
Familie, und fühlt immer erneuert die gegenseitige Un-   35
entbehrlichkeit und Blutsverwandtschaft der Menschen.

Sein Beruf lehrt ihn unermüdliche Geduld, und läßt nicht
zu, daß sich seine Aufmerksamkeit in unnütze Gedanken
zerstreue. Er hat mit einer wunderlichen harten und un-
biegsamen Macht zu tun, die nur durch hartnäckigen
5 Fleiß und beständige Wachsamkeit zu überwinden ist.
Aber welches köstliche Gewächs blüht ihm auch in diesen
schauerlichen Tiefen, das wahrhafte Vertrauen zu seinem
himmlischen Vater, dessen Hand und Vorsorge ihm alle
Tage in unverkennbaren Zeichen sichtbar wird. Wie un-
10 zählige Mal habe ich nicht vor Ort gesessen, und bei dem
Schein meiner Lampe das schlichte Kruzifix mit der innigsten Andacht betrachtet! da habe ich erst den heiligen Sinn
dieses rätselhaften Bildnisses recht gefaßt, und den edelsten Gang meines Herzens erschürft, der mir eine ewige
15 Ausbeute gewährt hat.«
Der Alte fuhr nach einer Weile fort und sagte: »Wahrhaf-
tig, das muß ein göttlicher Mann gewesen sein, der den
Menschen zuerst die edle Kunst des Bergbaus gelehrt,
und in dem Schoße der Felsen dieses ernste Sinnbild des
20 menschlichen Lebens verborgen hat. Hier ist der Gang
mächtig und gebräch, aber arm, dort drückt ihn der Felsen in eine armselige, unbedeutende Kluft zusammen,
und gerade hier brechen die edelsten Geschicke ein. Andre Gänge verunedeln ihn, bis sich ein verwandter Gang
25 freundlich mit ihm schart, und seinen Wert unendlich
erhöht. Oft zerschlägt er sich vor dem Bergmann in tausend Trümmern: aber der Geduldige läßt sich nicht
schrecken, er verfolgt ruhig seinen Weg, und sieht seinen
Eifer belohnt, indem er ihn bald wieder in neuer Mächtig-
30 keit und Höflichkeit ausrichtet. Oft lockt ihn ein betrüg-
liches Trum aus der wahren Richtung; aber bald erkennt
er den falschen Weg, und bricht mit Gewalt querfeldein,
bis er den wahren erzführenden Gang wiedergefunden
hat. Wie bekannt wird hier nicht der Bergmann mit allen
35 Launen des Zufalls, wie sicher aber auch, daß Eifer und
Beständigkeit die einzigen untrüglichen Mittel sind, sie zu

bemeistern, und die von ihnen hartnäckig verteidigten
Schätze zu heben.«

»Es fehlt Euch gewiß nicht«, sagte Heinrich, »an ermun-
ternden Liedern. Ich sollte meinen, daß Euch Euer Beruf
unwillkürlich zu Gesängen begeistern und die Musik eine   5
willkommne Begleiterin der Bergleute sein müßte.«

»Da habt Ihr wahr gesprochen«, erwiderte der Alte; »Gesang und Zitherspiel gehört zum Leben des Bergmanns,
und kein Stand kann mit mehr Vergnügen die Reize derselben genießen, als der unsrige. Musik und Tanz sind   10
eigentliche Freuden des Bergmanns; sie sind wie ein fröhliches Gebet, und die Erinnerungen und Hoffnungen desselben helfen die mühsame Arbeit erleichtern und die lange Einsamkeit verkürzen.

Wenn es Euch gefällt, so will ich Euch gleich einen Ge-   15
sang zum besten geben, der fleißig in meiner Jugend gesungen wurde.

> Der ist der Herr der Erde,
> Wer ihre Tiefen mißt,
> Und jeglicher Beschwerde   20
> In ihrem Schoß vergißt.
>
> Wer ihrer Felsenglieder
> Geheimen Bau versteht,
> Und unverdrossen nieder
> Zu ihrer Werkstatt geht.   25
>
> Er ist mit ihr verbündet,
> Und inniglich vertraut,
> Und wird von ihr entzündet,
> Als wär sie seine Braut.
>
> Er sieht ihr alle Tage   30
> Mit neuer Liebe zu
> Und scheut nicht Fleiß und Plage,
> Sie läßt ihm keine Ruh.

Die mächtigen Geschichten
Der längst verfloßnen Zeit,
Ist sie ihm zu berichten
Mit Freundlichkeit bereit.

5 Der Vorwelt heilge Lüfte
Umwehn sein Angesicht,
Und in die Nacht der Klüfte
Strahlt ihm ein ewges Licht.

Er trifft auf allen Wegen
10 Ein wohlbekanntes Land,
Und gern kommt sie entgegen
Den Werken seiner Hand.

Ihm folgen die Gewässer
Hülfreich den Berg hinauf;
15 Und alle Felsenschlösser,
Tun ihre Schätz' ihm auf.

Er führt des Goldes Ströme
In seines Königs Haus,
Und schmückt die Diademe
20 Mit edlen Steinen aus.

Zwar reicht er treu dem König
Den glückbegabten Arm,
Doch frägt er nach ihm wenig
Und bleibt mit Freuden arm.

25 Sie mögen sich erwürgen
Am Fuß um Gut und Geld;
Er bleibt auf den Gebirgen
Der frohe Herr der Welt.«

Heinrichen gefiel das Lied ungemein, und er bat den Al-
30 ten, ihm noch eins mitzuteilen. Der Alte war auch gleich

bereit und sagte: »Ich weiß gleich noch ein wunderliches
Lied, was wir selbst nicht wissen, wo es her ist.
Es brachte ein reisender Bergmann mit, der weit herkam,
und ein sonderlicher Rutengänger war. Das Lied fand
großen Beifall, weil es so seltsamlich klang, beinah so   5
dunkel und unverständlich, wie die Musik selbst, aber
eben darum auch so unbegreiflich anzog, und im wachen-
den Zustande wie ein Traum unterhielt.

> Ich kenne wo ein festes Schloß
> Ein stiller König wohnt darinnen,   10
> Mit einem wunderlichen Troß;
> Doch steigt er nie auf seine Zinnen.
> Verborgen ist sein Lustgemach
> Und unsichtbare Wächter lauschen;
> Nur wohlbekannte Quellen rauschen   15
> Zu ihm herab vom bunten Dach.
>
> Was ihre hellen Augen sahn
> In der Gestirne weiten Sälen,
> Das sagen sie ihm treulich an
> Und können sich nicht satt erzählen.   20
> Er badet sich in ihrer Flut,
> Wäscht sauber seine zarten Glieder
> Und seine Strahlen blinken wieder
> Aus seiner Mutter weißem Blut.
>
> Sein Schloß ist alt und wunderbar,   25
> Es sank herab aus tiefen Meeren
> Stand fest, und steht noch immerdar,
> Die Flucht zum Himmel zu verwehren.
> Von innen schlingt ein heimlich Band
> Sich um des Reiches Untertanen,   30
> Und Wolken wehn wie Siegesfahnen
> Herunter von der Felsenwand.

Ein unermeßliches Geschlecht
Umgibt die festverschlossenen Pforten,
Ein jeder spielt den treuen Knecht
Und ruft den Herrn mit süßen Worten.
5 Sie fühlen sich durch ihn beglückt,
Und ahnden nicht, daß sie gefangen;
Berauscht von trüglichem Verlangen
Weiß keiner, wo der Schuh ihn drückt.

Nur wenige sind schlau und wach,
10 Und dürsten nicht nach seinen Gaben;
Sie trachten unablässig nach,
Das alte Schloß zu untergraben.
Der Heimlichkeit urmächtgen Bann,
Kann nur die Hand der Einsicht lösen;
15 Gelingts das Innere zu entblößen
So bricht der Tag der Freiheit an.

Dem Fleiß ist keine Wand zu fest,
Dem Mut kein Abgrund unzugänglich;
Wer sich auf Herz und Hand verläßt
20 Spürt nach dem König unbedenklich.
Aus seinen Kammern holt er ihn,
Vertreibt die Geister durch die Geister,
Macht sich der wilden Fluten Meister,
Und heißt sie selbst heraus sich ziehn.

25 Je mehr er nun zum Vorschein kömmt
Und wild umher sich treibt auf Erden:
Je mehr wird seine Macht gedämmt,
Je mehr die Zahl der Freien werden.
Am Ende wird von Banden los
30 Das Meer die leere Burg durchdringen
Und trägt auf weichen grünen Schwingen
Zurück uns in der Heimat Schoß.«

Es dünkte Heinrichen, wie der Alte geendigt hatte, als habe er das Lied schon irgendwo gehört. Er ließ es sich wiederholen und schrieb es sich auf. Der Alte ging nachher hinaus und die Kaufleute sprachen unterdessen mit den andern Gästen über die Vorteile des Bergbaues und seine Mühseligkeiten. Einer sagte: »Der Alte ist gewiß nicht umsonst hier. Er ist heute zwischen den Hügeln umhergeklettert und hat gewiß gute Anzeichen gefunden. Wir wollen ihn doch fragen, wenn er wieder hereinkömmt.« »Wißt ihr wohl«, sagte ein andrer, »daß wir ihn bitten könnten, eine Quelle für unser Dorf zu suchen? Das Wasser ist weit, und ein guter Brunnen wäre uns sehr willkommen.« »Mir fällt ein«, sagte ein dritter, »daß ich ihn fragen möchte, ob er einen von meinen Söhnen mit sich nehmen will, der mir schon das ganze Haus voll Steine getragen hat. Der Junge wird gewiß ein tüchtiger Bergmann, und der Alte scheint ein guter Mann zu sein, der wird schon was Rechtes aus ihm ziehn.« Die Kaufleute redeten, ob sie vielleicht durch den Bergmann ein vorteilhaftes Verkehr mit Böhmen anspinnen und Metalle daher zu guten Preisen erhalten möchten. Der Alte trat wieder in die Stube, und alle wünschten seine Bekanntschaft zu benutzen. Er fing an und sagte: »Wie dumpf und ängstlich ist es doch hier in der engen Stube. Der Mond steht draußen in voller Herrlichkeit, und ich hätte große Lust noch einen Spaziergang zu machen. Ich habe heute bei Tage einige merkwürdige Höhlen hier in der Nähe gesehn. Vielleicht entschließen sich einige mitzugehn; und wenn wir nur Licht mitnehmen, so werden wir ohne Schwierigkeiten uns darin umsehn können.«

Den Leuten aus dem Dorfe waren diese Höhlen schon bekannt: aber bis jetzt hatte keiner gewagt hineinzusteigen; vielmehr trugen sie sich mit fürchterlichen Sagen von Drachen und andern Untieren, die darin hausen sollten. Einige wollten sie selbst gesehn haben, und behaupteten, daß man Knochen an ihrem Eingange von geraubten und

verzehrten Menschen und Tieren fände. Einige andre ver-
meinten, daß ein Geist dieselben bewohne, wie sie denn
einigemal aus der Ferne eine seltsame menschliche Gestalt
gesehn, auch zur Nachtzeit Gesänge da herüber gehört
haben wollten.
Der Alte schien ihnen keinen großen Glauben beizumes-
sen, und versicherte lachend, daß sie unter dem Schutze
eines Bergmanns getrost mitgehn könnten, indem die Un-
geheuer sich vor ihm scheuen müßten, ein singender Geist
aber gewiß ein wohltätiges Wesen sei. Die Neugier machte viele beherzt genug, seinen Vorschlag einzugehn; auch
Heinrich wünschte ihn zu begleiten, und seine Mutter gab
endlich auf das Zureden und Versprechen des Alten, genaue Acht auf Heinrichs Sicherheit zu haben, seinen Bitten nach. Die Kaufleute waren ebenso entschlossen. Es
wurden lange Kienspäne zu Fackeln zusammengeholt;
ein Teil der Gesellschaft versah sich noch zum Überfluß
mit Leitern, Stangen, Stricken und allerhand Verteidi-
gungswerkzeugen, und so begann endlich die Wallfahrt
nach den nahen Hügeln. Der Alte ging mit Heinrich und
den Kaufleuten voran. Jener Bauer hatte seinen wißbegie-
rigen Sohn herbeigeholt, der voller Freude sich einer Fak-
kel bemächtigte, und den Weg zu den Höhlen zeigte. Der
Abend war heiter und warm. Der Mond stand in mildem
Glanze über den Hügeln, und ließ wunderliche Träume in
allen Kreaturen aufsteigen. Selbst wie ein Traum der Sonne, lag er über der in sich gekehrten Traumwelt, und
führte die in unzählige Grenzen geteilte Natur in jene
fabelhafte Urzeit zurück, wo jeder Keim noch für sich
schlummerte, und einsam und unberührt sich vergeblich
sehnte, die dunkle Fülle seines unermeßlichen Daseins zu
entfalten. In Heinrichs Gemüt spiegelte sich das Märchen
des Abends. Es war ihm, als ruhte die Welt aufgeschlos-
sen in ihm, und zeigte ihm, wie einem Gastfreunde, alle
ihre Schätze und verborgenen Lieblichkeiten. Ihm dünkte
die große einfache Erscheinung um ihn so verständlich.

Die Natur schien ihm nur deswegen so unbegreiflich, weil
sie das Nächste und Traulichste mit einer solchen Verschwendung von mannigfachen Ausdrücken um den
Menschen her türmte. Die Worte des Alten hatten eine
versteckte Tapetentür in ihm geöffnet. Er sah sein kleines   5
Wohnzimmer dicht an einen erhabenen Münster gebaut,
aus dessen steinernem Boden die ernste Vorwelt emporstieg, während von der Kuppel die klare fröhliche Zukunft in goldnen Engelskindern ihr singend entgegen-
schwebte. Gewaltige Klänge bebten in den silbernen Ge-   10
sang, und zu den weiten Toren traten alle Kreaturen herein, von denen jede ihre innere Natur in einer einfachen
Bitte und in einer eigentümlichen Mundart vernehmlich
aussprach. Wie wunderte er sich, daß ihm diese klare,
seinem Dasein schon unentbehrliche Ansicht so lange   15
fremd geblieben war. Nun übersah er auf einmal alle seine
Verhältnisse mit der weiten Welt um ihn her; fühlte was er
durch sie geworden und was sie ihm werden würde, und
begriff alle die seltsamen Vorstellungen und Anregungen,
die er schon oft in ihrem Anschauen gespürt hatte. Die   20
Erzählung der Kaufleute von dem Jünglinge, der die Natur so emsig betrachtete, und der Eidam des Königs wurde, kam ihm wieder zu Gedanken, und tausend andere
Erinnerungen seines Lebens knüpften sich von selbst an
einen zauberischen Faden. Während der Zeit, daß Hein-   25
rich seinen Betrachtungen nachhing, hatte sich die Gesellschaft der Höhle genähert. Der Eingang war niedrig, und
der Alte nahm eine Fackel und kletterte über einige Steine
zuerst hinein. Ein ziemlich fühlbarer Luftstrom kam
ihm entgegen, und der Alte versicherte, daß sie getrost   30
folgen könnten. Die Furchtsamsten gingen zuletzt, und
hielten ihre Waffen in Bereitschaft. Heinrich und die
Kaufleute waren hinter dem Alten und der Knabe wanderte munter an seiner Seite. Der Weg lief anfänglich in
einem ziemlich schmalen Gange, welcher sich aber bald in   35
eine sehr weite und hohe Höhle endigte, die der Fackel-

glanz nicht völlig zu erleuchten vermochte; doch sah man
im Hintergrunde einige Öffnungen sich in die Felsen-
wand verlieren. Der Boden war weich und ziemlich eben;
die Wände sowie die Decke waren ebenfalls nicht rauh
5 und unregelmäßig; aber was die Aufmerksamkeit aller
vorzüglich beschäftigte, war die unzählige Menge von
Knochen und Zähnen, die den Boden bedeckten. Viele
waren völlig erhalten, an andern sah man Spuren der Ver-
wesung, und die, welche aus den Wänden hin und wieder
10 hervorragten, schienen steinartig geworden zu sein. Die
meisten waren von ungewöhnlicher Größe und Stärke.
Der Alte freute sich über diese Überbleibsel einer uralten
Zeit; nur den Bauern war nicht wohl dabei zumute,
denn sie hielten sie für deutliche Spuren naher Raubtiere,
15 so überzeugend ihnen auch der Alte die Zeichen eines
undenklichen Altertums daran aufwies, und sie fragte, ob
sie je etwas von Verwüstungen unter ihren Herden und
vom Raube benachbarter Menschen gespürt hätten, und
ob sie jene Knochen für Knochen bekannter Tiere oder
20 Menschen halten könnten? Der Alte wollte nun weiter in
den Berg, aber die Bauern fanden für ratsam sich vor die
Höhle zurückzuziehn, und dort seine Rückkunft abzu-
warten. Heinrich, die Kaufleute und der Knabe blieben
bei dem Alten, und versahen sich mit Stricken und Fak-
25 keln. Sie gelangten bald in eine zweite Höhle, wobei der
Alte nicht vergaß, den Gang aus dem sie hereingekommen
waren, durch eine Figur von Knochen, die er davor hinlegte, zu bezeichnen. Die Höhle glich der vorigen und
war ebenso reich an tierischen Resten. Heinrichen war
30 schauerlich und wunderbar zumute; es gemahnte ihn, als
wandle er durch die Vorhöfe des innern Erdenpalastes.
Himmel und Leben lag ihm auf einmal weit entfernt, und
diese dunkeln weiten Hallen schienen zu einem unterirdischen seltsamen Reiche zu gehören. »Wie«, dachte er bei
35 sich selbst, »wäre es möglich, daß unter unsern Füßen
eine eigene Welt in einem ungeheuern Leben sich beweg-

te? daß unerhörte Geburten in den Vesten der Erde ihr
Wesen trieben, die das innere Feuer des dunkeln Schoßes
zu riesenmäßigen und geistesgewaltigen Gestalten auf-
triebe? Könnten dereinst diese schauerlichen Fremden,
von der eindringenden Kälte hervorgetrieben, unter uns   5
erscheinen, während vielleicht zu gleicher Zeit himmlische Gäste, lebendige, redende Kräfte der Gestirne über
unsern Häuptern sichtbar würden? Sind diese Knochen
Überreste ihrer Wanderungen nach der Oberfläche, oder
Zeichen einer Flucht in die Tiefe?«   10
Auf einmal rief der Alte die andern herbei, und zeigte
ihnen eine ziemlich frische Menschenspur auf dem Boden. Mehrere konnten sie nicht finden, und so glaubte der
Alte, ohne fürchten zu müssen, auf Räuber zu stoßen, der
Spur nachgehen zu können. Sie waren eben im Begriff   15
dies auszuführen, als auf einmal, wie unter ihren Füßen,
aus einer fernen Tiefe ein ziemlich vernehmlicher Gesang
anfing. Sie erstaunten nicht wenig, doch horchten sie genau auf:

> Gern verweil ich noch im Tale   20
> Lächelnd in der tiefen Nacht,
> Denn der Liebe volle Schale
> Wird mir täglich dargebracht.
>
> Ihre heilgen Tropfen heben
> Meine Seele hoch empor,   25
> Und ich steh in diesem Leben
> Trunken an des Himmels Tor.
>
> Eingewiegt in selges Schauen
> Ängstigt mein Gemüt kein Schmerz.
> O! die Königin der Frauen   30
> Gibt mir ihr getreues Herz.
>
> Bangverweinte Jahre haben
> Diesen schlechten Ton verklärt,

Und ein Bild ihm eingegraben,
Das ihm Ewigkeit gewährt.

Jene lange Zahl von Tagen
Dünkt mir nur ein Augenblick;
5　Werd ich einst von hier getragen
Schau ich dankbar noch zurück.

Alle waren auf das angenehmste überrascht, und wünschten sehnlichst den Sänger zu entdecken.

Nach einigem Suchen trafen sie in einem Winkel der rech-
10　ten Seitenwand, einen abwarts gesenkten Gang, in welchen die Fußtapfen zu führen schienen. Bald dünkte es ihnen, eine Hellung zu bemerken, die stärker wurde, je näher sie kamen. Es tat sich ein neues Gewölbe von noch größerm Umfange, als die vorherigen, auf, in dessen Hin-
15　tergrunde sie bei einer Lampe eine menschliche Gestalt sitzen sahen, die vor sich auf einer steinernen Platte ein großes Buch liegen hatte, in welchem sie zu lesen schien. Sie drehte sich nach ihnen zu, stand auf und ging ihnen entgegen. Es war ein Mann, dessen Alter man nicht erra-
20　ten konnte. Er sah weder alt noch jung aus, keine Spuren der Zeit bemerkte man an ihm, als schlichte silberne Haare, die auf der Stirn gescheitelt waren. In seinen Augen lag eine unaussprechliche Heiterkeit, als sähe er von einem hellen Berge in einen unendlichen Frühling hinein. Er
25　hatte Sohlen an die Füße gebunden, und schien keine andere Kleidung zu haben, als einen weiten Mantel, der um ihn hergeschlungen war, und seine edle große Gestalt noch mehr heraus hob. Über ihre unvermutete Ankunft schien er nicht im mindesten verwundert; wie ein Be-
30　kannter begrüßte er sie. Es war, als empfing er erwartete Gäste in seinem Wohnhause. »Es ist doch schön, daß ihr mich besucht«, sagte er; »ihr seid die ersten Freunde, die ich hier sehe, so lange ich auch schon hier wohne. Scheint es doch, als finge man an, unser großes wunderbares Haus

genauer zu betrachten.« Der Alte erwiderte: »Wir haben
nicht vermutet, einen so freundlichen Wirt hier zu finden.
Von wilden Tieren und Geistern war uns erzählt, und nun
sehen wir uns auf das anmutigste getäuscht. Wenn wir
Euch in Eurer Andacht und in Euren tiefsinnigen Be-   5
trachtungen gestört haben: so verzeiht es unserer Neugierde.« – »Könnte eine Betrachtung erfreulicher sein«,
sagte der Unbekannte, »als die froher uns zusagender
Menschengesichter? Haltet mich nicht für einen Men-
schenfeind, weil ihr mich in dieser Einöde trefft. Ich habe   10
die Welt nicht geflohen, sondern ich habe nur eine Ruhestätte gesucht, wo ich ungestört meinen Betrachtungen
nachhängen könnte.« – »Hat Euch Euer Entschluß nie
gereut, und kommen nicht zuweilen Stunden, wo Euch
bange wird und Euer Herz nach einer Menschenstimme   15
verlangt?« – »Jetzt nicht mehr. Es war eine Zeit in meiner
Jugend, wo eine heiße Schwärmerei mich veranlaßte, Einsiedler zu werden. Dunkle Ahndungen beschäftigten
meine jugendliche Phantasie. Ich hoffte volle Nahrung
meines Herzens in der Einsamkeit zu finden. Uner-   20
schöpflich dünkte mir die Quelle meines innern Lebens.
Aber ich merkte bald, daß man eine Fülle von Erfahrungen dahin mitbringen muß, daß ein junges Herz nicht
allein sein kann, ja daß der Mensch erst durch vielfachen
Umgang mit seinem Geschlecht eine gewisse Selbststän-   25
digkeit erlangt.«
»Ich glaube selbst«, erwiderte der Alte, »daß es einen
gewissen natürlichen Beruf zu jeder Lebensart gibt, und
vielleicht, daß die Erfahrungen eines zunehmenden Alters
von selbst auf eine Zurückziehung aus der menschlichen   30
Gesellschaft führen. Scheint es doch, als sei dieselbe der
Tätigkeit, sowohl zum Gewinst als zur Erhaltung gewidmet. Eine große Hoffnung, ein gemeinschaftlicher Zweck
treibt sie mit Macht; und Kinder und Alte scheinen nicht
dazu zu gehören. Unbehülflichkeit und Unwissenheit   35
schließen die ersten davon aus, während die letztern jene

Hoffnung erfüllt, jenen Zweck erreicht sehen, und nun
nicht mehr von ihnen in den Kreis jener Gesellschaft ver-
flochten, in sich selbst zurückkehren, und genug zu tun
finden, sich auf eine höhere Gemeinschaft würdig vorzubereiten. Indes scheinen bei Euch noch besondere Ursachen stattgefunden zu haben, Euch so gänzlich von den
Menschen abzusondern und Verzicht auf alle Bequemlichkeiten der Gesellschaft zu leisten. Mich dünkt, daß die
Spannung Eures Gemüts doch oft nachlassen und Euch
dann unbehaglich zumute werden müßte.«

»Ich fühlte das wohl, indes habe ich es glücklich durch
eine strenge Regelmäßigkeit meines Lebens zu vermeiden
gewußt. Dabei suche ich mich durch Bewegung gesund
zu erhalten, und dann hat es keine Not. Jeden Tag gehe
ich mehrere Stunden herum, und genieße den Tag und die
Luft so viel ich kann. Sonst halte ich mich in diesen Hallen
auf, und beschäftige mich zu gewissen Stunden mit Korb-
flechten und Schnitzen. Für meine Waren tausche ich mir
in entlegenen Ortschaften Lebensmittel ein, Bücher hab
ich mir mitgebracht, und so vergeht die Zeit, wie ein Augenblick. In jenen Gegenden habe ich einige Bekannte,
die um meinen Aufenthalt wissen, und von denen ich
erfahre, was in der Welt geschieht. Diese werden mich
begraben, wenn ich tot bin und meine Bücher zu sich
nehmen.«

Er führte sie näher an seinen Sitz, der nahe an der Höhlen-
wand war. Sie sahen mehrere Bücher auf der Erde liegen,
auch eine Zither, und an der Wand hing eine völlige Rüstung, die ziemlich kostbar zu sein schien. Der Tisch bestand aus fünf großen steinernen Platten, die wie ein Ka-
sten zusammengesetzt waren. Auf der obersten lagen eine
männliche und eine weibliche Figur in Lebensgröße ein-
gehauen, die einen Kranz von Lilien und Rosen angefaßt
hatten; an den Seiten stand:

Friedrich und Marie von Hohenzollern
kehrten auf dieser Stelle in ihr Vaterland zurück.

Der Einsiedler fragte seine Gäste nach ihrem Vaterlande, und wie sie in diese Gegenden gekommen wären. Er war sehr freundlich und offen, und verriet eine große Bekanntschaft mit der Welt. Der Alte sagte: »Ich sehe, Ihr seid ein Kriegsmann gewesen, die Rüstung verrät Euch.«   5
– »Die Gefahren und Wechsel des Krieges, der hohe poetische Geist, der ein Kriegsheer begleitet, rissen mich aus meiner jugendlichen Einsamkeit und bestimmten die Schicksale meines Lebens. Vielleicht, daß das lange Getümmel, die unzähligen Begebenheiten, denen ich bei-   10
wohnte, mir den Sinn für die Einsamkeit noch mehr geöffnet haben: die zahllosen Erinnerungen sind eine unterhaltende Gesellschaft, und dies um so mehr, je veränderter der Blick ist, mit dem wir sie überschauen, und der nun erst ihren wahren Zusammenhang, den Tiefsinn ihrer   15
Folge, und die Bedeutung ihrer Erscheinungen entdeckt. Der eigentliche Sinn für die Geschichten der Menschen entwickelt sich erst spät, und mehr unter den stillen Einflüssen der Erinnerung, als unter den gewaltsameren Eindrücken der Gegenwart. Die nächsten Ereignisse schei-   20
nen nur locker verknüpft, aber sie sympathisieren desto wunderbarer mit entfernteren; und nur dann, wenn man imstande ist, eine lange Reihe zu übersehn und weder alles buchstäblich zu nehmen, noch auch mit mutwilligen Träumen die eigentliche Ordnung zu verwirren, bemerkt   25
man die geheime Verkettung des Ehemaligen und Künftigen, und lernt die Geschichte aus Hoffnung und Erinnerung zusammensetzen. Indes nur dem, welchem die ganze Vorzeit gegenwärtig ist, mag es gelingen, die einfache Regel der Geschichte zu entdecken. Wir kommen nur zu   30
unvollständigen und beschwerlichen Formeln, und können froh sein, nur für uns selbst eine brauchbare Vorschrift zu finden, die uns hinlängliche Aufschlüsse über unser eigenes kurzes Leben verschafft. Ich darf aber wohl sagen, daß jede sorgfältige Betrachtung der Schicksale des   35
Lebens einen tiefen, unerschöpflichen Genuß gewährt,

und unter allen Gedanken uns am meisten über die irdischen Übel erhebt. Die Jugend liest die Geschichte nur aus Neugier, wie ein unterhaltendes Märchen; dem reiferen Alter wird sie eine himmlische tröstende und erbauende Freundin, die ihn durch ihre weisen Gespräche sanft zu einer höheren, umfassenderen Laufbahn vorbereitet, und mit der unbekannten Welt ihn in faßlichen Bildern bekannt macht. Die Kirche ist das Wohnhaus der Geschichte, und der stille Hof ihr sinnbildlicher Blumengarten. Von der Geschichte sollten nur alte, gottesfürchtige Leute schreiben, deren Geschichte selbst zu Ende ist, und die nichts mehr zu hoffen haben, als die Verpflanzung in den Garten. Nicht finster und trübe wird ihre Beschreibung sein; vielmehr wird ein Strahl aus der Kuppel alles in der richtigsten und schönsten Erleuchtung zeigen, und heiliger Geist wird über diesen seltsam bewegten Gewässern schweben.«

»Wie wahr und einleuchtend ist Eure Rede«, setzte der Alte hinzu. »Man sollte gewiß mehr Fleiß darauf wenden, das Wissenswürdige seiner Zeit treulich aufzuzeichnen, und es als ein andächtiges Vermächtnis den künftigen Menschen zu hinterlassen. Es gibt tausend entferntere Dinge, denen Sorgfalt und Mühe gewidmet wird, und gerade um das Nächste und Wichtigste, um die Schicksale unsers eigenen Lebens, unserer Angehörigen, unsers Geschlechts, deren leise Planmäßigkeit wir in den Gedanken einer Vorsehung aufgefaßt haben, bekümmern wir uns so wenig, und lassen sorglos alle Spuren in unserm Gedächtnisse verwischen. Wie Heiligtümer wird eine weisere Nachkommenschaft jede Nachricht, die von den Begebenheiten der Vergangenheit handelt, aufsuchen, und selbst das Leben eines einzelnen unbedeutenden Mannes wird ihr nicht gleichgültig sein, da gewiß sich das große Leben seiner Zeitgenossenschaft darin mehr oder weniger spiegelt.«

»Es ist nur so schlimm«, sagte der Graf von Hohenzollern, »daß selbst die wenigen, die sich der Aufzeichnung der Taten und Vorfälle ihrer Zeit unterzogen, nicht über ihr Geschäft nachdachten, und ihren Beobachtungen keine Vollständigkeit und Ordnung zu geben suchten, sondern nur aufs Geratewohl bei der Auswahl und Sammlung ihrer Nachrichten verfuhren. Ein jeder wird leicht an sich bemerken, daß er nur dasjenige deutlich und vollkomen beschreiben kann, was er genau kennt, dessen Teile, dessen Entstehung und Folge, dessen Zweck und Gebrauch ihm gegenwärtig sind: denn sonst wird keine Beschreibung, sondern ein verwirrtes Gemisch von unvollständigen Bemerkungen entstehn. Man lasse ein Kind eine Maschine, einen Landmann ein Schiff beschreiben, und gewiß wird kein Mensch aus ihren Worten einigen Nutzen und Unterricht schöpfen können, und so ist es mit den meisten Geschichtschreibern, die vielleicht fertig genug im Erzählen und bis zum Überdruß weitschweifig sind, aber doch gerade das Wissenswürdigste vergessen, dasjenige, was erst die Geschichte zur Geschichte macht, und die mancherlei Zufälle zu einem angenehmen und lehrreichen Ganzen verbindet. Wenn ich das alles recht bedenke, so scheint es mir, als wenn ein Geschichtschreiber notwendig auch ein Dichter sein müßte, denn nur die Dichter mögen sich auf jene Kunst, Begebenheiten schicklich zu verknüpfen, verstehn. In ihren Erzählungen und Fabeln habe ich mit stillem Vergnügen ihr zartes Gefühl für den geheimnisvollen Geist des Lebens bemerkt. Es ist mehr Wahrheit in ihren Märchen, als in gelehrten Chroniken. Sind auch ihre Personen und deren Schicksale erfunden: so ist doch der Sinn, in dem sie erfunden sind, wahrhaft und natürlich. Es ist für unsern Genuß und unsere Belehrung gewissermaßen einerlei, ob die Personen, in deren Schicksalen wir den unsrigen nachspüren, wirklich einmal lebten, oder nicht. Wir verlangen nach der Anschauung der großen einfachen Seele der Zeiterscheinungen, und finden wir diesen Wunsch gewährt, so kümmern wir uns nicht um die zufällige Existenz ihrer äußern Figuren.«

»Auch ich bin den Dichtern«, sagte der Alte, »von jeher deshalb zugetan gewesen. Das Leben und die Welt ist mir
5 klarer und anschaulicher durch sie geworden. Es dünkte mich, sie müßten befreundet mit den scharfen Geistern des Lichtes sein, die alle Naturen durchdringen und sondern, und einen eigentümlichen, zartgefärbten Schleier über jede verbreiten. Meine eigene Natur fühlte ich bei
10 ihren Liedern leicht entfaltet, und es war, als könnte sie sich nun freier bewegen, ihrer Geselligkeit und ihres Verlangens froh werden, mit stiller Lust ihre Glieder gegeneinander schwingen, und tausenderlei anmutige Wirkungen hervorrufen.«

15 »Wart Ihr so glücklich in Eurer Gegend einige Dichter zu haben?« fragte der Einsiedler.

»Es haben sich wohl zuweilen einige bei uns eingefunden: aber sie schienen Gefallen am Reisen zu finden, und so hielten sie sich meist nicht lange auf. Indes habe ich auf
20 meinen Wanderungen nach Illyrien, nach Sachsen und Schwedenland nicht selten welche gefunden, deren Andenken mich immer erfreuen wird.«

»So seid Ihr ja weit umhergekommen, und müßt viele denkwürdige Dinge erlebt haben.«

25 »Unsere Kunst macht es fast nötig, daß man sich weit auf dem Erdboden umsieht, und es ist als triebe den Bergmann ein unterirdisches Feuer umher. Ein Berg schickt ihn dem andern. Er wird nie mit Sehen fertig, und hat seine ganze Lebenszeit an jener wunderlichen Baukunst
30 zu lernen, die unsern Fußboden so seltsam gegründet und ausgetäfelt hat. Unsere Kunst ist uralt und weit verbreitet. Sie mag wohl aus Morgen, mit der Sonne, wie unser Geschlecht, nach Abend gewandert sein, und von der Mitte nach den Enden zu. Sie hat überall mit andern Schwierig
35 keiten zu kämpfen gehabt, und da immer das Bedürfnis den menschlichen Geist zu klugen Erfindungen gereizt,

so kann der Bergmann überall seine Einsichten und seine
Geschicklichkeit vermehren und mit nützlichen Erfahrungen seine Heimat bereichern.«

»Ihr seid beinah verkehrte Astrologen«, sagte der Einsiedler. »Wenn diese den Himmel unverwandt betrachten
und seine unermeßlichen Räume durchirren: so wendet
ihr euren Blick auf den Erdboden, und erforscht seinen
Bau. Jene studieren die Kräfte und Einflüsse der Gestirne,
und ihr untersucht die Kräfte der Felsen und Berge, und
die mannigfaltigen Wirkungen der Erd- und Steinschich-
ten. Jenen ist der Himmel das Buch der Zukunft, während
euch die Erde Denkmale der Urwelt zeigt.«

»Es ist dieser Zusammenhang nicht ohne Bedeutung«,
sagte der Alte lächelnd. »Die leuchtenden Propheten spielen vielleicht eine Hauptrolle in jener alten Geschichte des
wunderlichen Erdbaus. Man wird vielleicht sie aus ihren
Werken, und ihre Werke aus ihnen mit der Zeit besser
kennen und erklären lernen. Vielleicht zeigen die großen
Gebirgsketten die Spuren ihrer ehemaligen Straßen, und
hatten selbst Lust, sich auf ihre eigene Hand zu nähren
und ihren eigenen Gang am Himmel zu gehn. Manche
hoben sich kühn genug, um auch Sterne zu werden, und
müssen nun dafür die schöne grüne Bekleidung der nied-
rigern Gegenden entbehren. Sie haben dafür nichts erhalten, als daß sie ihren Vätern das Wetter machen helfen,
und Propheten für das tiefere Land sind, das sie bald
schützen bald mit Ungewittern überschwemmen.«

»Seitdem ich in dieser Höhle wohne«, fuhr der Einsiedler
fort, »habe ich mehr über die alte Zeit nachdenken ge-
lernt. Es ist unbeschreiblich, was diese Betrachtung anzieht, und ich kann mir die Liebe vorstellen, die ein Bergmann für sein Handwerk hegen muß. Wenn ich die seltsamen alten Knochen ansehe, die hier in so gewaltiger Menge versammelt sind; wenn ich mir die wilde Zeit denke,
wo diese fremdartigen, ungeheuren Tiere in dichten Scharen sich in diese Höhlen hereindrängten, von Furcht und

Angst vielleicht getrieben, und hier ihren Tod fanden;
wenn ich dann wieder bis zu den Zeiten hinaufsteige, wo
diese Höhlen zusammenwuchsen und ungeheure Fluten
das Land bedeckten: so komme ich mir selbst wie ein
5 Traum der Zukunft, wie ein Kind des ewigen Friedens
vor. Wie ruhig und friedfertig, wie mild und klar ist gegen
diese gewaltsamen, riesenmäßigen Zeiten, die heutige
Natur! und das furchtbarste Gewitter, das entsetzlichste
Erdbeben in unsern Tagen ist nur ein schwacher Nachhall
10 jener grausenvollen Geburtswehen. Vielleicht daß auch
die Pflanzen- und Tierwelt, ja die damaligen Menschen
selbst, wenn es auf einzelnen Eilanden in diesem Ozean
welche gab, eine andere festere und rauhere Bauart hatten, – wenigstens dürfte man die alten Sagen von einem
15 Riesenvolke dann keiner Erdichtungen zeihen.«
»Es ist erfreulich«, sagte der Alte, »jene allmähliche Beruhigung der Natur zu bemerken. Ein immer innigeres Ein-
verständnis, eine friedlichere Gemeinschaft, eine gegenseitige Unterstützung und Belebung, scheint sich allmäh-
20 lich gebildet zu haben, und wir können immer besseren
Zeiten entgegensehn. Es wäre vielleicht möglich, daß hin
und wieder noch alter Sauerteig gärte, und noch einige
heftige Erschütterungen erfolgten; indes sieht man doch
das allmächtige Streben nach freier, einträchtiger Verfas-
25 sung, und in diesem Geiste wird jede Erschütterung vor-
übergehen und dem großen Ziele näher führen. Mag es
sein, daß die Natur nicht mehr so fruchtbar ist, daß heutzutage keine Metalle und Edelsteine, keine Felsen und
Berge mehr entstehn, daß Pflanzen und Tiere nicht mehr
30 zu so erstaunlichen Größen und Kräften aufquellen; je
mehr sich ihre erzeugende Kraft erschöpft hat, desto
mehr haben ihre bildenden, veredelnden und geselligen
Kräfte zugenommen, ihr Gemüt ist empfänglicher und
zarter, ihre Phantasie mannigfaltiger und sinnbildlicher,
35 ihre Hand leichter und kunstreicher geworden. Sie nähert
sich dem Menschen, und wenn sie ehmals ein wildgebä-

render Fels war, so ist sie jetzt eine stille, treibende Pflanze, eine stumme menschliche Künstlerin. Wozu wäre
auch eine Vermehrung jener Schätze nötig, deren Überfluß auf undenkliche Zeiten ausreicht. Wie klein ist der
Raum, den ich durchwandert bin, und welche mächtige   5
Vorräte habe ich nicht gleich auf den ersten Blick gefunden, deren Benutzung der Nachwelt überlassen bleibt.
Welche Reichtümer verschließen nicht die Gebirge nach
Norden, welche günstige Anzeichen fand ich nicht in
meinem Vaterlande überall, in Ungarn, am Fuße der Kar-   10
patischen Gebirge, und in den Felsentälern von Tirol,
Östreich und Bayern. Ich könnte ein reicher Mann sein,
wenn ich das hätte mit mir nehmen können, was ich nur
aufzuheben, nur abzuschlagen brauchte. An manchen
Orten sah ich mich, wie in einem Zaubergarten. Was ich   15
ansah, war von köstlichen Metallen und auf das kunst-
reichste gebildet. In den zierlichen Locken und Ästen
des Silbers hingen glänzende, rubinrote, durchsichtige
Früchte, und die schweren Bäumchen standen auf kristal-
lenem Grunde, der ganz unnachahmlich ausgearbeitet   20
war. Man traute kaum seinen Sinnen an diesen wunderbaren Orten, und ward nicht müde diese reizenden Wild-
nisse zu durchstreifen und sich an ihren Kleinodien zu
ergötzen. Auch auf meiner jetzigen Reise habe ich viele
Merkwürdigkeiten gesehn, und gewiß ist in andern Län-   25
dern die Erde ebenso ergiebig und verschwenderisch.«
»Wenn man«, sagte der Unbekannte, »die Schätze be-
denkt, die im Orient zu Hause sind, so ist daran kein
Zweifel, und ist das ferne Indien, Afrika und Spanien
nicht schon im Altertum durch die Reichtümer seines Bo-   30
dens bekannt gewesen? Als Kriegsmann gibt man freilich
nicht so genau auf die Adern und Klüfte der Berge acht,
indes habe ich doch zuweilen meine Betrachtungen über
diese glänzenden Streifen gehabt, die wie seltsame Knos-
pen auf eine unerwartete Blüte und Frucht deuten. Wie   35
hätte ich damals denken können, wenn ich froh über das

Licht des Tages an diesen dunkeln Behausungen vorbei-
zog, daß ich noch im Schoße eines Berges mein Leben
beschließen würde. Meine Liebe trug mich stolz über den
Erdboden, und in ihrer Umarmung hoffte ich in späten
5 Jahren zu entschlafen. Der Krieg endigte, und ich zog
nach Hause, voll froher Erwartungen eines erquicklichen
Herbstes. Aber der Geist des Krieges schien der Geist
meines Glücks zu sein. Meine Marie hatte mir zwei Kinder im Orient geboren. Sie waren die Freude unsers Le-
10 bens. Die Seefahrt und die rauhere abendländische Luft
störte ihre Blüte. Ich begrub sie wenig Tage nach meiner
Ankunft in Europa. Kummervoll führte ich meine trost-
lose Gattin nach meiner Heimat. Ein stiller Gram mochte
den Faden ihres Lebens mürbe gemacht haben. Auf einer
15 Reise, die ich bald darauf unternehmen mußte, auf der sie
mich wie immer begleitete, verschied sie sanft und plötzlich in meinen Armen. Es war hier nahe bei, wo unsere
irdische Wallfahrt zu Ende ging. Mein Entschluß war im
Augenblicke reif. Ich fand, was ich nie erwartet hatte;
20 eine göttliche Erleuchtung kam über mich, und seit dem
Tage, da ich sie hier selbst begrub, nahm eine himmlische
Hand allen Kummer von meinem Herzen. Das Grabmal
habe ich nachher errichten lassen. Oft scheint eine Begebenheit sich zu endigen, wenn sie erst eigentlich beginnt,
25 und dies hat bei meinem Leben stattgefunden. Gott ver-
leihe euch allen ein seliges Alter, und ein so geruhiges
Gemüt wie mir.«
Heinrich und die Kaufleute hatten aufmerksam dem Gespräche zugehört, und der erstere fühlte besonders neue
30 Entwickelungen seines ahndungsvollen Innern. Manche
Worte, manche Gedanken fielen wie belebender Frucht-
staub, in seinen Schoß, und rückten ihn schnell aus dem
engen Kreise seiner Jugend auf die Höhe der Welt. Wie
lange Jahre lagen die eben vergangenen Stunden hinter
35 ihm, und er glaubte nie anders gedacht und empfunden zu
haben.

Der Einsiedler zeigte ihnen seine Bücher. Es waren alte
Historien und Gedichte. Heinrich blätterte in den großen
schöngemalten Schriften; die kurzen Zeilen der Verse, die
Überschriften, einzelne Stellen, und die saubern Bilder,
die hier und da, wie verkörperte Worte, zum Vorschein   5
kamen, um die Einbildungskraft des Lesers zu unterstützen, reizten mächtig seine Neugierde. Der Einsiedler bemerkte seine innere Lust, und erklärte ihm die sonderbaren Vorstellungen. Die mannigfaltigsten Lebensszenen
waren abgebildet. Kämpfe, Leichenbegängnisse, Hoch-   10
zeitfeierlichkeiten, Schiffbrüche, Höhlen und Paläste;
Könige, Helden, Priester, alte und junge Leute, Menschen in fremden Trachten, und seltsame Tiere, kamen in
verschiedenen Abwechselungen und Verbindungen vor.
Heinrich konnte sich nicht satt sehen, und hätte nichts   15
mehr gewünscht, als bei dem Einsiedler, der ihn unwiderstehlich anzog, zu bleiben, und von ihm über diese Bücher unterrichtet zu werden. Der Alte fragte unterdes, ob
es noch mehr Höhlen gäbe, und der Einsiedler sagte ihm,
daß noch einige sehr große in der Nähe lägen, wohin er   20
ihn begleiten wollte. Der Alte war dazu bereit, und der
Einsiedler, der die Freude merkte, die Heinrich an seinen
Büchern hatte, veranlaßte ihn, zurückzubleiben, und sich
während dieser Zeit weiter unter denselben umzusehn.
Heinrich blieb mit Freuden bei den Büchern, und dankte   25
ihm innig für seine Erlaubnis. Er blätterte mit unendlicher
Lust umher. Endlich fiel ihm ein Buch in die Hände, das
in einer fremden Sprache geschrieben war, die ihm einige
Ähnlichkeit mit der lateinischen und italienischen zu haben schien. Er hätte sehnlichst gewünscht, die Sprache zu   30
kennen, denn das Buch gefiel ihm vorzüglich ohne daß er
eine Silbe davon verstand. Es hatte keinen Titel, doch
fand er noch beim Suchen einige Bilder. Sie dünkten ihm
ganz wunderbar bekannt, und wie er recht zusah, entdeckte er seine eigene Gestalt ziemlich kenntlich unter   35
den Figuren. Er erschrak und glaubte zu träumen, aber

beim wiederholten Ansehn konnte er nicht mehr an der vollkommenen Ähnlichkeit zweifeln. Er traute kaum seinen Sinnen, als er bald auf einem Bilde die Höhle, den Einsiedler und den Alten neben sich entdeckte. Allmäh-
5 lich fand er auf den andern Bildern die Morgenländerin, seine Eltern, den Landgrafen und die Landgräfin von Thüringen, seinen Freund den Hofkaplan, und manche andere seiner Bekannten; doch waren ihre Kleidungen verändert und schienen aus einer andern Zeit zu sein. Eine
10 große Menge Figuren wußte er nicht zu nennen, doch deuchten sie ihm bekannt. Er sah sein Ebenbild in verschiedenen Lagen. Gegen das Ende kam er sich größer und edler vor. Die Gitarre ruhte in seinen Armen, und die Landgräfin reichte ihm einen Kranz. Er sah sich am kai-
15 serlichen Hofe, zu Schiffe, in trauter Umarmung mit einem schlanken lieblichen Mädchen, in einem Kampfe mit wildaussehenden Männern, und in freundlichen Gesprächen mit Sarazenen und Mohren. Ein Mann von ernstem Ansehn kam häufig in seiner Gesellschaft vor. Er fühlte
20 tiefe Ehrfurcht vor dieser hohen Gestalt, und war froh sich Arm in Arm mit ihm zu sehn. Die letzten Bilder waren dunkel und unverständlich; doch überraschten ihn einige Gestalten seines Traumes mit dem innigsten Entzücken; der Schluß des Buches schien zu fehlen. Heinrich
25 war sehr bekümmert, und wünschte nichts sehnlicher, als das Buch lesen zu können, und vollständig zu besitzen. Er betrachtete die Bilder zu wiederholten Malen und war bestürzt, wie er die Gesellschaft zurückkommen hörte. Eine wunderliche Scham befiel ihn. Er getraute sich nicht,
30 seine Entdeckung merken zu lassen, machte das Buch zu, und fragte den Einsiedler nur obenhin nach dem Titel und der Sprache desselben, wo er denn erfuhr, daß es in provenzalischer Sprache geschrieben sei. »Es ist lange, daß ich es gelesen habe«, sagte der Einsiedler. »Ich kann mich
35 nicht genau mehr des Inhalts entsinnen. So viel ich weiß, ist es ein Roman von den wunderbaren Schicksalen eines

Dichters, worin die Dichtkunst in ihren mannigfachen
Verhältnissen dargestellt und gepriesen wird. Der Schluß
fehlt an dieser Handschrift, die ich aus Jerusalem mitgebracht habe, wo ich sie in der Verlassenschaft eines Freundes fand, und zu seinem Andenken aufhob.«   5
Sie nahmen nun voneinander Abschied, und Heinrich
war bis zu Tränen gerührt. Die Höhle war ihm so merkwürdig, der Einsiedler so lieb geworden.
Alle umarmten diesen herzlich, und er selbst schien sie
lieb gewonnen zu haben. Heinrich glaubte zu bemerken,   10
daß er ihn mit einem freundlichen durchdringenden Blick
ansehe. Seine Abschiedsworte gegen ihn waren sonderbar
bedeutend. Er schien von seiner Entdeckung zu wissen
und darauf anzuspielen. Bis zum Eingang der Höhlen
begleitete er sie, nachdem er sie und besonders den Kna-   15
ben gebeten hatte, nichts von ihm gegen die Bauern zu
erwähnen, weil er sonst ihren Zudringlichkeiten ausge-
setzt sein würde.
Sie versprachen es alle. Wie sie von ihm schieden und sich
seinem Gebet empfahlen, sagte er: »Wie lange wird es   20
währen, so sehn wir uns wieder, und werden über unsere
heutigen Reden lächeln. Ein himmlischer Tag wird uns
umgeben, und wir werden uns freuen, daß wir einander in
diesen Tälern der Prüfung freundlich begrüßten, und von
gleichen Gesinnungen und Ahndungen beseelt waren. Sie   25
sind die Engel, die uns hier sicher geleiten. Wenn euer
Auge fest am Himmel haftet, so werdet ihr nie den Weg
zu eurer Heimat verlieren.« – Sie trennten sich mit stiller
Andacht, fanden bald ihre zaghaften Gefährten, und er-
reichten unter allerlei Erzählungen in kurzem das Dorf,   30
wo Heinrichs Mutter, die in Sorgen gewesen war, sie mit
tausend Freuden empfing.

Sechstes Kapitel

Menschen, die zum Handeln, zur Geschäftigkeit geboren sind, können nicht früh genug alles selbst betrachten und beleben. Sie müssen überall selbst Hand anlegen und viele Verhältnisse durchlaufen, ihr Gemüt gegen die Eindrücke einer neuen Lage, gegen die Zerstreuungen vieler und mannigfaltiger Gegenstände gewissermaßen abhärten, und sich gewöhnen, selbst im Drange großer Begebenheiten den Faden ihres Zwecks festzuhalten, und ihn gewandt hindurchzuführen. Sie dürfen nicht den Einladungen einer stillen Betrachtung nachgeben. Ihre Seele darf keine in sich gekehrte Zuschauerin, sie muß unablässig nach außen gerichtet, und eine emsige, schnell entscheidende Dienerin des Verstandes sein. Sie sind Helden, und um sie her drängen sich die Begebenheiten, die geleitet und gelöst sein wollen. Alle Zufälle werden zu Geschichten unter ihrem Einfluß, und ihr Leben ist eine ununterbrochene Kette merkwürdiger und glänzender, verwikkelter und seltsamer Ereignisse.

Anders ist es mit jenen ruhigen, unbekannten Menschen, deren Welt ihr Gemüt, deren Tätigkeit die Betrachtung, deren Leben ein leises Bilden ihrer innern Kräfte ist. Keine Unruhe treibt sie nach außen. Ein stiller Besitz genügt ihnen und das unermeßliche Schauspiel außer ihnen reizt sie nicht, selbst darin aufzutreten, sondern kommt ihnen bedeutend und wunderbar genug vor, um seiner Betrachtung ihre Muße zu widmen. Verlangen nach dem Geiste desselben hält sie in der Ferne, und er ist es, der sie zu der geheimnisvollen Rolle des Gemüts in dieser menschlichen Welt bestimmte, während jene die äußeren Gliedmaßen und Sinne, und die ausgehenden Kräfte derselben vorstellen.

Große und vielfache Begebenheiten würden sie stören. Ein einfaches Leben ist ihr Los, und nur aus Erzählungen und Schriften müssen sie mit dem reichen Inhalt, und den

zahllosen Erscheinungen der Welt bekannt werden. Nur
selten darf im Verlauf ihres Lebens ein Vorfall sie auf
einige Zeit in seine raschen Wirbel mit hereinziehn, um
durch einige Erfahrungen sie von der Lage und dem Charakter der handelnden Menschen genauer zu unterrichten. Dagegen wird ihr empfindlicher Sinn schon genug
von nahen unbedeutenden Erscheinungen beschäftigt, die
ihm jene große Welt verjüngt darstellen, und sie werden
keinen Schritt tun, ohne die überraschendsten Entdek-
kungen in sich selbst über das Wesen und die Bedeutung
derselben zu machen. Es sind die Dichter, diese seltenen
Zugmenschen, die zuweilen durch unsere Wohnsitze
wandeln, und überall den alten ehrwürdigen Dienst der
Menschheit und ihrer ersten Götter, der Gestirne, des
Frühlings, der Liebe, des Glücks, der Fruchtbarkeit, der
Gesundheit, und des Frohsinns erneuern; sie, die schon
hier im Besitz der himmlischen Ruhe sind, und von keinen törichten Begierden umhergetrieben, nur den Duft
der irdischen Früchte einatmen, ohne sie zu verzehren
und dann unwiderruflich an die Unterwelt gekettet zu
sein. Freie Gäste sind sie, deren goldener Fuß nur leise
auftritt, und deren Gegenwart in allen unwillkürlich die
Flügel ausbreitet. Ein Dichter läßt sich wie ein guter König, frohen und klaren Gesichtern nach aufsuchen, und er
ist es, der allein den Namen eines Weisen mit Recht führt.
Wenn man ihn mit dem Helden vergleicht, so findet man,
daß die Gesänge der Dichter nicht selten den Heldenmut
in jugendlichen Herzen erweckt, Heldentaten aber wohl
nie den Geist der Poesie in ein neues Gemüt gerufen
haben.

Heinrich war von Natur zum Dichter geboren. Mannigfaltige Zufälle schienen sich zu seiner Bildung zu vereinigen, und noch hatte nichts seine innere Regsamkeit gestört. Alles was er sah und hörte schien nur neue Riegel in
ihm wegzuschieben, und neue Fenster ihm zu öffnen. Er
sah die Welt in ihren großen und abwechselnden Verhält-

nissen vor sich liegen. Noch war sie aber stumm, und ihre
Seele, das Gespräch, noch nicht erwacht. Schon nahte
sich ein Dichter, ein liebliches Mädchen an der Hand, um
durch Laute der Muttersprache und durch Berührung ei-
5 nes süßen zärtlichen Mundes, die blöden Lippen aufzu-
schließen, und den einfachen Akkord in unendliche Melodien zu entfalten.

Die Reise war nun geendigt. Es war gegen Abend, als
unsere Reisenden wohlbehalten und fröhlich in der welt-
10 berühmten Stadt Augsburg anlangten, und voller Erwartung durch die hohen Gassen nach dem ansehnlichen
Hause des alten Schwaning ritten.

Heinrichen war schon die Gegend sehr reizend vorgekommen. Das lebhafte Getümmel der Stadt und die gro-
15 ßen, steinernen Häuser befremdeten ihn angenehm. Er
freute sich inniglich über seinen künftigen Aufenthalt.
Seine Mutter war sehr vergnügt nach der langen, mühseli-
gen Reise sich hier in ihrer geliebten Vaterstadt zu sehen,
bald ihren Vater und ihre alten Bekannten wieder zu um-
20 armen, ihren Heinrich ihnen vorstellen, und einmal alle
Sorgen des Hauswesens bei den traulichen Erinnerungen
ihrer Jugend ruhig vergessen zu können. Die Kaufleute
hofften sich bei den dortigen Lustbarkeiten für die Unbe-
quemlichkeiten des Weges zu entschädigen, und einträg-
25 liche Geschäfte zu machen.

Das Haus des alten Schwaning fanden sie erleuchtet, und
eine lustige Musik tönte ihnen entgegen. »Was gilts«, sagten die Kaufleute, »Euer Großvater gibt ein fröhliches
Fest. Wir kommen wie gerufen. Wie wird er über die
30 ungeladenen Gäste erstaunen. Er läßt es sich wohl nicht
träumen, daß das wahre Fest nun erst angehn wird.«
Heinrich fühlte sich verlegen, und seine Mutter war nur
wegen ihres Anzugs in Sorgen. Sie stiegen ab, die Kaufleute blieben bei den Pferden, und Heinrich und seine
35 Mutter traten in das prächtige Haus. Unten war kein
Hausgenosse zu sehen. Sie mußten die breite Wendeltrep-

pe hinauf. Einige Diener liefen vorüber, die sie baten,
dem alten Schwaning die Ankunft einiger Fremden anzu-
sagen, die ihn zu sprechen wünschten. Die Diener machten anfangs einige Schwierigkeiten; die Reisenden sahen
nicht zum besten aus; doch meldeten sie es dem Herrn des   5
Hauses. Der alte Schwaning kam heraus. Er kannte sie
nicht gleich, und fragte nach ihrem Namen und Anliegen.
Heinrichs Mutter weinte, und fiel ihm um den Hals.
»Kennt Ihr Eure Tochter nicht mehr?« rief sie weinend.
»Ich bringe Euch meinen Sohn.« Der alte Vater war äu-   10
ßerst gerührt. Er drückte sie lange an seine Brust; Heinrich sank auf ein Knie, und küßte ihm zärtlich die Hand.
Er hob ihn zu sich, und hielt Mutter und Sohn umarmt.
»Geschwind herein«, sagte Schwaning, »ich habe lauter
Freunde und Bekannte bei mir, die sich herzlich mit mir   15
freuen werden.« Heinrichs Mutter schien einige Zweifel
zu haben. Sie hatte keine Zeit sich zu besinnen. Der Vater
führte beide in den hohen, erleuchteten Saal. »Da bringe
ich meine Tochter und meinen Enkel aus Eisenach«, rief
Schwaning in das frohe Getümmel glänzend gekleideter   20
Menschen. Alle Augen kehrten sich nach der Tür; alles
lief herzu, die Musik schwieg, und die beiden Reisenden
standen verwirrt und geblendet in ihren staubigen Kleidern, mitten in der bunten Schar. Tausend freudige Aus-
rufungen gingen von Mund zu Mund. Alte Bekannte   25
drängten sich um die Mutter. Es gab unzählige Fragen.
Jedes wollte zuerst gekannt und bewillkommet sein.
Während der ältere Teil der Gesellschaft sich mit der Mutter beschäftigte, heftete sich die Aufmerksamkeit des jün-
geren Teils auf den fremden Jüngling, der mit gesenktem   30
Blick dastand, und nicht das Herz hatte, die unbekannten
Gesichter wieder zu betrachten. Sein Großvater machte
ihn mit der Gesellschaft bekannt, und erkundigte sich
nach seinem Vater und den Vorfällen ihrer Reise.
Die Mutter gedachte der Kaufleute, die unten aus Gefäl-   35
ligkeit bei den Pferden geblieben waren. Sie sagte es ihrem

Vater, welcher sogleich hinunterschickte, und sie einladen ließ heraufzukommen. Die Pferde wurden in die Ställe gebracht, und die Kaufleute erschienen.

Schwaning dankte ihnen herzlich für die freundschaftliche Geleitung seiner Tochter. Sie waren mit vielen Anwesenden bekannt, und begrüßten sich freundlich mit ihnen. Die Mutter wünschte sich reinlich ankleiden zu dürfen. Schwaning nahm sie auf sein Zimmer, und Heinrich folgte ihnen in gleicher Absicht.

Unter der Gesellschaft war Heinrichen ein Mann aufgefallen, den er in jenem Buche oft an seiner Seite gesehn zu haben glaubte. Sein edles Ansehn zeichnete ihn vor allen aus. Ein heitrer Ernst war der Geist seines Gesichts; eine offene schön gewölbte Stirn, große, schwarze, durchdringende und feste Augen, ein schalkhafter Zug um den fröhlichen Mund und durchaus klare, männliche Verhältnisse machten es bedeutend und anziehend. Er war stark gebaut, seine Bewegungen waren ruhig und ausdrucksvoll, und wo er stand, schien er ewig stehen zu wollen. Heinrich fragte seinen Großvater nach ihm. »Es ist mir lieb«, sagte der Alte, »daß du ihn gleich bemerkt hast. Es ist mein trefflicher Freund Klingsohr, der Dichter. Auf seine Bekanntschaft und Freundschaft kannst du stolzer sein, als auf die des Kaisers. Aber wie stehts mit deinem Herzen? Er hat eine schöne Tochter; vielleicht daß sie den Vater bei dir aussticht. Es sollte mich wundern, wenn du sie nicht gesehn hättest.« Heinrich errötete. »Ich war zerstreut, lieber Großvater. Die Gesellschaft war zahlreich, und ich betrachtete nur Euren Freund.« »Man merkt es, daß du aus Norden kömmst«, erwiderte Schwaning. »Wir wollen dich hier schon auftauen. Du sollst schon lernen nach hübschen Augen sehn.«

Sie waren nun fertig und begaben sich zurück in den Saal, wo indes die Zurüstungen zum Abendessen gemacht worden waren. Der alte Schwaning führte Heinrichen auf Klingsohr zu, und erzählte ihm, daß Heinrich ihn gleich bemerkt und den lebhaftesten Wunsch habe mit ihm bekannt zu sein.

Heinrich war beschämt. Klingsohr redete freundlich zu ihm von seinem Vaterlande und seiner Reise. Es lag so viel Zutrauliches in seiner Stimme, daß Heinrich bald ein Herz faßte und sich freimütig mit ihm unterhielt. Nach einiger Zeit kam Schwaning wieder zu ihnen und brachte die schöne Mathilde. »Nehmt Euch meines schüchternen Enkels freundlich an, und verzeiht es ihm, daß er eher Euren Vater, als Euch gesehn hat. Eure glänzenden Augen werden schon die schlummernde Jugend in ihm wekken. In seinem Vaterlande kommt der Frühling spät.« Heinrich und Mathilde wurden rot. Sie sahen sich einander mit Verwunderung an. Sie fragte ihn mit kaum hörbaren leisen Worten: ob er gern tanze. Eben als er die Frage bejahte, fing eine fröhliche Tanzmusik an. Er bot ihr schweigend seine Hand; sie gab ihm die ihrige, und sie mischten sich in die Reihe der walzenden Paare. Schwaning und Klingsohr sahen zu. Die Mutter und die Kaufleute freuten sich über Heinrichs Behendigkeit und seine liebliche Tänzerin. Die Mutter hatte genug mit ihren Jugendfreundinnen zu sprechen, die ihr zu einem so wohlgebildeten und so hoffnungsvollen Sohn Glück wünschten. Klingsohr sagte zu Schwaning: »Euer Enkel hat ein anziehendes Gesicht. Es zeigt ein klares und umfassendes Gemüt, und seine Stimme kommt tief aus dem Herzen.« »Ich hoffe«, erwiderte Schwaning, »daß er Euer gelehriger Schüler sein wird. Mich deucht er ist zum Dichter geboren. Euer Geist komme über ihn. Er sieht seinem Vater ähnlich; nur scheint er weniger heftig und eigensinnig. Jener war in seiner Jugend voll glücklicher Anlagen. Eine gewisse Freisinnigkeit fehlte ihm. Es hätte mehr aus ihm werden können, als ein fleißiger und fertiger Künstler.« – Heinrich wünschte den Tanz nie zu endigen. Mit innigem Wohlgefallen ruhte sein Auge auf den Rosen seiner Tänzerin. Ihr unschuldiges Auge vermied ihn nicht.

Sie schien der Geist ihres Vaters in der lieblichsten Verkleidung. Aus ihren großen ruhigen Augen sprach ewige
Jugend. Auf einem lichthimmelblauen Grunde lag der
milde Glanz der braunen Sterne. Stirn und Nase senkten
5 sich zierlich um sie her. Eine nach der aufgehenden Sonne
geneigte Lilie war ihr Gesicht, und von dem schlanken,
weißen Halse schlängelten sich blaue Adern in reizenden
Windungen um die zarten Wangen. Ihre Stimme war wie
ein fernes Echo, und das braune lockige Köpfchen schien
10 über der leichten Gestalt nur zu schweben.
Die Schüsseln kamen herein und der Tanz war aus. Die
altern Leute setzten sich auf die eine Seite, und die jüngern
nahmen die andere ein.
Heinrich blieb bei Mathilden. Eine junge Verwandte setz-
15 te sich zu seiner Linken, und Klingsohr saß ihm gerade
gegenüber. So wenig Mathilde sprach, so gesprächig war
Veronika, seine andere Nachbarin. Sie tat gleich mit ihm
vertraut und machte ihn in kurzem mit allen Anwesenden
bekannt. Heinrich verhörte manches. Er war noch bei
20 seiner Tänzerin, und hätte sich gern öfters rechts gewandt. Klingsohr machte ihrem Plaudern ein Ende. Er
fragte ihn nach dem Bande mit sonderbaren Figuren, was
Heinrich an seinem Leibrocke befestigt hatte. Heinrich
erzählte von der Morgenländerin mit vieler Rührung.
25 Mathilde weinte, und Heinrich konnte nun seine Tränen
kaum verbergen. Er geriet darüber mit ihr ins Gespräch.
Alle unterhielten sich; Veronika lachte und scherzte mit
ihren Bekannten. Mathilde erzählte ihm von Ungarn, wo
ihr Vater sich oft aufhielt, und von dem Leben in Augs-
30 burg. Alle waren vergnügt. Die Musik verscheuchte die
Zurückhaltung und reizte alle Neigungen zu einem muntern Spiel. Blumenkörbe dufteten in voller Pracht auf dem
Tische, und der Wein schlich zwischen den Schüsseln und
Blumen umher, schüttelte seine goldnen Flügel und stellte
35 bunte Tapeten zwischen die Welt und die Gäste. Heinrich
begriff erst jetzt, was ein Fest sei. Tausend frohe Geister

schienen ihm um den Tisch zu gaukeln, und in stiller
Sympathie mit den fröhlichen Menschen von ihren Freuden zu leben und mit ihren Genüssen sich zu berauschen.
Der Lebensgenuß stand wie ein klingender Baum voll
goldener Früchte vor ihm. Das Übel ließ sich nicht sehen,   5
und es dünkte ihm unmöglich, daß je die menschliche
Neigung von diesem Baume zu der gefährlichen Frucht
des Erkenntnisses, zu dem Baume des Krieges sich gewendet haben sollte. Er verstand nun den Wein und die
Speisen. Sie schmeckten ihm überaus köstlich. Ein himm-   10
lisches Öl würzte sie ihm, und aus dem Becher funkelte
die Herrlichkeit des irdischen Lebens. Einige Mädchen
brachten dem alten Schwaning einen frischen Kranz. Er
setzte ihn auf, küßte sie, und sagte: »Auch unserm Freund
Klingsohr müßt ihr einen bringen, wir wollen beide zum   15
Dank euch ein paar neue Lieder lehren. Das meinige sollt
ihr gleich haben.« Er gab der Musik ein Zeichen, und sang
mit lauter Stimme:

> Sind wir nicht geplagte Wesen?
> Ist nicht unser Los betrübt?   20
> Nur zu Zwang und Not erlesen
> In Verstellung nur geübt,
> Dürfen selbst nicht unsre Klagen
> Sich aus unserm Busen wagen.
>
> Allem was die Eltern sprechen,   25
> Widerspricht das volle Herz.
> Die verbotne Frucht zu brechen
> Fühlen wir der Sehnsucht Schmerz;
> Möchten gern die süßen Knaben
> Fest an unserm Herzen haben.   30
>
> Wäre dies zu denken Sünde?
> Zollfrei sind Gedanken doch.
> Was bleibt einem armen Kinde
> Außer süßen Träumen noch?

Will man sie auch gern verbannen,
Nimmer ziehen sie von dannen.

Wenn wir auch des Abends beten,
Schreckt uns doch die Einsamkeit,
Und zu unsern Küssen treten
Sehnsucht und Gefälligkeit.
Könnten wir wohl widerstreben
Alles, alles hinzugeben?

Unsere Reize zu verhüllen
Schreibt die strenge Mutter vor.
Ach! was hilft der gute Willen,
Quellen sie nicht selbst empor?
Bei der Sehnsucht innrem Beben
Muß das beste Band sich geben.

Jede Neigung zu verschließen,
Hart und kalt zu sein, wie Stein,
Schöne Augen nicht zu grüßen,
Fleißig und allein zu sein,
Keiner Bitte nachzugeben:
Heißt das wohl ein Jugendleben?

Groß sind eines Mädchens Plagen,
Ihre Brust ist krank und wund,
Und zum Lohn für stille Klagen
Küßt sie noch ein welker Mund.
Wird denn nie das Blatt sich wenden,
Und das Reich der Alten enden?

Die alten Leute und die Jünglinge lachten. Die Mädchen
erröteten und lächelten abwärts. Unter tausend Necke-
reien wurde ein zweiter Kranz geholt, und Klingsohren
aufgesetzt. Sie baten aber inständigst um keinen so leicht-
fertigen Gesang. »Nein«, sagte Klingsohr, »ich werde
mich wohl hüten so frevelhaft von euren Geheimnissen

zu reden. Sagt selbst, was ihr für ein Lied haben wollt.«
»Nur nichts von Liebe«, riefen die Mädchen, »ein Wein-
lied, wenn es Euch ansteht.« Klingsohr sang:

> Auf grünen Bergen wird geboren,
> Der Gott, der uns den Himmel bringt.   5
> Die Sonne hat ihn sich erkoren,
> Daß sie mit Flammen ihn durchdringt.
>
> Er wird im Lenz mit Lust empfangen,
> Der zarte Schoß quillt still empor,
> Und wenn des Herbstes Früchte prangen   10
> Springt auch das goldne Kind hervor.
>
> Sie legen ihn in enge Wiegen
> Ins unterirdische Geschoß.
> Er träumt von Festen und von Siegen
> Und baut sich manches luftge Schloß.   15
>
> Es nahe keiner seiner Kammer,
> Wenn er sich ungeduldig drängt,
> Und jedes Band und jede Klammer
> Mit jugendlichen Kräften sprengt.
>
> Denn unsichtbare Wächter stellen   20
> So lang er träumt sich um ihn her;
> Und wer betritt die heilgen Schwellen
> Den trifft ihr luftumwundner Speer.
>
> So wie die Schwingen sich entfalten,
> Läßt er die lichten Augen sehn,   25
> Läßt ruhig seine Priester schalten
> Und kommt heraus wenn sie ihm flehn.
>
> Aus seiner Wiege dunklem Schoße,
> Erscheint er in Kristallgewand;
> Verschwiegener Eintracht volle Rose   30
> Trägt er bedeutend in der Hand.

Und überall um ihn versammeln
Sich seine Jünger hocherfreut;
Und tausend frohe Zungen stammeln,
Ihm ihre Lieb und Dankbarkeit.

5 Er sprützt in ungezählten Strahlen
Sein innres Leben in die Welt,
Die Liebe nippt aus seinen Schalen
Und bleibt ihm ewig zugesellt.

Er nahm als Geist der goldnen Zeiten
10 Von jeher sich des Dichters an,
Der immer seine Lieblichkeiten
In trunknen Liedern aufgetan.

Er gab ihm, seine Treu zu ehren,
Ein Recht auf jeden hübschen Mund,
15 Und daß es keine darf ihm wehren,
Macht Gott durch ihn es allen kund.

»Ein schöner Prophet!« riefen die Mädchen. Schwaning
freute sich herzlich. Sie machten noch einige Einwendun-
gen, aber es half nichts. Sie mußten ihm die süßen Lippen
20 hinreichen. Heinrich schämte sich nur vor seiner ernsten
Nachbarin, sonst hätte er sich laut über das Vorrecht der
Dichter gefreut. Veronika war unter den Kranzträgerin-
nen. Sie kam fröhlich zurück und sagte zu Heinrich:
»Nicht wahr, es ist hübsch, wenn man ein Dichter ist?«
25 Heinrich getraute sich nicht, diese Frage zu benutzen.
Der Übermut der Freude und der Ernst der ersten Liebe
kämpften in seinem Gemüt. Die reizende Veronika
scherzte mit den andern, und so gewann er Zeit, den ersten etwas zu dämpfen. Mathilde erzählte ihm, daß sie die
30 Gitarre spiele. »Ach!« sagte Heinrich, »von Euch möchte
ich sie lernen. Ich habe mich lange darnach gesehnt.« –
»Mein Vater hat mich unterrichtet, Er spielt sie unver-
gleichlich«, sagte sie errötend. – »Ich glaube doch«, erwi-

derte Heinrich, »daß ich sie schneller bei Euch lerne. Wie
freue ich mich Euren Gesang zu hören.« – »Stellt Euch
nur nicht zu viel vor.« – »O!« sagte Heinrich, »was sollte
ich nicht erwarten können, da Eure bloße Rede schon
Gesang ist, und Eure Gestalt eine himmlische Musik ver- 5
kündigt.«
Mathilde schwieg. Ihr Vater fing ein Gespräch mit ihm
an, in welchem Heinrich mit der lebhaftesten Begeisterung sprach. Die Nächsten wunderten sich über des Jünglings Beredsamkeit, über die Fülle seiner bildlichen Ge- 10
danken. Mathilde sah ihn mit stiller Aufmerksamkeit an.
Sie schien sich über seine Reden zu freuen, die sein Gesicht mit den sprechendsten Mienen noch mehr erklärte.
Seine Augen glänzten ungewöhnlich. Er sah sich zuweilen
nach Mathilden um, die über den Ausdruck seines Ge- 15
sichts erstaunte. Im Feuer des Gesprächs ergriff er unvermerkt ihre Hand, und sie konnte nicht umhin, manches
was er sagte, mit einem leisen Druck zu bestätigen.
Klingsohr wußte seinen Enthusiasmus zu unterhalten,
und lockte allmählich seine ganze Seele auf die Lippen. 20
Endlich stand alles auf. Alles schwärmte durcheinander.
Heinrich war an Mathildens Seite geblieben. Sie standen
unbemerkt abwärts. Er hielt ihre Hand und küßte sie
zärtlich. Sie ließ sie ihm, und blickte ihn mit unbeschreib-
licher Freundlichkeit an. Er konnte sich nicht halten, 25
neigte sich zu ihr und küßte ihre Lippen. Sie war überrascht, und erwiderte unwillkürlich seinen heißen Kuß.
Gute Mathilde, lieber Heinrich, das war alles, was sie
einander sagen konnten. Sie drückte seine Hand, und ging
unter die andern. Heinrich stand, wie im Himmel. Seine 30
Mutter kam auf ihn zu. Er ließ seine ganze Zärtlichkeit an
ihr aus. Sie sagte: »Ist es nicht gut, daß wir nach Augsburg
gereist sind? Nicht wahr, es gefällt dir?« »Liebe Mutter«,
sagte Heinrich, »so habe ich mir es doch nicht vorgestellt.
Es ist ganz herrlich.« 35
Der Rest des Abends verging in unendlicher Fröhlichkeit.

Die Alten spielten, plauderten, und sahen den Tänzen zu.
Die Musik wogte wie ein Lustmeer im Saale, und hob die
berauschte Jugend.

Heinrich fühlte die entzückenden Weissagungen der er-
5 sten Lust und Liebe zugleich. Auch Mathilde ließ sich
willig von den schmeichelnden Wellen tragen, und verbarg
ihr zärtliches Zutrauen, ihre aufkeimende Neigung zu ihm
nur hinter einem leichten Flor. Der alte Schwaning bemerkte das kommende Verständnis, und neckte beide.

10 Klingsohr hatte Heinrichen lieb gewonnen, und freute
sich seiner Zärtlichkeit. Die andern Jünglinge und Mädchen hatten es bald bemerkt. Sie zogen die ernste Mathilde mit dem jungen Thüringer auf, und verhehlten nicht,
daß es ihnen lieb sei, Mathildens Aufmerksamkeit nicht
15 mehr bei ihren Herzensgeschäften scheuen zu dürfen.

Es war tief in der Nacht, als die Gesellschaft auseinander-
ging. »Das erste und einzige Fest meines Lebens«, sagte
Heinrich zu sich selbst, als er allein war, und seine Mutter
sich ermüdet zur Ruhe gelegt hatte. »Ist mir nicht zumu-
20 te, wie in jenem Traume, beim Anblick der blauen Blume? Welcher sonderbare Zusammenhang ist zwischen
Mathilden und dieser Blume? Jenes Gesicht, das aus dem
Kelche sich mir entgegenneigte, es war Mathildens himmlisches Gesicht, und nun erinnere ich mich auch, es in
25 jenem Buche gesehn zu haben. Aber warum hat es dort
mein Herz nicht so bewegt? O! sie ist der sichtbare Geist
des Gesanges, eine würdige Tochter ihres Vaters. Sie wird
mich in Musik auflösen. Sie wird meine innerste Seele, die
Hüterin meines heiligen Feuers sein. Welche Ewigkeit
30 von Treue fühle ich in mir! Ich ward nur geboren, um sie
zu verehren, um ihr ewig zu dienen, um sie zu denken und
zu empfinden. Gehört nicht ein eigenes ungeteiltes Dasein zu ihrer Anschauung und Anbetung? und bin ich der
Glückliche, dessen Wesen das Echo, der Spiegel des ihri-
35 gen sein darf? Es war kein Zufall, daß ich sie am Ende
meiner Reise sah, daß ein seliges Fest den höchsten Au-

genblick meines Lebens umgab. Es konnte nicht anders
sein; macht ihre Gegenwart nicht alles festlich?«
Er trat ans Fenster. Das Chor der Gestirne stand am dunkeln Himmel, und im Morgen kündigte ein weißer Schein
den kommenden Tag an.   5
Mit vollem Entzücken rief Heinrich aus: »Euch, ihr ewigen Gestirne, ihr stillen Wandrer, euch rufe ich zu Zeugen
meines heiligen Schwurs an. Für Mathilden will ich leben,
und ewige Treue soll mein Herz an das ihrige knüpfen.
Auch mir bricht der Morgen eines ewigen Tages an. Die   10
Nacht ist vorüber. Ich zünde der aufgehenden Sonne
mich selbst zum nieverglühenden Opfer an.«
Heinrich war erhitzt, und nur spät gegen Morgen schlief
er ein. In wunderliche Träume flossen die Gedanken seiner Seele zusammen. Ein tiefer blauer Strom schimmerte 15
aus der grünen Ebene herauf. Auf der glatten Fläche
schwamm ein Kahn. Mathilde saß und ruderte. Sie war
mit Kränzen geschmückt, sang ein einfaches Lied, und
sah nach ihm mit süßer Wehmut herüber. Seine Brust war
beklommen. Er wußte nicht warum. Der Himmel war   20
heiter, die Flut ruhig. Ihr himmlisches Gesicht spiegelte
sich in den Wellen. Auf einmal fing der Kahn an sich
umzudrehen. Er rief ihr ängstlich zu. Sie lächelte und
legte das Ruder in den Kahn, der sich immerwährend
drehte. Eine ungeheure Bangigkeit ergriff ihn. Er stürzte 25
sich in den Strom; aber er konnte nicht fort, das Wasser
trug ihn. Sie winkte, sie schien ihm etwas sagen zu wollen,
der Kahn schöpfte schon Wasser; doch lächelte sie mit
einer unsäglichen Innigkeit, und sah heiter in den Wirbel
hinein. Auf einmal zog es sie hinunter. Eine leise Luft   30
strich über den Strom, der ebenso ruhig und glänzend
floß, wie vorher. Die entsetzliche Angst raubte ihm das
Bewußtsein. Das Herz schlug nicht mehr. Er kam erst zu
sich, als er sich auf trocknem Boden fühlte. Er mochte
weit geschwommen sein. Es war eine fremde Gegend. Er 35
wußte nicht wie ihm geschehen war. Sein Gemüt war

verschwunden. Gedankenlos ging er tiefer ins Land. Entsetzlich matt fühlte er sich. Eine kleine Quelle kam aus
einem Hügel, sie tönte wie lauter Glocken. Mit der Hand
schöpfte er einige Tropfen und netzte seine dürren Lip-
5 pen. Wie ein banger Traum lag die schreckliche Begebenheit hinter ihm. Immer weiter und weiter ging er, Blumen
und Bäume redeten ihn an. Ihm wurde so wohl und hei-
matlich zu Sinne. Da hörte er jenes einfache Lied wieder.
Er lief den Tönen nach. Auf einmal hielt ihn jemand am
10 Gewande zurück. »Lieber Heinrich«, rief eine bekannte
Stimme. Er sah sich um, und Mathilde schloß ihn in ihre
Arme. »Warum liefst du vor mir, liebes Herz«, sagte sie
tiefatmend. »Kaum konnte ich dich einholen.« Heinrich
weinte. Er drückte sie an sich. – »Wo ist der Strom?« rief
15 er mit Tränen. »Siehst du nicht seine blauen Wellen über
uns?« Er sah hinauf, und der blaue Strom floß leise über
ihrem Haupte. »Wo sind wir, liebe Mathilde?« »Bei unsern Eltern.« »Bleiben wir zusammen?« »Ewig«, versetzte sie, indem sie ihre Lippen an die seinigen drückte, und
20 ihn so umschloß, daß sie nicht wieder von ihm konnte. Sie
sagte ihm ein wunderbares geheimes Wort in den Mund,
was sein ganzes Wesen durchklang. Er wollte es wiederholen, als sein Großvater rief, und er aufwachte. Er hätte
sein Leben darum geben mögen, das Wort noch zu
25 wissen.

Siebentes Kapitel

Klingsohr stand vor seinem Bette, und bot ihm freundlich
guten Morgen. Er ward munter und fiel Klingsohr um
den Hals. »Das gilt Euch nicht«, sagte Schwaning. Hein-
30 rich lächelte und verbarg sein Erröten an den Wangen
seiner Mutter.

»Habt Ihr Lust mit mir vor der Stadt auf einer schönen
Anhöhe zu frühstücken?« sagte Klingsohr. »Der herr-

liche Morgen wird Euch erfrischen. Kleidet Euch an.
Mathilde wartet schon auf uns.«
Heinrich dankte mit tausend Freuden für diese willkom-
mene Einladung. In einem Augenblick war er fertig, und
küßte Klingsohr mit vieler Inbrunst die Hand.   5
Sie gingen zu Mathilden, die in ihrem einfachen Morgen-
kleide wunderlieblich aussah und ihn freundlich grüßte.
Sie hatte schon das Frühstück in ein Körbchen gepackt,
das sie an den einen Arm hing, und die andere Hand
unbefangen Heinrichen reichte. Klingsohr folgte ihnen,   10
und so wandelten sie durch die Stadt, die schon voller
Lebendigkeit war, nach einem kleinen Hügel am Flusse,
wo sich unter einigen hohen Bäumen eine weite und volle
Aussicht öffnete.
»Habe ich doch schon oft«, rief Heinrich aus, »mich an   15
dem Aufgang der bunten Natur, an der friedlichen Nachbarschaft ihres mannigfaltigen Eigentums ergötzt; aber
eine so schöpferische und gediegene Heiterkeit hat mich
noch nie erfüllt wie heute. Jene Fernen sind mir so nah,
und die reiche Landschaft ist mir wie eine innere Phanta-   20
sie. Wie veränderlich ist die Natur, so unwandelbar auch
ihre Oberfläche zu sein scheint. Wie anders ist sie, wenn
ein Engel, wenn ein kräftigerer Geist neben uns ist, als
wenn ein Notleidender vor uns klagt, oder ein Bauer uns
erzählt, wie ungünstig die Witterung ihm sei, und wie   25
nötig er düstre Regentage für seine Saat brauche. Euch,
teuerster Meister, bin ich dieses Vergnügen schuldig; ja
dieses Vergnügen, denn es gibt kein anderes Wort, was
wahrhafter den Zustand meines Herzens ausdrückte.
Freude, Lust und Entzücken sind nur die Glieder des   30
Vergnügens, das sie zu einem höhern Leben verknüpft.«
Er drückte Mathildens Hand an sein Herz, und versank
mit einem feurigen Blick in ihr mildes, empfängliches
Auge.
»Die Natur«, versetzte Klingsohr, »ist für unser Gemüt,   35
was ein Körper für das Licht ist. Er hält es zurück; er

bricht es in eigentümliche Farben; er zündet auf seiner
Oberfläche oder in seinem Innern ein Licht an, das, wenn
es seiner Dunkelheit gleich kommt, ihn klar und durchsichtig macht, wenn es sie überwiegt, von ihm ausgeht,
5　um andere Körper zu erleuchten. Aber selbst der dunkel-
ste Körper kann durch Wasser, Feuer, und Luft dahin
gebracht werden, daß er hell und glänzend wird.«
»Ich verstehe Euch, lieber Meister. Die Menschen sind
Kristalle für unser Gemüt. Sie sind die durchsichtige Na-
10　tur. Liebe Mathilde, ich möchte Euch einen köstlichen
lautern Sapphir nennen. Ihr seid klar und durchsichtig
wie der Himmel, Ihr erleuchtet mit dem mildesten Lichte.
Aber sagt mir, lieber Meister, ob ich recht habe: mich
dünkt, daß man gerade wenn man am innigsten mit der
15　Natur vertraut ist am wenigsten von ihr sagen könnte und
möchte.«
»Wie man das nimmt«, versetzte Klingsohr; »ein anderes
ist es mit der Natur für unsern Genuß und unser Gemüt,
ein anderes mit der Natur für unsern Verstand, für das
20　leitende Vermögen unserer Weltkräfte. Man muß sich
wohl hüten, nicht eins über das andere zu vergessen. Es
gibt viele, die nur die eine Seite kennen und die andere
geringschätzen. Aber beide kann man vereinigen, und
man wird sich wohl dabei befinden. Schade, daß so weni-
25　ge darauf denken, sich in ihrem Innern frei und geschickt
bewegen zu können, und durch eine gehörige Trennung
sich den zweckmäßigsten und natürlichsten Gebrauch ihrer Gemütskräfte zu sichern. Gewöhnlich hindert eine die
andere, und so entsteht allmählich eine unbehülfliche
30　Trägheit, daß wenn nun solche Menschen einmal mit ge-
samten Kräften aufstehen wollen, eine gewaltige Verwirrung und Streit beginnt, und alles übereinander unge-
schickt herstolpert. Ich kann Euch nicht genug anrüh-
men, Euren Verstand, Euren natürlichen Trieb zu wissen,
35　wie alles sich begibt und untereinander nach Gesetzen der
Folge zusammenhängt, mit Fleiß und Mühe zu unterstüt-

zen. Nichts ist dem Dichter unentbehrlicher, als Einsicht
in die Natur jedes Geschäfts, Bekanntschaft mit den Mit-
teln jeden Zweck zu erreichen, und Gegenwart des Geistes, nach Zeit und Umständen, die schicklichsten zu
wählen. Begeisterung ohne Verstand ist unnütz und ge-   5
fährlich, und der Dichter wird wenig Wunder tun können, wenn er selbst über Wunder erstaunt.«

»Ist aber dem Dichter nicht ein inniger Glaube an die
menschliche Regierung des Schicksals unentbehrlich?«

»Unentbehrlich allerdings, weil er sich das Schicksal nicht   10
anders vorstellen kann, wenn er reiflich darüber nach-
denkt; aber wie entfernt ist diese heitere Gewißheit, von
jener ängstlichen Ungewißheit, von jener blinden Furcht
des Aberglaubens. Und so ist auch die kühle, belebende
Wärme eines dichterischen Gemüts gerade das Widerspiel   15
von jener wilden Hitze eines kränklichen Herzens. Diese
ist arm, betäubend und vorübergehend; jene sondert alle
Gestalten rein ab, begünstigt die Ausbildung der mannigfaltigsten Verhältnisse, und ist ewig durch sich selbst. Der
junge Dichter kann nicht kühl, nicht besonnen genug   20
sein. Zur wahren, melodischen Gesprächigkeit gehört ein
weiter, aufmerksamer und ruhiger Sinn. Es wird ein ver-
worrnes Geschwätz, wenn ein reißender Sturm in der
Brust tobt, und die Aufmerksamkeit in eine zitternde Ge-
dankenlosigkeit auflöst. Nochmals wiederhole ich, das   25
echte Gemüt ist wie das Licht, ebenso ruhig und empfind-
lich, ebenso elastisch und durchdringlich, ebenso mächtig
und ebenso unmerklich wirksam als dieses köstliche Element, das auf alle Gegenstände sich mit feiner Abgemes-
senheit verteilt, und sie alle in reizender Mannigfaltigkeit   30
erscheinen läßt. Der Dichter ist reiner Stahl, ebenso emp-
findlich, wie ein zerbrechlicher Glasfaden, und ebenso
hart, wie ein ungeschmeidiger Kiesel.«

»Ich habe das schon zuweilen gefühlt«, sagte Heinrich,
»daß ich in den innigsten Minuten weniger lebendig war,   35
als zu andern Zeiten, wo ich frei umhergehn und alle

Beschäftigungen mit Lust treiben konnte. Ein geistiges
scharfes Wesen durchdrang mich dann, und ich durfte
jeden Sinn nach Gefallen brauchen, jeden Gedanken, wie
einen wirklichen Körper, umwenden und von allen Seiten
5 betrachten. Ich stand mit stillem Anteil an der Werkstatt
meines Vaters, und freute mich, wenn ich ihm helfen und
etwas geschickt zustande bringen konnte. Geschicklichkeit hat einen ganz besondern stärkenden Reiz, und es ist
wahr, ihr Bewußtsein verschafft einen dauerhafteren und
10 deutlicheren Genuß, als jenes überfließende Gefühl einer
unbegreiflichen, überschwenglichen Herrlichkeit.«
»Glaubt nicht«, sagte Klingsohr, »daß ich das letztere
tadle; aber es muß von selbst kommen, und nicht gesucht
werden. Seine sparsame Erscheinung ist wohltätig; öfte-
15 rer wird sie ermüdend und schwächend. Man kann nicht
schnell genug sich aus der süßen Betäubung reißen, die es
hinterläßt, und zu einer regelmäßigen und mühsamen Beschäftigung zurückkehren. Es ist wie mit den anmutigen
Morgenträumen, aus deren einschläferndem Wirbel man
20 nur mit Gewalt sich herausziehen kann, wenn man nicht
in immer drückendere Müdigkeit geraten, und so in
krankhafter Erschöpfung nachher den ganzen Tag hin-
schleppen will.«
»Die Poesie will vorzüglich«, fuhr Klingsohr fort, »als
25 strenge Kunst getrieben werden. Als bloßer Genuß hört
sie auf Poesie zu sein. Ein Dichter muß nicht den ganzen
Tag müßig umherlaufen, und auf Bilder und Gefühle Jagd
machen. Das ist ganz der verkehrte Weg. Ein reines offe-
nes Gemüt, Gewandtheit im Nachdenken und Betrach-
30 ten, und Geschicklichkeit alle seine Fähigkeiten in eine
gegenseitig belebende Tätigkeit zu versetzen und darin zu
erhalten, das sind die Erfordernisse unserer Kunst. Wenn
Ihr Euch mir überlassen wollt, so soll kein Tag Euch
vergehn, wo Ihr nicht Eure Kenntnisse bereichert, und
35 einige nützliche Einsichten erlangt habt. Die Stadt ist
reich an Künstlern aller Art. Es gibt einige erfahrne

Staatsmänner, einige gebildete Kaufleute hier. Man kann
ohne große Umstände mit allen Ständen, mit allen Ge-
werben, mit allen Verhältnissen und Erfordernissen der
menschlichen Gesellschaft sich bekannt machen. Ich will
Euch mit Freuden in dem Handwerksmäßigen unserer   5
Kunst unterrichten, und die merkwürdigsten Schriften
mit Euch lesen. Ihr könnt Mathildens Lehrstunden teilen,
und sie wird Euch gern die Gitarre spielen lehren. Jede
Beschäftigung wird die übrigen vorbereiten, und wenn
Ihr so Euren Tag gut angelegt habt, so werden Euch das   10
Gespräch und die Freuden des gesellschaftlichen Abends,
und die Ansichten der schönen Landschaft umher mit den
heitersten Genüssen immer wieder überraschen.«
»Welches herrliche Leben schließt Ihr mir auf, liebster
Meister. Unter Eurer Leitung werde ich erst merken, wel-   15
ches edle Ziel vor mir steht, und wie ich es nur durch
Euren Rat zu erreichen hoffen darf.«
Klingsohr umarmte ihn zärtlich. Mathilde brachte ihnen
das Frühstück, und Heinrich fragte sie mit zärtlicher
Stimme, ob sie ihn gern zum Begleiter ihres Unterrichts   20
und zum Schüler annehmen wollte. »Ich werde wohl ewig
Euer Schüler bleiben«, sagte er, indem sich Klingsohr
nach einer andern Seite wandte. Sie neigte sich unmerk-
lich zu ihm hin. Er umschlang sie und küßte den weichen
Mund des errötenden Mädchens. Nur sanft bog sie sich   25
von ihm weg, doch reichte sie ihm mit der kindlichsten
Anmut eine Rose, die sie am Busen trug. Sie machte sich
mit ihrem Körbchen zu tun. Heinrich sah ihr mit stillem
Entzücken nach, küßte die Rose, heftete sie an seine
Brust, und ging an Klingsohrs Seite, der nach der Stadt   30
hinübersah.
»Wo seid Ihr hereingekommen?« fragte Klingsohr.
»Über jenen Hügel herunter«, erwiderte Heinrich. »In
jene Ferne verliert sich unser Weg.« – »Ihr müßt schöne
Gegenden gesehn haben.« – »Fast ununterbrochen sind   35
wir durch reizende Landschaften gereiset.« – »Auch Eure

Vaterstadt hat wohl eine anmutige Lage?« – »Die Gegend
ist abwechselnd genug; doch ist sie noch wild, und ein
großer Fluß fehlt ihr. Die Ströme sind die Augen einer
Landschaft.« – »Die Erzählung Eurer Reise«, sagte
5 Klingsohr, »hat mir gestern abend eine angenehme Unterhaltung gewährt. Ich habe wohl gemerkt, daß der Geist
der Dichtkunst Euer freundlicher Begleiter ist. Eure Gefährten sind unbemerkt seine Stimmen geworden. In der
Nähe des Dichters bricht die Poesie überall aus. Das Land
10 der Poesie, das romantische Morgenland, hat Euch mit
seiner süßen Wehmut begrüßt; der Krieg hat Euch in seiner wilden Herrlichkeit angeredet, und die Natur und
Geschichte sind Euch unter der Gestalt eines Bergmanns
und eines Einsiedlers begegnet.«
15 »Ihr vergeßt das Beste, lieber Meister, die himmlische
Erscheinung der Liebe. Es hängt nur von Euch ab, diese
Erscheinung mir auf ewig festzuhalten.« »Was meinst
du«, rief Klingsohr, indem er sich zu Mathilden wandte,
die eben auf ihn zukam. »Hast du Lust Heinrichs unzer-
20 trennliche Gefährtin zu sein? Wo du bleibst, bleibe ich
auch.« Mathilde erschrak, sie flog in die Arme ihres Vaters. Heinrich zitterte in unendlicher Freude. »Wird er
mich denn ewig geleiten wollen? lieber Vater.« »Frage ihn
selbst«, sagte Klingsohr gerührt. Sie sah Heinrichen mit
25 der innigsten Zärtlichkeit an. »Meine Ewigkeit ist ja dein
Werk«, rief Heinrich, indem ihm die Tränen über die
blühenden Wangen stürzten. Sie umschlangen sich zugleich. Klingsohr faßte sie in seine Arme. »Meine Kinder«, rief er, »seid einander treu bis in den Tod! Liebe und
30 Treue werden euer Leben zur ewigen Poesie machen.«

Achtes Kapitel

Nachmittags führte Klingsohr seinen neuen Sohn, an dessen Glück seine Mutter und Großvater den zärtlichsten Anteil nahmen, und Mathilden wie seinen Schutzgeist verehrten, in seine Stube, und machte ihn mit den Büchern bekannt. Sie sprachen nachher von Poesie.

»Ich weiß nicht«, sagte Klingsohr, »warum man es für Poesie nach gemeiner Weise hält, wenn man die Natur für einen Poeten ausgibt. Sie ist es nicht zu allen Zeiten. Es ist in ihr, wie in dem Menschen, ein entgegengesetztes Wesen, die dumpfe Begierde und die stumpfe Gefühllosigkeit und Trägheit, die einen rastlosen Streit mit der Poesie führen. Er wäre ein schöner Stoff zu einem Gedicht, dieser gewaltige Kampf. Manche Länder und Zeiten scheinen, wie die meisten Menschen, ganz unter der Botmäßigkeit dieser Feindin der Poesie zu stehen, dagegen in andern die Poesie einheimisch und überall sichtbar ist. Für den Geschichtschreiber sind die Zeiten dieses Kampfes äußerst merkwürdig, ihre Darstellung ein reizendes und belohnendes Geschäft. Es sind gewöhnlich die Geburtszeiten der Dichter. Der Widersacherin ist nichts unangenehmer, als daß sie der Poesie gegenüber selbst zu einer poetischen Person wird, und nicht selten in der Hitze die Waffen mit ihr tauscht, und von ihrem eigenen heimtückischen Geschosse heftig getroffen wird, dahingegen die Wunden der Poesie, die sie von ihren eigenen Waffen erhält, leicht heilen und sie nur noch reizender und gewaltiger machen.«

»Der Krieg überhaupt«, sagte Heinrich, »scheint mir eine poetische Wirkung. Die Leute glauben sich für irgend einen armseligen Besitz schlagen zu müssen, und merken nicht, daß sie der romantische Geist aufregt, um die unnützen Schlechtigkeiten durch sich selbst zu vernichten. Sie führen die Waffen für die Sache der Poesie, und beide Heere folgen Einer unsichtbaren Fahne.«

»Im Kriege«, versetzte Klingsohr, »regt sich das Urge-
wässer. Neue Weltteile sollen entstehen, neue Geschlech-
ter sollen aus der großen Auflösung anschießen. Der wahre Krieg ist der Religionskrieg; der geht gerade zu auf
5 Untergang, und der Wahnsinn der Menschen erscheint in
seiner völligen Gestalt. Viele Kriege, besonders die vom
Nationalhaß entspringen, gehören in diese Klasse mit,
und sie sind echte Dichtungen. Hier sind die wahren Helden zu Hause, die das edelste Gegenbild der Dichter,
10 nichts anders, als unwillkürlich von Poesie durchdrunge-
ne Weltkräfte sind. Ein Dichter, der zugleich Held wäre,
ist schon ein göttlicher Gesandter, aber seiner Darstellung
ist unsere Poesie nicht gewachsen.«

»Wie versteht Ihr das, lieber Vater?« sagte Heinrich.
15 »Kann ein Gegenstand zu überschwenglich für die Poesie
sein?«

»Allerdings. Nur kann man im Grunde nicht sagen, für
die Poesie, sondern nur für unsere irdischen Mittel und
Werkzeuge. Wenn es schon für einen einzelnen Dichter
20 nur ein eigentümliches Gebiet gibt, innerhalb dessen er
bleiben muß, um nicht alle Haltung und den Atem zu
verlieren: so gibt es auch für die ganze Summe menschlicher Kräfte eine bestimmte Grenze der Darstellbarkeit,
über welche hinaus die Darstellung die nötige Dichtigkeit
25 und Gestaltung nicht behalten kann, und in ein leeres
täuschendes Unding sich verliert. Besonders als Lehrling
kann man nicht genug sich vor diesen Ausschweifungen
hüten, da eine lebhafte Phantasie nur gar zu gern nach den
Grenzen sich begibt, und übermütig das Unsinnliche,
30 Übermäßige zu ergreifen und auszusprechen sucht. Rei-
fere Erfahrung lehrt erst, jene Unverhältnismäßigkeit der
Gegenstände zu vermeiden, und die Aufspürung des Ein-
fachsten und Höchsten der Weltweisheit zu überlassen.
Der ältere Dichter steigt nicht höher, als er es gerade nötig
35 hat, um seinen mannigfaltigen Vorrat in eine leichtfaßli-
che Ordnung zu stellen, und hütet sich wohl, die Mannig-

faltigkeit zu verlassen, die ihm Stoff genug und auch die
nötigen Vergleichspunkte darbietet. Ich möchte fast sagen, das Chaos muß in jeder Dichtung durch den regelmäßigen Flor der Ordnung schimmern. Den Reichtum
der Erfindung macht nur eine leichte Zusammenstellung   5
faßlich und anmutig, dagegen auch das bloße Ebenmaß
die unangenehme Dürre einer Zahlenfigur hat. Die beste
Poesie liegt uns ganz nahe, und ein gewöhnlicher Gegenstand ist nicht selten ihr liebster Stoff. Für den Dichter ist
die Poesie an beschränkte Werkzeuge gebunden, und   10
eben dadurch wird sie zur Kunst. Die Sprache überhaupt
hat ihren bestimmten Kreis. Noch enger ist der Umfang
einer besondern Volkssprache. Durch Übung und Nachdenken lernt der Dichter seine Sprache kennen. Er weiß,
was er mit ihr leisten kann, genau, und wird keinen tö-   15
richten Versuch machen, sie über ihre Kräfte anzuspan-
nen. Nur selten wird er alle ihre Kräfte in Einen Punkt
zusammen drängen, denn sonst wird er ermüdend, und
vernichtet selbst die kostbare Wirkung einer gutange-
brachten Kraftäußerung. Auf seltsame Sprünge richtet sie   20
nur ein Gaukler, kein Dichter ab. Überhaupt können die
Dichter nicht genug von den Musikern und Malern lernen. In diesen Künsten wird es recht auffallend, wie nötig
es ist, wirtschaftlich mit den Hülfsmitteln der Kunst um-
zugehn, und wie viel auf geschickte Verhältnisse an-   25
kommt. Dagegen könnten freilich jene Künstler auch von
uns die poetische Unabhängigkeit und den innern Geist
jeder Dichtung und Erfindung, jedes echten Kunstwerks
überhaupt, dankbar annehmen. Sie sollten poetischer und
wir musikalischer und malerischer sein – beides nach der   30
Art und Weise unserer Kunst. Der Stoff ist nicht der
Zweck der Kunst, aber die Ausführung ist es. Du wirst
selbst sehen, welche Gesänge dir am besten geraten, gewiß die, deren Gegenstände dir am geläufigsten und ge-
genwärtigsten sind. Daher kann man sagen, daß die Poe-   35
sie ganz auf Erfahrung beruht. Ich weiß selbst, daß mir in

jungen Jahren ein Gegenstand nicht leicht zu entfernt und zu unbekannt sein konnte, den ich nicht am liebsten besungen hätte. Was wurde es? ein leeres, armseliges Wortgeräusch, ohne einen Funken wahrer Poesie. Daher ist auch ein Märchen eine sehr schwierige Aufgabe, und selten wird ein junger Dichter sie gut lösen.«

»Ich möchte gern eins von Dir hören«, sagte Heinrich. »Die wenigen, die ich gehört habe, haben mich unbeschreiblich ergötzt, so unbedeutend sie auch sein mochten.«

»Ich will heute abend deinen Wunsch befriedigen. Es ist mir Eins erinnerlich, was ich noch in ziemlich jungen Jahren machte, wovon es auch noch deutliche Spuren an sich trägt, indes wird es dich vielleicht desto lehrreicher unterhalten, und dich an manches erinnern, was ich dir gesagt habe.«

»Die Sprache«, sagte Heinrich, »ist wirklich eine kleine Welt in Zeichen und Tönen. Wie der Mensch sie beherrscht, so möchte er gern die große Welt beherrschen, und sich frei darin ausdrücken können. Und eben in dieser Freude, das, was außer der Welt ist, in ihr zu offenbaren, das tun zu können, was eigentlich der ursprüngliche Trieb unsers Daseins ist, liegt der Ursprung der Poesie.«

»Es ist recht übel«, sagte Klingsohr, »daß die Poesie einen besondern Namen hat, und die Dichter eine besondere Zunft ausmachen. Es ist gar nichts Besonderes. Es ist die eigentümliche Handlungsweise des menschlichen Geistes. Dichtet und trachtet nicht jeder Mensch in jeder Minute?« – Eben trat Mathilde ins Zimmer, als Klingsohr noch sagte: »Man betrachte nur die Liebe. Nirgends wird wohl die Notwendigkeit der Poesie zum Bestand der Menschheit so klar, als in ihr. Die Liebe ist stumm, nur die Poesie kann für sie sprechen. Oder die Liebe ist selbst nichts, als die höchste Naturpoesie. Doch ich will dir nicht Dinge sagen, die du besser weißt, als ich.«

»Du bist ja der Vater der Liebe«, sagte Heinrich, indem er
Mathilden umschlang, und beide seine Hand küßten.
Klingsohr umarmte sie und ging hinaus. »Liebe Mathilde«, sagte Heinrich nach einem langen Kusse, »es ist mir
wie ein Traum, daß du mein bist, aber noch wunderbarer   5
ist mir es, daß du es nicht immer gewesen bist.« »Mich
dünkt«, sagte Mathilde, »ich kennte dich seit undenklichen Zeiten.« – »Kannst du mich denn lieben?« – »Ich
weiß nicht, was Liebe ist, aber das kann ich dir sagen, daß
mir ist, als finge ich erst jetzt zu leben an, und daß ich dir 10
so gut bin, daß ich gleich für dich sterben wollte.« – »Meine Mathilde, erst jetzt fühle ich, was es heißt unsterblich
zu sein.« – »Lieber Heinrich, wie unendlich gut bist du,
welcher herrliche Geist spricht aus dir. Ich bin ein armes,
unbedeutendes Mädchen.« – »Wie du mich tief be-   15
schämst! bin ich doch nur durch dich, was ich bin. Ohne
dich wäre ich nichts. Was ist ein Geist ohne Himmel, und
du bist der Himmel, der mich trägt und erhält.« – »Welches selige Geschöpf wäre ich, wenn du so treu wärst, wie
mein Vater. Meine Mutter starb kurz nach meiner Ge-   20
burt; mein Vater weint fast alle Tage noch um sie.« – »Ich
verdiene es nicht, aber möchte ich glücklicher sein, als
er.« – »Ich lebte gern recht lange an deiner Seite, lieber
Heinrich. Ich werde durch dich gewiß viel besser.« –
»Ach! Mathilde, auch der Tod wird uns nicht trennen.« – 25
»Nein Heinrich, wo ich bin, wirst du sein.« – »Ja wo du
bist, Mathilde, werd ich ewig sein.« – »Ich begreife nichts
von der Ewigkeit, aber ich dächte, das müßte die Ewigkeit
sein, was ich empfinde, wenn ich an dich denke.« – »Ja
Mathilde, wir sind ewig weil wir uns lieben.« – »Du   30
glaubst nicht Lieber, wie inbrünstig ich heute früh, wie
wir nach Hause kamen, vor dem Bilde der himmlischen
Mutter niederkniete, wie unsäglich ich zu ihr gebetet habe. Ich glaubte in Tränen zu zerfließen. Es kam mir vor,
als lächelte sie mir zu. Nun weiß ich erst was Dankbarkeit 35
ist.« – »O Geliebte, der Himmel hat dich mir zur Vereh-

rung gegeben. Ich bete dich an. Du bist die Heilige, die meine Wünsche zu Gott bringt, durch die er sich mir offenbart, durch die er mir die Fülle seiner Liebe kund tut. Was ist die Religion, als ein unendliches Einverständ-
5 nis, eine ewige Vereinigung liebender Herzen? Wo zwei versammelt sind, ist er ja unter ihnen. Ich habe ewig an dir zu atmen; meine Brust wird nie aufhören dich in sich zu ziehn. Du bist die göttliche Herrlichkeit, das ewige Leben in der lieblichsten Hülle.« – »Ach! Heinrich, du weißt das
10 Schicksal der Rosen; wirst du auch die welken Lippen, die bleichen Wangen mit Zärtlichkeit an deine Lippen drük-ken? Werden die Spuren des Alters nicht die Spuren der vorübergegangenen Liebe sein?« – »O! könntest du durch meine Augen in mein Gemüt sehn! aber du liebst mich
15 und so glaubst du mir auch. Ich begreife das nicht, was man von der Vergänglichkeit der Reize sagt. O! sie sind unverwelklich. Was mich so unzertrennlich zu dir zieht, was ein ewiges Verlangen in mir geweckt hat, das ist nicht aus dieser Zeit. Könntest du nur sehn, wie du mir er-
20 scheinst, welches wunderbare Bild deine Gestalt durch-dringt und mir überall entgegen leuchtet, du würdest kein Alter fürchten. Deine irdische Gestalt ist nur ein Schatten dieses Bildes. Die irdischen Kräfte ringen und quellen um es festzuhalten, aber die Natur ist noch unreif; das Bild ist
25 ein ewiges Urbild, ein Teil der unbekannten heiligen Welt.« – »Ich verstehe dich, lieber Heinrich, denn ich sehe etwas Ähnliches, wenn ich dich anschaue.« – »Ja Mathilde, die höhere Welt ist uns näher, als wir gewöhn-lich denken. Schon hier leben wir in ihr, und wir erblicken
30 sie auf das innigste mit der irdischen Natur verwebt.« – »Du wirst mir noch viel herrliche Sachen offenbaren, Ge-liebtester.« – »O! Mathilde, von dir allein kommt mir die Gabe der Weissagung. Alles ist ja dein, was ich habe; deine Liebe wird mich in die Heiligtümer des Lebens, in
35 das Allerheiligste des Gemüts führen; du wirst mich zu den höchsten Anschauungen begeistern. Wer weiß, ob

unsre Liebe nicht dereinst noch zu Flammenfittichen
wird, die uns aufheben, und uns in unsre himmlische Heimat tragen, ehe das Alter und der Tod uns erreichen. Ist es
nicht schon ein Wunder, daß du mein bist, daß ich dich in
meinen Armen halte, daß du mich liebst und ewig mein   5
sein willst?« – »Auch mir ist jetzt alles glaublich, und ich
fühle ja so deutlich eine stille Flamme in mir lodern; wer
weiß ob sie uns nicht verklärt, und die irdischen Banden
allmählich auflöst. Sage mir nur, Heinrich, ob du auch
schon das grenzenlose Vertrauen zu mir hast, was ich zu   10
dir habe. Noch nie hab ich so etwas gefühlt, selbst nicht
gegen meinen Vater, den ich doch so unendlich liebe.« –
»Liebe Mathilde, es peinigt mich ordentlich, daß ich dir
nicht alles auf einmal sagen, daß ich dir nicht gleich mein
ganzes Herz auf einmal hingeben kann. Es ist auch zum   15
erstenmal in meinem Leben, daß ich ganz offen bin. Keinen Gedanken, keine Empfindung kann ich vor dir mehr
geheim haben; du mußt alles wissen. Mein ganzes Wesen
soll sich mit dem deinigen vermischen. Nur die grenzen-
loseste Hingebung kann meiner Liebe genügen. In ihr   20
besteht sie ja. Sie ist ja ein geheimnisvolles Zusammenflie-
ßen unsers geheimsten und eigentümlichsten Daseins.« –
»Heinrich, so können sich noch nie zwei Menschen geliebt haben.« – »Ich kanns nicht glauben. Es gab ja noch
keine Mathilde.« – »Auch keinen Heinrich.« – »Ach!   25
schwör es mir noch einmal, daß du ewig mein bist; die
Liebe ist eine endlose Wiederholung.« – »Ja, Heinrich,
ich schwöre ewig dein zu sein, bei der unsichtbaren Gegenwart meiner guten Mutter.« – »Ich schwöre ewig dein
zu sein, Mathilde, so wahr die Liebe die Gegenwart Got-   30
tes bei uns ist.« Eine lange Umarmung, unzählige Küsse
besiegelten den ewigen Bund des seligen Paars.

Neuntes Kapitel

Abends waren einige Gäste da; der Großvater trank die Gesundheit des jungen Brautpaars, und versprach bald ein schönes Hochzeitfest auszurichten. »Was hilft das
5 lange Zaudern«, sagte der Alte. »Frühe Hochzeiten, lange Liebe. Ich habe immer gesehn, daß Ehen, die früh geschlossen wurden, am glücklichsten waren. In spätern Jahren ist gar keine solche Andacht mehr im Ehestande, als in der Jugend. Eine gemeinschaftlich genoßne Jugend
10 ist ein unzerreißliches Band. Die Erinnerung ist der sicherste Grund der Liebe.« Nach Tische kamen mehrere. Heinrich bat seinen neuen Vater um die Erfüllung seines Versprechens. Klingsohr sagte zu der Gesellschaft: »Ich habe heute Heinrichen versprochen ein Märchen zu er-
15 zählen, wenn ihr es zufrieden seid, so bin ich bereit.« »Das ist ein kluger Einfall von Heinrich«, sagte Schwaning. »Ihr habt lange nichts von Euch hören lassen.« Alle setzten sich um das lodernde Feuer im Kamin. Heinrich saß dicht bei Mathilden, und schlang seinen Arm um sie.
20 Klingsohr begann:
»Die lange Nacht war eben angegangen. Der alte Held schlug an seinen Schild, daß es weit umher in den öden Gassen der Stadt erklang. Er wiederholte das Zeichen dreimal. Da fingen die hohen bunten Fenster des Palastes
25 an von innen heraus helle zu werden, und ihre Figuren bewegten sich. Sie bewegten sich lebhafter, je stärker das rötliche Licht ward, das die Gassen zu erleuchten begann. Auch sah man allmählich die gewaltigen Säulen und Mauern selbst sich erhellen; endlich standen sie im reinsten,
30 milchblauen Schimmer, und spielten mit den sanftesten Farben. Die ganze Gegend ward nun sichtbar, und der Widerschein der Figuren, das Getümmel der Spieße, der Schwerter, der Schilder, und der Helme, die sich nach hier und da erscheinenden Kronen, von allen Seiten neig-
35 ten, und endlich wie diese verschwanden, und einem

schlichten, grünen Kranze Platz machten, um diesen her
einen weiten Kreis schlossen: alles dies spiegelte sich in
dem starren Meere, das den Berg umgab, auf dem die
Stadt lag, und auch der ferne hohe Berggürtel, der sich
rund um das Meer herzog, ward bis in die Mitte mit einem   5
milden Abglanz überzogen. Man konnte nichts deutlich
unterscheiden; doch hörte man ein wunderliches Getöse
herüber, wie aus einer fernen ungeheuren Werkstatt. Die
Stadt erschien dagegen hell und klar. Ihre glatten, durchsichtigen Mauern warfen die schönen Strahlen zurück,   10
und das vortreffliche Ebenmaß, der edle Stil aller Gebäude, und ihre schöne Zusammenordnung kam zum Vorschein. Vor allen Fenstern standen zierliche Gefäße von
Ton, voll der mannigfaltigsten Eis- und Schneeblumen,
die auf das anmutigste funkelten.   15
Am herrlichsten nahm sich auf dem großen Platze vor
dem Palaste der Garten aus, der aus Metallbäumen und
Kristallpflanzen bestand, und mit bunten Edelsteinblüten
und Früchten übersäet war. Die Mannigfaltigkeit und
Zierlichkeit der Gestalten, und die Lebhaftigkeit der   20
Lichter und Farben gewährten das herrlichste Schauspiel,
dessen Pracht durch einen hohen Springquell in der Mitte
des Gartens, der zu Eis erstarrt war, vollendet wurde. Der
alte Held ging vor den Toren des Palastes langsam vorüber. Eine Stimme rief seinen Namen im Innern. Er lehn-   25
te sich an das Tor, das mit einem sanften Klange sich
öffnete, und trat in den Saal. Seinen Schild hielt er vor die
Augen. ›Hast du noch nichts entdeckt?‹ sagte die schöne
Tochter Arcturs, mit klagender Stimme. Sie lag an seid-
nen Polstern auf einem Throne, der von einem großen   30
Schwefelkristall künstlich erbaut war, und einige Mädchen rieben emsig ihre zarten Glieder, die wie aus Milch
und Purpur zusammengeflossen schienen. Nach allen Seiten strömte unter den Händen der Mädchen das reizende
Licht von ihr aus, was den Palast so wundersam erleuch-   35
tete. Ein duftender Wind wehte im Saale. Der Held

schwieg. ›Laß mich deinen Schild berühren‹, sagte sie
sanft. Er näherte sich dem Throne und betrat den köstlichen Teppich. Sie ergriff seine Hand, drückte sie mit
Zärtlichkeit an ihren himmlischen Busen und rührte sei-
5　nen Schild an. Seine Rüstung klang, und eine durchdringende Kraft beseelte seinen Körper. Seine Augen blitzten
und das Herz pochte hörbar an den Panzer. Die schöne
Freya schien heiterer, und das Licht ward brennender,
das von ihr ausströmte. ›Der König kommt‹, rief ein
10　prächtiger Vogel, der im Hintergrunde des Thrones saß.
Die Dienerinnen legten eine himmelblaue Decke über die
Prinzessin, die sie bis über den Busen bedeckte. Der Held
senkte seinen Schild und sah nach der Kuppel hinauf, zu
welcher zwei breite Treppen von beiden Seiten des Saals
15　sich hinaufschlangen. Eine leise Musik ging dem Könige
voran, der bald mit einem zahlreichen Gefolge in der
Kuppel erschien und herunterkam.
Der schöne Vogel entfaltete seine glänzenden Schwingen,
bewegte sie sanft und sang, wie mit tausend Stimmen,
20　dem Könige entgegen:

　　Nicht lange wird der schöne Fremde säumen.
　　Die Wärme naht, die Ewigkeit beginnt.
　　Die Königin erwacht aus langen Träumen,
　　Wenn Meer und Land in Liebesglut zerrinnt.
25　　Die kalte Nacht wird diese Stätte räumen,
　　Wenn Fabel erst das alte Recht gewinnt.
　　In Freyas Schoß wird sich die Welt entzünden
　　Und jede Sehnsucht ihre Sehnsucht finden.

Der König umarmte seine Tochter mit Zärtlichkeit. Die
30　Geister der Gestirne stellten sich um den Thron, und der
Held nahm in der Reihe seinen Platz ein. Eine unzählige
Menge Sterne füllten den Saal in zierlichen Gruppen. Die
Dienerinnen brachten einen Tisch und ein Kästchen, wo-
rin eine Menge Blätter lagen, auf denen heilige tiefsinnige

Zeichen standen, die aus lauter Sternbildern zusammengesetzt waren. Der König küßte ehrfurchtsvoll diese Blätter, mischte sie sorgfältig untereinander, und reichte seiner Tochter einige zu. Die andern behielt er für sich. Die
Prinzessin zog sie nach der Reihe heraus und legte sie auf   5
den Tisch, dann betrachtete der König die seinigen genau,
und wählte mit vielem Nachdenken, ehe er eins dazu hinlegte. Zuweilen schien er gezwungen zu sein, dies oder
jenes Blatt zu wählen. Oft aber sah man ihm die Freude
an, wenn er durch ein gutgetroffenes Blatt eine schöne   10
Harmonie der Zeichen und Figuren legen konnte. Wie
das Spiel anfing, sah man an allen Umstehenden Zeichen
der lebhaftesten Teilnahme, und die sonderbarsten Mienen und Gebärden, gleichsam als hätte jeder ein unsichtbares Werkzeug in Händen, womit er eifrig arbeite. Zu-   15
gleich ließ sich eine sanfte, aber tief bewegende Musik in
der Luft hören, die von den im Saale sich wunderlich
durcheinander schlingenden Sternen, und den übrigen
sonderbaren Bewegungen zu entstehen schien. Die Sterne
schwangen sich, bald langsam bald schnell, in beständig   20
veränderten Linien umher, und bildeten, nach dem Gange der Musik, die Figuren der Blätter auf das kunstreich-
ste nach. Die Musik wechselte, wie die Bilder auf dem
Tische, unaufhörlich, und so wunderlich und hart auch
die Übergänge nicht selten waren, so schien doch nur Ein   25
einfaches Thema das Ganze zu verbinden. Mit einer un-
glaublichen Leichtigkeit flogen die Sterne den Bildern
nach. Sie waren bald alle in Einer großen Verschlingung,
bald wieder in einzelne Haufen schön geordnet bald zerstäubte der lange Zug, wie ein Strahl, in unzählige Fun-   30
ken, bald kam durch immer wachsende kleinere Kreise
und Muster wieder Eine große, überraschende Figur zum
Vorschein. Die bunten Gestalten in den Fenstern blieben
während dieser Zeit ruhig stehen. Der Vogel bewegte unaufhörlich die Hülle seiner kostbaren Federn auf die man-   35
nigfaltigste Weise. Der alte Held hatte bisher auch sein

unsichtbares Geschäft emsig betrieben, als auf einmal der
König voll Freuden ausrief: ›Es wird alles gut. Eisen, wirf
du dein Schwert in die Welt, daß sie erfahren, wo der
Friede ruht.‹ Der Held riß das Schwert von der Hüfte,
stellte es mit der Spitze gen Himmel, dann ergriff er es und
warf es aus dem geöffneten Fenster über die Stadt und das
Eismeer. Wie ein Komet flog es durch die Luft, und
schien an dem Berggürtel mit hellem Klange zu zersplit-
tern, denn es fiel in lauter Funken herunter.

Zu der Zeit lag der schöne Knabe Eros in seiner Wiege
und schlummerte sanft, während Ginnistan seine Amme
die Wiege schaukelte und seiner Milchschwester Fabel die
Brust reichte. Ihr buntes Halstuch hatte sie über die Wiege ausgebreitet, daß die hellbrennende Lampe, die der
Schreiber vor sich stehen hatte, das Kind mit ihrem Schei-
ne nicht beunruhigen möchte. Der Schreiber schrieb un-
verdrossen, sah sich nur zuweilen mürrisch nach den Kindern um, und schnitt der Amme finstere Gesichter, die
ihn gutmütig anlächelte und schwieg.

Der Vater der Kinder ging immer ein und aus, indem er
jedesmal die Kinder betrachtete und Ginnistan freundlich
begrüßte. Er hatte unaufhörlich dem Schreiber etwas zu
sagen. Dieser vernahm ihn genau, und wenn er es aufgezeichnet hatte, reichte er die Blätter einer edlen, götter-
gleichen Frau hin, die sich an einen Altar lehnte, auf welchem eine dunkle Schale mit klarem Wasser stand, in welches sie mit heiterm Lächeln blickte. Sie tauchte die Blätter jedesmal hinein, und wenn sie beim Herausziehn gewahr wurde, daß einige Schrift stehen geblieben und glänzend geworden war, so gab sie das Blatt dem Schreiber
zurück, der es in ein großes Buch heftete, und oft ver-
drießlich zu sein schien, wenn seine Mühe vergeblich gewesen und alles ausgelöscht war. Die Frau wandte sich
zuzeiten gegen Ginnistan und die Kinder, tauchte den
Finger in die Schale, und sprützte einige Tropfen auf sie
hin, die, sobald sie die Amme, das Kind, oder die Wiege

berührten, in einen blauen Dunst zerrannen, der tausend
seltsame Bilder zeigte, und beständig um sie herzog und
sich veränderte. Traf einer davon zufällig auf den Schreiber, so fielen eine Menge Zahlen und geometrische Figuren nieder, die er mit vieler Emsigkeit auf einen Faden
zog, und sich zum Zierat um den magern Hals hing. Die
Mutter des Knaben, die wie die Anmut und Lieblichkeit
selbst aussah, kam oft herein. Sie schien beständig beschäftigt, und trug immer irgend ein Stück Hausgeräte
mit sich hinaus: bemerkte es der argwöhnische und mit
spähenden Blicken sie verfolgende Schreiber, so begann
er eine lange Strafrede, auf die aber kein Mensch achtete.
Alle schienen seiner unnützen Widerreden gewohnt. Die
Mutter gab auf einige Augenblicke der kleinen Fabel die
Brust; aber bald ward sie wieder abgerufen, und dann
nahm Ginnistan das Kind zurück, das an ihr lieber zu
trinken schien. Auf einmal brachte der Vater ein zartes
eisernes Stäbchen herein, das er im Hofe gefunden hatte.
Der Schreiber besah es und drehte es mit vieler Lebhaftigkeit herum, und brachte bald heraus, daß es sich von
selbst, in der Mitte an einem Faden aufgehängt, nach
Norden drehe. Ginnistan nahm es auch in die Hand, bog
es, drückte es, hauchte es an, und hatte ihm bald die Gestalt einer Schlange gegeben, die sich nun plötzlich in den
Schwanz biß. Der Schreiber ward bald des Betrachtens
überdrüssig. Er schrieb alles genau auf, und war sehr
weitläuftig über den Nutzen, den dieser Fund gewähren
könne. Wie ärgerlich war er aber, als sein ganzes Schreib-
werk die Probe nicht bestand, und das Papier weiß aus der
Schale hervorkam. Die Amme spielte fort. Zuweilen berührte sie die Wiege damit, da fing der Knabe an wach zu
werden, schlug die Decke zurück, hielt die eine Hand
gegen das Licht, und langte mit der andern nach der
Schlange. Wie er sie erhielt, sprang er rüstig, daß Ginnistan erschrak, und der Schreiber beinah vor Entsetzen
vom Stuhle fiel, aus der Wiege, stand, nur von seinen

langen goldnen Haaren bedeckt, im Zimmer, und betrachtete mit unaussprechlicher Freude das Kleinod, das
sich in seinen Händen nach Norden ausstreckte, und ihn
heftig im Innern zu bewegen schien. Zusehends wuchs
er.

›Sophie‹, sagte er mit rührender Stimme zu der Frau, ›laß
mich aus der Schale trinken.‹ Sie reichte sie ihm ohne
Anstand, und er konnte nicht aufhören zu trinken, indem
die Schale sich immer voll zu erhalten schien. Endlich gab
er sie zurück, indem er die edle Frau innig umarmte. Er
herzte Ginnistan, und bat sie um das bunte Tuch, das er
sich anständig um die Hüften band. Die kleine Fabel
nahm er auf den Arm. Sie schien unendliches Wohlgefallen an ihm zu haben, und fing zu plaudern an. Ginnistan
machte sich viel um ihn zu schaffen. Sie sah äußerst reizend und leichtfertig aus, und drückte ihn mit der Innigkeit einer Braut an sich. Sie zog ihn mit heimlichen Worten nach der Kammertür, aber Sophie winkte ernsthaft
und deutete nach der Schlange; da kam die Mutter herein,
auf die er sogleich zuflog und sie mit heißen Tränen bewillkommte. Der Schreiber war ingrimmig fortgegangen.
Der Vater trat herein, und wie er Mutter und Sohn in
stiller Umarmung sah, trat er hinter ihren Rücken zur
reizenden Ginnistan, und liebkoste ihr. Sophie stieg die
Treppe hinauf. Die kleine Fabel nahm die Feder des
Schreibers und fing zu schreiben an. Mutter und Sohn
vertieften sich in ein leises Gespräch, und der Vater
schlich sich mit Ginnistan in die Kammer, um sich von
den Geschäften des Tags in ihren Armen zu erholen.
Nach geraumer Zeit kam Sophie zurück. Der Schreiber
trat herein. Der Vater kam aus der Kammer und ging an
seine Geschäfte. Ginnistan kam mit glühenden Wangen
zurück. Der Schreiber jagte die kleine Fabel mit vielen
Schmähungen von seinem Sitze, und hatte einige Zeit nötig seine Sachen in Ordnung zu bringen. Er reichte Sophien die von Fabel vollgeschriebenen Blätter, um sie rein

zurück zu erhalten, geriet aber bald in den äußersten Unwillen, wie Sophie die Schrift völlig glänzend und unver-
sehrt aus der Schale zog und sie ihm hinlegte. Fabel
schmiegte sich an ihre Mutter, die sie an die Brust nahm,
und das Zimmer aufputzte, die Fenster öffnete, frische   5
Luft hereinließ und Zubereitungen zu einem köstlichen
Mahle machte. Man sah durch die Fenster die herrlichsten
Aussichten und einen heitern Himmel über die Erde ge-
spannt. Auf dem Hofe war der Vater in voller Tätigkeit.
Wenn er müde war, sah er hinauf ans Fenster, wo Ginni-   10
stan stand, und ihm allerhand Näschereien herunterwarf.
Die Mutter und der Sohn gingen hinaus, um überall zu
helfen und den gefaßten Entschluß vorzubereiten. Der
Schreiber rührte die Feder, und machte immer eine Frat-
ze, wenn er genötigt war, Ginnistan um etwas zu fragen,   15
die ein sehr gutes Gedächtnis hatte, und alles behielt, was
sich zutrug. Eros kam bald in schöner Rüstung, um die
das bunte Tuch wie eine Schärpe gebunden war, zurück,
und bat Sophie um Rat, wann und wie er seine Reise
antreten solle. Der Schreiber war vorlaut, und wollte   20
gleich mit einem ausführlichen Reiseplan dienen, aber seine Vorschläge wurden überhört. ›Du kannst sogleich reisen; Ginnistan mag dich begleiten‹, sagte Sophie; ›sie weiß
mit den Wegen Bescheid, und ist überall gut bekannt. Sie
wird die Gestalt deiner Mutter annehmen, um dich nicht   25
in Versuchung zu führen. Findest du den König, so denke
an mich; dann komme ich um dir zu helfen.‹
Ginnistan tauschte ihre Gestalt mit der Mutter, worüber
der Vater sehr vergnügt zu sein schien; der Schreiber freute sich, daß die beiden fortgingen; besonders da ihm Gin- 30
nistan ihr Taschenbuch zum Abschied schenkte, worin
die Chronik des Hauses umständlich aufgezeichnet war;
nur blieb ihm die kleine Fabel ein Dorn im Auge, und er
hätte, um seiner Ruhe und Zufriedenheit willen, nichts
mehr gewünscht, als daß auch sie unter der Zahl der Ab-   35
reisenden sein möchte. Sophie segnete die Niederknieen-

den ein, und gab ihnen ein Gefäß voll Wasser aus der
Schale mit; die Mutter war sehr bekümmert. Die kleine
Fabel wäre gern mitgegangen, und der Vater war zu sehr
außer dem Hause beschäftigt, als daß er lebhaften Anteil
5 hätte nehmen sollen. Es war Nacht, wie sie abreisten, und
der Mond stand hoch am Himmel. ›Lieber Eros‹, sagte
Ginnistan, ›wir müssen eilen, daß wir zu meinem Vater
kommen, der mich lange nicht gesehn und so sehnsuchts-
voll mich überall auf der Erde gesucht hat. Siehst du wohl
10 sein bleiches abgehärmtes Gesicht? Dein Zeugnis wird
mich ihm in der fremden Gestalt kenntlich machen.‹

> Die Liebe ging auf dunkler Bahn
> Vom Monde nur erblickt,
> Das Schattenreich war aufgetan
15 > Und seltsam aufgeschmückt.

> Ein blauer Dunst umschwebte sie
> Mit einem goldnen Rand,
> Und eilig zog die Phantasie
> Sie über Strom und Land.

20 > Es hob sich ihre volle Brust
> In wunderbarem Mut;
> Ein Vorgefühl der künftgen Lust
> Besprach die wilde Glut.

> Die Sehnsucht klagt' und wußt' es nicht,
25 > Daß Liebe näher kam,
> Und tiefer grub in ihr Gesicht
> Sich hoffnungsloser Gram.

> Die kleine Schlange blieb getreu:
> Sie wies nach Norden hin,
30 > Und beide folgten sorgenfrei
> Der schönen Führerin.

Die Liebe ging durch Wüstenein
Und durch der Wolken Land,
Trat in den Hof des Mondes ein
Die Tochter an der Hand.

Er saß auf seinem Silberthron,   5
Allein mit seinem Harm;
Da hört' er seines Kindes Ton,
Und sank in ihren Arm.

Eros stand gerührt bei den zärtlichen Umarmungen. Endlich sammelte sich der alte erschütterte Mann, und bewill-   10
kommte seinen Gast. Er ergriff sein großes Horn und
stieß mit voller Macht hinein. Ein gewaltiger Ruf dröhnte
durch die uralte Burg. Die spitzen Türme mit ihren glänzenden Knöpfen und die tiefen schwarzen Dächer
schwankten. Die Burg stand still, denn sie war auf das   15
Gebirge jenseits des Meers gekommen. Von allen Seiten
strömten seine Diener herzu, deren seltsame Gestalten
und Trachten Ginnistan unendlich ergötzten, und den
tapfern Eros nicht erschreckten. Erstere grüßte ihre alten
Bekannten, und alle erschienen vor ihr mit neuer Stärke   20
und in der ganzen Herrlichkeit ihrer Naturen. Der unge-
stüme Geist der Flut folgte der sanften Ebbe. Die alten
Orkane legten sich an die klopfende Brust der heißen
leidenschaftlichen Erdbeben. Die zärtlichen Regenschau-
er sahen sich nach dem bunten Bogen um, der von der   25
Sonne, die ihn mehr anzieht, entfernt, bleich dastand.
Der rauhe Donner schalt über die Torheiten der Blitze,
hinter den unzähligen Wolken hervor, die mit tausend
Reizen dastanden und die feurigen Jünglinge lockten. Die
beiden lieblichen Schwestern, Morgen und Abend, freu-   30
ten sich vorzüglich über die beiden Ankömmlinge. Sie
weinten sanfte Tränen in ihren Umarmungen. Unbeschreiblich war der Anblick dieses wunderlichen Hof-
staats. Der alte König konnte sich an seiner Tochter nicht

satt sehen. Sie fühlte sich zehnfach glücklich in ihrer vä-
terlichen Burg, und ward nicht müde die bekannten Wunder und Seltenheiten zu beschauen. Ihre Freude war ganz
unbeschreiblich, als ihr der König den Schlüssel zur
Schatzkammer und die Erlaubnis gab, ein Schauspiel für
Eros darin zu veranstalten, das ihn so lange unterhalten
könnte, bis das Zeichen des Aufbruchs gegeben würde.
Die Schatzkammer war ein großer Garten, dessen Mannigfaltigkeit und Reichtum alle Beschreibung übertraf.
Zwischen den ungeheuern Wetterbäumen lagen unzählige Luftschlösser von überraschender Bauart, eins immer
köstlicher, als das andere. Große Herden von Schäfchen,
mit silberweißer, goldner und rosenfarbner Wolle irrten
umher, und die sonderbarsten Tiere belebten den Hain.
Merkwürdige Bilder standen hie und da, und die festlichen Aufzüge, die seltsamen Wagen, die überall zum
Vorschein kamen, beschäftigten die Aufmerksamkeit unaufhörlich. Die Beete standen voll der buntesten Blumen.
Die Gebäude waren gehäuft voll von Waffen aller Art,
voll der schönsten Teppiche, Tapeten, Vorhänge, Trink-
geschirre und aller Arten von Geräten und Werkzeugen,
in unübersehlichen Reihen. Auf einer Anhöhe erblickten
sie ein romantisches Land, das mit Städten und Burgen,
mit Tempeln und Begräbnissen übersäet war, und alle
Anmut bewohnter Ebenen mit den furchtbaren Reizen
der Einöde und schroffer Felsengegenden vereinigte. Die
schönsten Farben waren in den glücklichsten Mischun-
gen. Die Bergspitzen glänzten wie Lustfeuer in ihren Eis-
und Schneehüllen. Die Ebene lachte im frischesten Grün.
Die Ferne schmückte sich mit allen Veränderungen von
Blau, und aus der Dunkelheit des Meeres wehten unzählige bunte Wimpel von zahlreichen Flotten. Hier sah man
einen Schiffbruch im Hintergrunde, und vorne ein ländli-
ches fröhliches Mahl von Landleuten; dort den schreck-
lich schönen Ausbruch eines Vulkans, die Verwüstungen
des Erdbebens, und im Vordergrunde ein liebendes Paar

unter schattenden Bäumen in den süßesten Liebkosungen. Abwärts eine fürchterliche Schlacht, und unter ihr ein Theater voll der lächerlichsten Masken. Nach einer andern Seite im Vordergrunde einen jugendlichen Leichnam auf der Bahre, die ein trostloser Geliebter festhielt, und die weinenden Eltern daneben; im Hintergrunde eine liebliche Mutter mit dem Kinde an der Brust und Engel sitzend zu ihren Füßen, und aus den Zweigen über ihrem Haupte herunterblickend. Die Szenen verwandelten sich unaufhörlich, und flossen endlich in eine große geheimnisvolle Vorstellung zusammen. Himmel und Erde waren in vollem Aufruhr. Alle Schrecken waren losgebrochen. Eine gewaltige Stimme rief zu den Waffen. Ein entsetzliches Heer von Totengerippen, mit schwarzen Fahnen, kam wie ein Sturm von dunkeln Bergen herunter, und griff das Leben an, das mit seinen jugendlichen Scharen in der hellen Ebene in muntern Festen begriffen war, und sich keines Angriffs versah. Es entstand ein entsetzliches Getümmel, die Erde zitterte; der Sturm brauste, und die Nacht ward von fürchterlichen Meteoren erleuchtet. Mit unerhörten Grausamkeiten zerriß das Heer der Gespenster die zarten Glieder der Lebendigen. Ein Scheiterhaufen türmte sich empor, und unter dem grausenvollsten Geheul wurden die Kinder des Lebens von den Flammen verzehrt. Plötzlich brach aus dem dunklen Aschenhaufen ein milchblauer Strom nach allen Seiten aus. Die Gespenster wollten die Flucht ergreifen, aber die Flut wuchs zusehends, und verschlang die scheußliche Brut. Bald waren alle Schrecken vertilgt. Himmel und Erde flossen in süße Musik zusammen. Eine wunderschöne Blume schwamm glänzend auf den sanften Wogen. Ein glänzender Bogen schloß sich über die Flut auf welchem göttliche Gestalten auf prächtigen Thronen, nach beiden Seiten herunter, saßen. Sophie saß zuoberst, die Schale in der Hand, neben einem herrlichen Manne, mit einem Eichenkranze um die Locken, und einer Friedenspalme statt des Szepters in der

Rechten. Ein Lilienblatt bog sich über den Kelch der
schwimmenden Blume; die kleine Fabel saß auf demselben, und sang zur Harfe die süßesten Lieder. In dem
Kelche lag Eros selbst, über ein schönes schlummerndes
5 Mädchen hergebeugt, die ihn fest umschlungen hielt.
Eine kleinere Blüte schloß sich um beide her, so daß sie
von den Hüften an in Eine Blume verwandelt zu sein
schienen.
Eros dankte Ginnistan mit tausend Entzücken. Er um-
10 armte sie zärtlich, und sie erwiderte seine Liebkosungen.
Ermüdet von der Beschwerde des Weges und den mannigfaltigen Gegenständen, die er gesehen hatte, sehnte er
sich nach Bequemlichkeit und Ruhe. Ginnistan, die sich
von dem schönen Jüngling lebhaft angezogen fühlte, hü-
15 tete sich wohl des Trankes zu erwähnen, den Sophie ihm
mitgegeben hatte. Sie führte ihn zu einem abgelegenen
Bade, zog ihm die Rüstung aus, und zog selbst ein Nacht-
kleid an, in welchem sie fremd und verführerisch aussah.
Eros tauchte sich in die gefährlichen Wellen, und stieg
20 berauscht wieder heraus. Ginnistan trocknete ihn, und
rieb seine starken, von Jugendkraft gespannten Glieder.
Er gedachte mit glühender Sehnsucht seiner Geliebten,
und umfaßte in süßem Wahne die reizende Ginnistan. Un-
besorgt überließ er sich seiner ungestümen Zärtlichkeit,
25 und schlummerte endlich nach den wollüstigsten Genüssen an dem reizenden Busen seiner Begleiterin ein.
Unterdessen war zu Hause eine traurige Veränderung
vorgegangen. Der Schreiber hatte das Gesinde in eine ge-
fährliche Verschwörung verwickelt. Sein feindseliges Ge-
30 müt hatte längst Gelegenheit gesucht, sich des Hausregi-
ments zu bemächtigen, und sein Joch abzuschütteln. Er
hatte sie gefunden. Zuerst bemächtigte sich sein Anhang
der Mutter, die in eiserne Bande gelegt wurde. Der Vater
ward bei Wasser und Brot ebenfalls hingesetzt. Die kleine
35 Fabel hörte den Lärm im Zimmer. Sie verkroch sich hinter dem Altare, und wie sie bemerkte, daß eine Tür an

seiner Rückseite verborgen war, so öffnete sie dieselbe
mit vieler Behendigkeit, und fand, daß eine Treppe in ihm
hinunterging. Sie zog die Tür nach sich, und stieg im
Dunkeln die Treppe hinunter. Der Schreiber stürzte mit
Ungestüm herein, um sich an der kleinen Fabel zu rächen,
und Sophien gefangen zu nehmen. Beide waren nicht zu
finden. Die Schale fehlte auch, und in seinem Grimme
zerschlug er den Altar in tausend Stücke, ohne jedoch die
heimliche Treppe zu entdecken.

Die kleine Fabel stieg geraume Zeit. Endlich kam sie auf
einen freien Platz hinaus, der rund herum mit einer prächtigen Kolonnade geziert, und durch ein großes Tor geschlossen war. Alle Figuren waren hier dunkel. Die Luft
war wie ein ungeheurer Schatten; am Himmel stand ein
schwarzer strahlender Körper. Man konnte alles auf das
deutlichste unterscheiden, weil jede Figur einen andern
Anstrich von Schwarz zeigte, und einen lichten Schein
hinter sich warf; Licht und Schatten schienen hier ihre
Rollen vertauscht zu haben. Fabel freute sich in einer
neuen Welt zu sein. Sie besah alles mit kindlicher Neugierde. Endlich kam sie an das Tor, vor welchem auf einem massiven Postument eine schöne Sphinx lag.
›Was suchst du?‹ sagte die Sphinx. ›Mein Eigentum‹, erwiderte Fabel. – ›Wo kommst du her?‹ – ›Aus alten Zeiten.‹ – ›Du bist noch ein Kind‹ – ›Und werde ewig ein
Kind sein.‹ – ›Wer wird dir beistehn?‹ – ›Ich stehe für
mich. Wo sind die Schwestern?‹ fragte Fabel. – ›Überall
und nirgends‹, gab die Sphinx zur Antwort. – ›Kennst du
mich?‹ – ›Noch nicht.‹ – ›Wo ist die Liebe?‹ – ›In der
Einbildung.‹ – ›Und Sophie?‹ – Die Sphinx murmelte un-
vernehmlich vor sich hin, und rauschte mit den Flügeln.
›Sophie und Liebe‹, rief triumphierend Fabel, und ging
durch das Tor. Sie trat in die ungeheure Höhle, und ging
fröhlich auf die alten Schwestern zu, die bei der kärglichen Nacht einer schwarzbrennenden Lampe ihr wunderliches Geschäft trieben. Sie taten nicht, als ob sie den

kleinen Gast bemerkten, der mit artigen Liebkosungen
sich geschäftig um sie erzeigte. Endlich krächzte die eine
mit rauhen Worten und scheelem Gesicht: ›Was willst du
hier, Müßiggängerin? wer hat dich eingelassen? Dein kin-
5 disches Hüpfen bewegt die stille Flamme. Das Öl verbrennt unnützerweise. Kannst du dich nicht hinsetzen
und etwas vornehmen?‹ – ›Schöne Base‹, sagte Fabel, ›am
Müßiggehn ist mir nichts gelegen. Ich mußte recht über
eure Türhüterin lachen. Sie hätte mich gern an die Brust
10 genommen, aber sie mußte zu viel gegessen haben, sie
konnte nicht aufstehn. Laßt mich vor der Tür sitzen, und
gebt mir etwas zu spinnen; denn hier kann ich nicht gut
sehen, und wenn ich spinne, muß ich singen und plaudern
dürfen, und das könnte euch in euren ernsthaften Gedan-
15 ken stören.‹ – ›Hinaus sollst du nicht, aber in der Nebenkammer bricht ein Strahl der Oberwelt durch die Felsrit-
zen, da magst du spinnen, wenn du so geschickt bist; hier
liegen ungeheure Haufen von alten Enden, die drehe zusammen; aber hüte dich: wenn du saumselig spinnst, oder
20 der Faden reißt, so schlingen sich die Fäden um dich her
und ersticken dich.‹ – Die Alte lachte hämisch, und
spann. Fabel raffte einen Arm voll Fäden zusammen,
nahm Wocken und Spindel, und hüpfte singend in die
Kammer. Sie sah durch die Öffnung hinaus, und erblickte
25 das Sternbild des Phönixes. Froh über das glückliche Zeichen fing sie an lustig zu spinnen, ließ die Kammertür ein
wenig offen, und sang halbleise:

> Erwacht in euren Zellen,
> Ihr Kinder alter Zeit;
30 > Laßt eure Ruhestellen,
> Der Morgen ist nicht weit.

> Ich spinne eure Fäden
> In Einen Faden ein;
> Aus ist die Zeit der Fehden.
35 > *Ein* Leben sollt ihr sein.

Ein jeder lebt in Allen,
Und All' in Jedem auch.
Ein Herz wird in euch wallen,
Von Einem Lebenshauch.

Noch seid ihr nichts als Seele,   5
Nur Traum und Zauberei.
Geht furchtbar in die Höhle
Und neckt die heilge Drei.

Die Spindel schwang sich mit unglaublicher Behendigkeit
zwischen den kleinen Füßen; während sie mit beiden   10
Händen den zarten Faden drehte. Unter dem Liede wurden unzählige Lichterchen sichtbar, die aus der Türspalte
schlüpften und durch die Höhle in scheußlichen Larven
sich verbreiteten. Die Alten hatten während der Zeit immer mürrisch fortgesponnen, und auf das Jammerge-   15
schrei der kleinen Fabel gewartet, aber wie entsetzten sie
sich, als auf einmal eine erschreckliche Nase über ihre
Schultern guckte, und wie sie sich umsahen, die ganze
Höhle voll der gräßlichsten Figuren war, die tausenderlei
Unfug trieben. Sie fuhren ineinander, heulten mit fürch- 20
terlicher Stimme, und wären vor Schrecken zu Stein geworden, wenn nicht in diesem Augenblicke der Schreiber
in die Höhle getreten wäre, und eine Alraunwurzel bei
sich gehabt hätte. Die Lichterchen verkrochen sich in die
Felsklüfte und die Höhle wurde ganz hell, weil die   25
schwarze Lampe in der Verwirrung umgefallen und ausgelöscht war. Die Alten waren froh, wie sie den Schreiber
kommen hörten, aber voll Ingrimms gegen die kleine Fabel. Sie riefen sie heraus, schnarchten sie fürchterlich an
und verboten ihr fortzuspinnen. Der Schreiber schmun- 30
zelte höhnisch, weil er die kleine Fabel nun in seiner Gewalt zu haben glaubte und sagte: ›Es ist gut, daß du hier
bist und zur Arbeit angehalten werden kannst. Ich hoffe
daß es an Züchtigungen nicht fehlen soll. Dein guter Geist

hat dich hergeführt. Ich wünsche dir langes Leben und
viel Vergnügen.‹ ›Ich danke dir für deinen guten Willen‹,
sagte Fabel; ›man sieht dir jetzt die gute Zeit an; dir fehlt
nur noch das Stundenglas und die Hippe, so siehst du
5 ganz wie der Bruder meiner schönen Basen aus. Wenn du
Gänsespulen brauchst, so zupfe ihnen nur eine Handvoll
zarten Pflaum aus den Wangen.‹ Der Schreiber schien
Miene zu machen, über sie herzufallen. Sie lächelte und
sagte: ›Wenn dir dein schöner Haarwuchs und dein geist-
10 reiches Auge lieb sind, so nimm dich in acht; bedenke
meine Nägel, du hast nicht viel mehr zu verlieren.‹ Er
wandte sich mit verbißner Wut zu den Alten, die sich die
Augen wischten, und nach ihren Wocken umhertappten.
Sie konnten nichts finden, da die Lampe ausgelöscht war,
15 und ergossen sich in Schimpfreden gegen Fabel. ›Laßt sie
doch gehn‹, sprach er tückisch, ›daß sie euch Taranteln
fange, zur Bereitung eures Öls. Ich wollte euch zu euerm
Troste sagen, daß Eros ohne Rast umherfliegt, und eure
Schere fleißig beschäftigen wird. Seine Mutter, die euch
20 so oft zwang, die Fäden länger zu spinnen, wird morgen
ein Raub der Flammen.‹ Er kitzelte sich, um zu lachen,
wie er sah, daß Fabel einige Tränen bei dieser Nachricht
vergoß, gab ein Stück von der Wurzel der Alten, und ging
naserümpfend von dannen. Die Schwestern hießen der
25 Fabel mit zorniger Stimme Taranteln suchen, ohngeachtet sie noch Öl vorrätig hatten, und Fabel eilte fort. Sie tat,
als öffne sie das Tor, warf es ungestüm wieder zu, und
schlich sich leise nach dem Hintergrunde der Höhle, wo
eine Leiter herunterhing. Sie kletterte schnell hinauf, und
30 kam bald vor eine Falltür, die sich in Arcturs Gemach
öffnete.
Der König saß umringt von seinen Räten, als Fabel erschien. Die nördliche Krone zierte sein Haupt. Die Lilie
hielt er mit der Linken, die Waage in der Rechten. Der
35 Adler und Löwe saßen zu seinen Füßen. ›Monarch‹, sagte
die Fabel, indem sie sich ehrfurchtsvoll vor ihm neigte;

›Heil deinem festgegründeten Throne! frohe Botschaft
deinem verwundeten Herzen! baldige Rückkehr der
Weisheit! Ewiges Erwachen dem Frieden! Ruhe der rastlosen Liebe! Verklärung des Herzens! Leben dem Altertum und Gestalt der Zukunft!‹ Der König berührte ihre
offene Stirn mit der Lilie: ›Was du bittest, sei dir gewährt.‹
– ›Dreimal werde ich bitten, wenn ich zum vierten Male
komme, so ist die Liebe vor der Tür. Jetzt gib mir die
Leier.‹ – ›Eridanus! bringe sie her‹, rief der König. Rau-
schend strömte Eridanus von der Decke, und Fabel zog
die Leier aus seinen blinkenden Fluten.
Fabel tat einige weissagende Griffe; der König ließ ihr den
Becher reichen, aus dem sie nippte und mit vielen Dank-
sagungen hinwegeilte. Sie glitt in reizenden Bogen-
schwüngen über das Eismeer, indem sie fröhliche Musik
aus den Saiten lockte.
Das Eis gab unter ihren Tritten die herrlichsten Töne von
sich. Der Felsen der Trauer hielt sie für Stimmen seiner
suchenden rückkehrenden Kinder, und antwortete in einem tausendfachen Echo.
Fabel hatte bald das Gestade erreicht. Sie begegnete ihrer
Mutter, die abgezehrt und bleich aussah, schlank und
ernst geworden war, und in edlen Zügen die Spuren eines
hoffnungslosen Grams, und rührender Treue verriet.
›Was ist aus dir geworden, liebe Mutter?‹ sagte Fabel, ›du
scheinst mir gänzlich verändert; ohne inneres Anzeichen
hätt ich dich nicht erkannt. Ich hoffte mich an deiner
Brust einmal wieder zu erquicken; ich habe lange nach dir
geschmachtet.‹ Ginnistan liebkoste sie zärtlich, und sah
heiter und freundlich aus. ›Ich dachte es gleich‹, sagte sie,
›daß dich der Schreiber nicht würde gefangen haben. Dein
Anblick erfrischt mich. Es geht mir schlimm und knapp
genug, aber ich tröste mich bald. Vielleicht habe ich einen
Augenblick Ruhe. Eros ist in der Nähe, und wenn er dich
sieht, und du ihm vorplauderst, verweilt er vielleicht einige Zeit. Indes kannst du dich an meine Brust legen; ich

will dir geben, was ich habe.‹ Sie nahm die Kleine auf den
Schoß, reichte ihr die Brust, und fuhr fort, indem sie
lächelnd auf die Kleine hinuntersah, die es sich gut
schmecken ließ. ›Ich bin selbst Ursach, daß Eros so wild
und unbeständig geworden ist. Aber mich reut es dennoch nicht, denn jene Stunden, die ich in seinen Armen
zubrachte, haben mich zur Unsterblichen gemacht. Ich
glaubte unter seinen feurigen Liebkosungen zu zer-
schmelzen. Wie ein himmlischer Räuber schien er mich
grausam vernichten und stolz über sein bebendes Opfer
triumphieren zu wollen. Wir erwachten spät aus dem ver-
botenen Rausche, in einem sonderbar vertauschten Zustande. Lange silberweiße Flügel bedeckten seine weißen
Schultern, und die reizende Fülle und Biegung seiner Gestalt. Die Kraft, die ihn so plötzlich aus einem Knaben
zum Jünglinge quellend getrieben, schien sich ganz in die
glänzenden Schwingen gezogen zu haben, und er war
wieder zum Knaben geworden. Die stille Glut seines Gesichts war in das tändelnde Feuer eines Irrlichts, der heilige Ernst in verstellte Schalkheit, die bedeutende Ruhe in
kindische Unstetigkeit, der edle Anstand in drollige Be-
weglichkeit verwandelt. Ich fühlte mich von einer ernsthaften Leidenschaft unwiderstehlich zu dem mutwilligen
Knaben gezogen, und empfand schmerzlich seinen lä-
chelnden Hohn, und seine Gleichgültigkeit gegen meine
rührendsten Bitten. Ich sah meine Gestalt verändert. Meine sorglose Heiterkeit war verschwunden, und hatte einer
traurigen Bekümmernis, einer zärtlichen Schüchternheit
Platz gemacht. Ich hätte mich mit Eros vor allen Augen
verbergen mögen. Ich hatte nicht das Herz in seine belei-
digenden Augen zu sehn, und fühlte mich entsetzlich beschämt und erniedrigt. Ich hatte keinen andern Gedanken, als ihn, und hätte mein Leben hingegeben, um ihn
von seinen Unarten zu befreien. Ich mußte ihn anbeten,
so tief er auch alle meine Empfindungen kränkte.
Seit der Zeit, wo er sich aufmachte und mir entfloh, so

rührend ich auch mit den heißesten Tränen ihn beschwor,
bei mir zu bleiben, bin ich ihm überall gefolgt. Er scheint
es ordentlich darauf anzulegen, mich zu necken. Kaum
habe ich ihn erreicht, so fliegt er tückisch weiter. Sein
Bogen richtet überall Verwüstungen an. Ich habe nichts   5
zu tun, als die Unglücklichen zu trösten, und habe doch
selbst Trost nötig. Ihre Stimmen, die mich rufen, zeigen
mir seinen Weg, und ihre wehmütigen Klagen, wenn ich
sie wieder verlassen muß, gehen mir tief zu Herzen. Der
Schreiber verfolgt uns mit entsetzlicher Wut, und rächt   10
sich an den armen Getroffenen. Die Frucht jener geheimnisvollen Nacht, waren eine zahlreiche Menge wunderlicher Kinder, die ihrem Großvater ähnlich sehn, und nach
ihm genannt sind. Geflügelt wie ihr Vater begleiten sie ihn
beständig, und plagen die Armen, die sein Pfeil trifft.   15
Doch da kömmt der fröhliche Zug. Ich muß fort; lebe
wohl, süßes Kind. Seine Nähe erregt meine Leidenschaft.
Sei glücklich in deinem Vorhaben.‹ – Eros zog weiter,
ohne Ginnistan, die auf ihn zueilte, einen zärtlichen Blick
zu gönnen. Aber zu Fabel wandte er sich freundlich, und   20
seine kleinen Begleiter tanzten fröhlich um sie her. Fabel
freute sich, ihren Milchbruder wieder zu sehn, und sang
zu ihrer Leier ein munteres Lied. Eros schien sich besinnen zu wollen und ließ den Bogen fallen. Die Kleinen
entschliefen auf dem Rasen. Ginnistan konnte ihn fassen,   25
und er litt ihre zärtlichen Liebkosungen. Endlich fing
Eros auch an zu nicken, schmiegte sich an Ginnistans
Schoß, und schlummerte ein, indem er seine Flügel über
sie ausbreitete. Unendlich froh war die müde Ginnistan,
und verwandte kein Auge von dem holden Schläfer. Wäh-   30
rend des Gesanges waren von allen Seiten Taranteln zum
Vorschein gekommen, die über die Grashalme ein glänzendes Netz zogen, und lebhaft nach dem Takte sich an
ihren Fäden bewegten. Fabel tröstete nun ihre Mutter,
und versprach ihr baldige Hülfe. Vom Felsen tönte der   35
sanfte Widerhall der Musik, und wiegte die Schläfer ein.

Ginnistan sprengte aus dem wohlverwahrten Gefäß einige Tropfen in die Luft, und die anmutigsten Träume fielen auf sie nieder. Fabel nahm das Gefäß mit und setzte ihre Reise fort. Ihre Saiten ruhten nicht, und die Taranteln folgten auf schnellgesponnenen Fäden den bezaubernden Tönen.

Sie sah bald von weitem die hohe Flamme des Scheiterhaufens, die über den grünen Wald emporstieg. Traurig sah sie gen Himmel, und freute sich, wie sie Sophieens blauen Schleier erblickte, der wallend über der Erde schwebte, und auf ewig die ungeheure Gruft bedeckte. Die Sonne stand feuerrot vor Zorn am Himmel, die gewaltige Flamme sog an ihrem geraubten Lichte, und so heftig sie es auch an sich zu halten schien, so ward sie doch immer bleicher und fleckiger. Die Flamme ward weißer und mächtiger, je fahler die Sonne ward. Sie sog das Licht immer stärker in sich und bald war die Glorie um das Gestirn des Tages verzehrt und nur als eine matte, glänzende Scheibe stand es noch da, indem jede neue Regung des Neides und der Wut den Ausbruch der entfliehenden Lichtwellen vermehrte. Endlich war nichts von der Sonne mehr übrig, als eine schwarze ausgebrannte Schlacke, die herunter ins Meer fiel. Die Flamme war über allen Ausdruck glänzend geworden. Der Scheiterhaufen war verzehrt. Sie hob sich langsam in die Höhe und zog nach Norden. Fabel trat in den Hof, der verödet aussah; das Haus war unterdes verfallen. Dornsträuche wuchsen in den Ritzen der Fenstergesimse und Ungeziefer aller Art kribbelte auf den zerbrochenen Stiegen. Sie hörte im Zimmer einen entsetzlichen Lärm; der Schreiber und seine Gesellen hatten sich an dem Flammentode der Mutter geweidet, waren aber gewaltig erschrocken, wie sie den Untergang der Sonne wahrgenommen hatten.

Sie hatten sich vergeblich angestrengt, die Flamme zu löschen, und waren bei dieser Gelegenheit nicht ohne Beschädigungen geblieben. Der Schmerz und die Angst

preßte ihnen entsetzliche Verwünschungen und Klagen
aus. Sie erschraken noch mehr, als Fabel ins Zimmer trat,
und stürmten mit wütendem Geschrei auf sie ein, um an
ihr den Grimm auszulassen. Fabel schlüpfte hinter die
Wiege, und ihre Verfolger traten ungestüm in das Gewebe
der Taranteln, die sich durch unzählige Bisse an ihnen
rächten. Der ganze Haufen fing nun toll an zu tanzen,
wozu Fabel ein lustiges Lied spielte. Mit vielem Lachen
über ihre possierlichen Fratzen ging sie auf die Trümmer
des Altars zu, und räumte sie weg, um die verborgene
Treppe zu finden, auf der sie mit ihrem Tarantelgefolge
hinunterstieg. Die Sphinx fragte: ›Was kommt plötzli-
cher, als der Blitz?‹ ›Die Rache‹, sagte Fabel. – ›Was ist am
vergänglichsten?‹ – ›Unrechter Besitz.‹ – ›Wer kennt die
Welt?‹ – ›Wer sich selbst kennt.‹ – ›Was ist das ewige
Geheimnis?‹ – ›Die Liebe.‹ – ›Bei wem ruht es?‹ – ›Bei
Sophieen.‹ Die Sphinx krümmte sich kläglich, und Fabel
trat in die Höhle.
›Hier bringe ich euch Taranteln‹, sagte sie zu den Alten,
die ihre Lampe wieder angezündet hatten und sehr emsig
arbeiteten. Sie erschraken, und die eine lief mit der Schere
auf sie zu, um sie zu erstechen. Unversehens trat sie auf
eine Tarantel, und diese stach sie in den Fuß. Sie schrie
erbärmlich. Die andern wollten ihr zu Hülfe kommen
und wurden ebenfalls von den erzürnten Taranteln gesto-
chen. Sie konnten sich nun nicht an Fabel vergreifen, und
sprangen wild umher. ›Spinn uns gleich‹, riefen sie grim-
mig der Kleinen zu, ›leichte Tanzkleider. Wir können uns
in den steifen Röcken nicht rühren, und vergehn fast vor
Hitze, aber mit Spinnensaft mußt du den Faden einwei-
chen, daß er nicht reißt, und wirke Blumen hinein, die im
Feuer gewachsen sind, sonst bist du des Todes.‹ ›Recht
gern‹, sagte Fabel und ging in die Nebenkammer.
›Ich will euch drei tüchtige Fliegen verschaffen‹, sagte sie
zu den Kreuzspinnen, die ihre luftigen Gewebe rundum
an der Decke und den Wänden angeheftet hatten, ›aber ihr

müßt mir gleich drei hübsche, leichte Kleider spinnen.
Die Blumen, die hineingewirkt werden sollen, will ich
auch gleich bringen.‹ Die Kreuzspinnen waren bereit und
fingen rasch zu weben an. Fabel schlich sich zur Leiter
und begab sich zu Arctur. ›Monarch‹, sagte sie, ›die Bösen
tanzen, die Guten ruhn. Ist die Flamme angekommen?‹
›Sie ist angekommen‹, sagte der König. ›Die Nacht ist
vorbei und das Eis schmilzt. Meine Gattin zeigt sich von
weitem. Meine Feindin ist versenkt. Alles fängt zu leben
an. Noch darf ich mich nicht sehen lassen, denn allein bin
ich nicht König. Bitte was du willst.‹ – ›Ich brauche‹, sagte
Fabel, ›Blumen, die im Feuer gewachsen sind. Ich weiß,
du hast einen geschickten Gärtner, der sie zu ziehen versteht.‹ – ›Zink‹, rief der König, ›gib uns Blumen.‹ Der
Blumengärtner trat aus der Reihe, holte einen Topf voll
Feuer, und säete glänzenden Samenstaub hinein. Es
währte nicht lange, so flogen die Blumen empor. Fabel
sammelte sie in ihre Schürze, und machte sich auf den
Rückweg. Die Spinnen waren fleißig gewesen, und es
fehlte nichts mehr, als das Anheften der Blumen, welches
sie sogleich mit vielem Geschmack und Behendigkeit be-
gannen. Fabel hütete sich wohl die Enden abzureißen, die
noch an den Weberinnen hingen.

Sie trug die Kleider den ermüdeten Tänzerinnen hin, die
triefend von Schweiß umgesunken waren, und sich einige
Augenblicke von der ungewohnten Anstrengung erhol-
ten. Mit vieler Geschicklichkeit entkleidete sie die hagern
Schönheiten, die es an Schmähungen der kleinen Dienerin
nicht fehlen ließen, und zog ihnen die neuen Kleider an,
die sehr niedlich gemacht waren und vortrefflich paßten.
Sie pries während dieses Geschäftes die Reize und den
liebenswürdigen Charakter ihrer Gebieterinnen, und die
Alten schienen ordentlich erfreut über die Schmeicheleien
und die Zierlichkeit des Anzuges. Sie hatten sich unterdes
erholt, und fingen von neuer Tanzlust beseelt wieder an,
sich munter umherzudrehen, indem sie heimtückisch der

Kleinen langes Leben und große Belohnungen versprachen. Fabel ging in die Kammer zurück, und sagte zu den
Kreuzspinnen: ›Ihr könnt nun die Fliegen getrost verzehren, die ich in eure Weben gebracht habe.‹ Die Spinnen
waren so schon ungeduldig über das Hin- und Herreißen,   5
da die Enden noch in ihnen waren und die Alten so toll
umhersprangen; sie rannten also hinaus, und fielen über
die Tänzerinnen her; diese wollten sich mit der Schere
verteidigen, aber Fabel hatte sie in aller Stille mitgenommen. Sie unterlagen also ihren hungrigen Handwerksge-   10
nossen, die lange keine so köstlichen Bissen geschmeckt
hatten, und sie bis auf das Mark aussaugten. Fabel sah
durch die Felsenkluft hinaus, und erblickte den Perseus
mit dem großen eisernen Schilde. Die Schere flog von
selbst dem Schilde zu, und Fabel bat ihn, Eros' Flügel   15
damit zu verschneiden, und dann mit seinem Schilde die
Schwestern zu verewigen, und das große Werk zu voll-
enden.
Sie verließ nun das unterirdische Reich, und stieg fröhlich
zu Arcturs Palaste.   20
›Der Flachs ist versponnen. Das Leblose ist wieder ent-
seelt. Das Lebendige wird regieren, und das Leblose bilden und gebrauchen. Das Innere wird offenbart, und das
Äußere verborgen. Der Vorhang wird sich bald heben,
und das Schauspiel seinen Anfang nehmen. Noch einmal   25
bitte ich, dann spinne ich Tage der Ewigkeit.‹ — ›Glückliches Kind‹, sagte der gerührte Monarch, ›du bist unsre
Befreierin.‹ ›Ich bin nichts als Sophiens Pate‹, sagte die
Kleine. ›Erlaube daß Turmalin, der Blumengärtner, und
Gold mich begleiten. Die Asche meiner Pflegemutter   30
muß ich sammeln, und der alte Träger muß wieder aufstehn, daß die Erde wieder schwebe und nicht auf dem
Chaos liege.‹
Der König rief allen dreien, und befahl ihnen, die Kleine
zu begleiten. Die Stadt war hell, und auf den Straßen war   35
ein lebhaftes Verkehr. Das Meer brach sich brausend an

der hohlen Klippe, und Fabel fuhr auf des Königs Wagen mit ihren Begleitern hinüber. Turmalin sammelte sorgfältig die auffliegende Asche. Sie gingen rund um die Erde, bis sie an den alten Riesen kamen, an dessen Schultern sie hinunterklimmten. Er schien vom Schlage gelähmt, und konnte kein Glied rühren. Gold legte ihm eine Münze in den Mund, und der Blumengärtner schob eine Schüssel unter seine Lenden. Fabel berührte ihm die Augen, und goß das Gefäß auf seiner Stirn aus. Sowie das Wasser über das Auge in den Mund und herunter über ihn in die Schüssel floß, zuckte ein Blitz des Lebens ihm in allen Muskeln. Er schlug die Augen auf und hob sich rüstig empor. Fabel sprang zu ihren Begleitern auf die steigende Erde, und bot ihm freundlich guten Morgen. ›Bist du wieder da, liebliches Kind?‹ sagte der Alte; ›habe ich doch immer von dir geträumt. Ich dachte immer, du würdest erscheinen, ehe mir die Erde und die Augen zu schwer würden. Ich habe wohl lange geschlafen.‹ ›Die Erde ist wieder leicht, wie sie es immer den Guten war‹, sagte Fabel. ›Die alten Zeiten kehren zurück. In kurzem bist du wieder unter alten Bekannten. Ich will dir fröhliche Tage spinnen, und an einem Gehülfen soll es auch nicht fehlen, damit du zuweilen an unsern Freuden teilnehmen, und im Arm einer Freundin Jugend und Stärke einatmen kannst. Wo sind unsere alten Gastfreundinnen, die Hesperiden?‹ – ›An Sophiens Seite. Bald wird ihr Garten wieder blühen, und die goldne Frucht duften. Sie gehen umher und sammeln die schmachtenden Pflanzen.‹

Fabel entfernte sich, und eilte dem Hause zu. Es war zu völligen Ruinen geworden. Efeu umzog die Mauern. Hohe Büsche beschatteten den ehmaligen Hof, und weiches Moos polsterte die alten Stiegen. Sie trat ins Zimmer. Sophie stand am Altar, der wieder aufgebaut war. Eros lag zu ihren Füßen in voller Rüstung, ernster und edler als jemals. Ein prächtiger Kronleuchter hing von der Decke. Mit bunten Steinen war der Fußboden ausgelegt, und zeigte einen großen Kreis um den Altar her, der aus lauter edlen bedeutungsvollen Figuren bestand. Ginnistan bog sich über ein Ruhebett, worauf der Vater in tiefem Schlummer zu liegen schien, und weinte. Ihre blühende Anmut war durch einen Zug von Andacht und Liebe unendlich erhöht. Fabel reichte die Urne, worin die Asche gesammelt war, der heiligen Sophie, die sie zärtlich umarmte.

›Liebliches Kind‹, sagte sie, ›dein Eifer und deine Treue haben dir einen Platz unter den ewigen Sternen erworben. Du hast das Unsterbliche in dir gewählt. Der Phönix gehört dir. Du wirst die Seele unsers Lebens sein. Jetzt wekke den Bräutigam auf. Der Herold ruft, und Eros soll Freya suchen und aufwecken.‹

Fabel freute sich unbeschreiblich bei diesen Worten. Sie rief ihren Begleitern Gold und Zink, und nahte sich dem Ruhebette. Ginnistan sah erwartungsvoll ihrem Beginnen zu. Gold schmolz die Münze und füllte das Behältnis, worin der Vater lag, mit einer glänzenden Flut. Zink schlang um Ginnistans Busen eine Kette. Der Körper schwamm auf den zitternden Wellen. ›Bücke dich, liebe Mutter‹, sagte Fabel, › und lege die Hand auf das Herz des Geliebten.‹

Ginnistan bückte sich. Sie sah ihr vielfaches Bild. Die Kette berührte die Flut, ihre Hand sein Herz; er erwachte und zog die entzückte Braut an seine Brust. Das Metall gerann, und ward ein heller Spiegel. Der Vater erhob sich, seine Augen blitzten, und so schön und bedeutend auch seine Gestalt war, so schien doch sein ganzer Körper eine feine unendlich bewegliche Flüssigkeit zu sein, die jeden Eindruck in den mannigfaltigsten und reizendsten Bewegungen verriet.

Das glückliche Paar näherte sich Sophien, die Worte der Weihe über sie aussprach, und sie ermahnte, den Spiegel fleißig zu Rate zu ziehn, der alles in seiner wahren Gestalt zurückwerfe, jedes Blendwerk vernichte, und ewig das

ursprüngliche Bild festhalte. Sie ergriff nun die Urne und schüttete die Asche in die Schale auf dem Altar. Ein sanftes Brausen verkündigte die Auflösung, und ein leiser Wind wehte in den Gewändern und Locken der Umste-
5 henden.
Sophie reichte die Schale dem Eros, und dieser den andern. Alle kosteten den göttlichen Trank, und vernahmen die freundliche Begrüßung der Mutter in ihrem Innern, mit unsäglicher Freude. Sie war jedem gegenwärtig, und
10 ihre geheimnisvolle Anwesenheit schien alles zu verklären.
Die Erwartung war erfüllt und übertroffen. Alle merkten, was ihnen gefehlt habe, und das Zimmer war ein Aufenthalt der Seligen geworden. Sophie sagte: ›Das große Ge-
15 heimnis ist allen offenbart, und bleibt ewig unergründlich. Aus Schmerzen wird die neue Welt geboren, und in Tränen wird die Asche zum Trank des ewigen Lebens aufgelöst. In jedem wohnt die himmlische Mutter, um jedes Kind ewig zu gebären. Fühlt ihr die süße Geburt im
20 Klopfen eurer Brust?‹
Sie goß in den Altar den Rest aus der Schale hinunter. Die Erde bebte in ihren Tiefen. Sophie sagte: ›Eros, eile mit deiner Schwester zu deiner Geliebten. Bald seht ihr mich wieder.‹
25 Fabel und Eros gingen mit ihrer Begleitung schnell hinweg. Es war ein mächtiger Frühling über die Erde verbreitet. Alles hob und regte sich. Die Erde schwebte näher unter dem Schleier. Der Mond und die Wolken zogen mit fröhlichem Getümmel nach Norden. Die Königsburg
30 strahlte mit herrlichem Glanze über das Meer, und auf ihren Zinnen stand der König in voller Pracht mit seinem Gefolge. Überall erblickten sie Staubwirbel, in denen sich bekannte Gestalten zu bilden schienen. Sie begegneten zahlreichen Scharen von Jünglingen und Mädchen, die
35 nach der Burg strömten, und sie mit Jauchzen bewillkommten. Auf manchen Hügeln saß ein glückliches eben

erwachtes Paar in lang entbehrter Umarmung, hielt die
neue Welt für einen Traum, und konnte nicht aufhören,
sich von der schönen Wahrheit zu überzeugen.
Die Blumen und Bäume wuchsen und grünten mit Macht.
Alles schien beseelt. Alles sprach und sang. Fabel grüßte   5
überall alte Bekannte. Die Tiere nahten sich mit freundlichen Grüßen den erwachten Menschen. Die Pflanzen be-
wirteten sie mit Früchten und Düften, und schmückten
sie auf das zierlichste. Kein Stein lag mehr auf einer Men-
schenbrust, und alle Lasten waren in sich selbst zu einem   10
festen Fußboden zusammengesunken. Sie kamen an das
Meer. Ein Fahrzeug von geschliffenem Stahl lag am Ufer
festgebunden. Sie traten hinein und lösten das Tau. Die
Spitze richtete sich nach Norden, und das Fahrzeug
durchschnitt, wie im Fluge, die buhlenden Wellen. Lis-   15
pelndes Schilf hielt seinen Ungestüm auf, und es stieß leise
an das Ufer. Sie eilten die breiten Treppen hinan. Die
Liebe wunderte sich über die königliche Stadt und ihre
Reichtümer. Im Hofe sprang der lebendiggewordne
Quell, der Hain bewegte sich mit den süßesten Tönen,   20
und ein wunderbares Leben schien in seinen heißen Stämmen und Blättern, in seinen funkelnden Blumen und
Früchten zu quellen und zu treiben. Der alte Held empfing sie an den Toren des Palastes. ›Ehrwürdiger Alter‹,
sagte Fabel, ›Eros bedarf dein Schwert. Gold hat ihm eine   25
Kette gegeben, die mit einem Ende in das Meer hinunter-
reicht, und mit dem andern um seine Brust geschlungen
ist. Fasse sie mit mir an, und führe uns in den Saal, wo die
Prinzessin ruht.‹ Eros nahm aus der Hand des Alten das
Schwert, setzte den Knopf auf seine Brust, und neigte die   30
Spitze vorwärts. Die Flügeltüren des Saals flogen auf, und
Eros nahte sich entzückt der schlummernden Freya.
Plötzlich geschah ein gewaltiger Schlag. Ein heller Fun-
ken fuhr von der Prinzessin nach dem Schwerte; das
Schwert und die Kette leuchteten, der Held hielt die klei-   35
ne Fabel, die beinah umgesunken wäre. Eros' Helmbusch

wallte empor. ›Wirf das Schwert weg‹, rief Fabel, ›und
erwecke deine Geliebte.‹ Eros ließ das Schwert fallen, flog
auf die Prinzessin zu, und küßte feurig ihre süßen Lippen.
Sie schlug ihre großen dunkeln Augen auf, und erkannte
5 den Geliebten. Ein langer Kuß versiegelte den ewigen
Bund.
Von der Kuppel herunter kam der König mit Sophien an
der Hand. Die Gestirne und die Geister der Natur folgten
in glänzenden Reihen. Ein unaussprechlich heitrer Tag
10 erfüllte den Saal, den Palast, die Stadt, und den Himmel.
Eine zahllose Menge ergoß sich in den weiten königlichen
Saal, und sah mit stiller Andacht die Liebenden vor dem
Könige und der Königin knien, die sie feierlich segneten.
Der König nahm sein Diadem vom Haupte, und band es
15 um Eros' goldene Locken. Der alte Held zog ihm die
Rüstung ab, und der König warf seinen Mantel um ihn
her. Dann gab er ihm die Lilie in die linke Hand, und
Sophie knüpfte ein köstliches Armband um die ver-
schlungenen Hände der Liebenden, indem sie zugleich
20 ihre Krone auf Freyas braune Haare setzte.
›Heil unsern alten Beherrschern‹, rief das Volk. ›Sie haben
immer unter uns gewohnt, und wir haben sie nicht erkannt! Heil uns! Sie werden uns ewig beherrschen! Segnet
uns auch!‹ Sophie sagte zu der neuen Königin: ›Wirf du
25 das Armband eures Bundes in die Luft, daß das Volk und
die Welt euch verbunden bleiben.‹ Das Armband zerfloß
in der Luft, und bald sah man lichte Ringe um jedes
Haupt, und ein glänzendes Band zog sich über die Stadt
und das Meer und die Erde, die ein ewiges Fest des Früh-
30 lings feierte. Perseus trat herein, und trug eine Spindel
und ein Körbchen. Er brachte dem neuen Könige das
Körbchen. ›Hier‹, sagte er, ›sind die Reste deiner Feinde.‹
Eine steinerne Platte mit schwarzen und weißen Feldern
lag darin, und daneben eine Menge Figuren von Alabaster
35 und schwarzem Marmor. ›Es ist ein Schachspiel‹, sagte
Sophie; ›aller Krieg ist auf diese Platte und in diese Figu-

ren gebannt. Es ist ein Denkmal der alten trüben Zeit.‹
Perseus wandte sich zu Fabel, und gab ihr die Spindel. ›In
deinen Händen wird diese Spindel uns ewig erfreuen, und
aus dir selbst wirst du uns einen goldnen unzerreißlichen
Faden spinnen.‹ Der Phönix flog mit melodischem Ge-   5
räusch zu ihren Füßen, spreizte seine Fittiche vor ihr aus,
auf die sie sich setzte, und schwebte mit ihr über den
Thron, ohne sich wieder niederzulassen. Sie sang ein
himmlisches Lied, und fing zu spinnen an, indem der
Faden aus ihrer Brust sich hervorzuwinden schien. Das   10
Volk geriet in neues Entzücken, und aller Augen hingen
an dem lieblichen Kinde. Ein neues Jauchzen kam von der
Tür her. Der alte Mond kam mit seinem wunderlichen
Hofstaat herein, und hinter ihm trug das Volk Ginnistan
und ihren Bräutigam, wie im Triumph, einher.   15
Sie waren mit Blumenkränzen umwunden; die königliche
Familie empfing sie mit der herzlichsten Zärtlichkeit, und
das neue Königspaar rief sie zu seinen Statthaltern auf
Erden aus.
›Gönnet mir‹, sagte der Mond, ›das Reich der Parzen,   20
dessen seltsame Gebäude eben auf dem Hofe des Palastes
aus der Erde gestiegen sind. Ich will euch mit Schauspielen darin ergötzen, wozu die kleine Fabel mir behülflich
sein wird.‹
Der König willigte in die Bitte, die kleine Fabel nickte   25
freundlich, und das Volk freute sich auf den seltsamen
unterhaltenden Zeitvertreib. Die Hesperiden ließen zur
Thronbesteigung Glück wünschen, und um Schutz in ihren Gärten bitten. Der König ließ sie bewillkommen, und
so folgten sich unzählige fröhliche Botschaften. Unter-   30
dessen hatte sich unmerklich der Thron verwandelt, und
war ein prächtiges Hochzeitbett geworden, über dessen
Himmel der Phönix mit der kleinen Fabel schwebte. Drei
Karyatiden aus dunkelm Porphyr trugen es hinten, und
vorn ruhte dasselbe auf einer Sphinx aus Basalt. Der Kö-   35
nig umarmte seine errötende Geliebte, und das Volk folg-

te dem Beispiel des Königs, und liebkoste sich untereinander. Man hörte nichts, als zärtliche Namen und ein
Kußgeflüster. Endlich sagte Sophie: ›Die Mutter ist unter
uns, ihre Gegenwart wird uns ewig beglücken. Folgt uns
5 in unsere Wohnung, in dem Tempel dort werden wir ewig
wohnen, und das Geheimnis der Welt bewahren.‹ Die
Fabel spann emsig, und sang mit lauter Stimme:

Gegründet ist das Reich der Ewigkeit,
In Lieb und Frieden endigt sich der Streit,
10 Vorüber ging der lange Traum der Schmerzen,
Sophie ist ewig Priesterin der Herzen.«

Zweiter Teil

Die Erfüllung

Das Kloster, oder der Vorhof

Astralis

An einem Sommermorgen ward ich jung;
Da fühlt ich meines eignen Lebens Puls
Zum erstenmal, – und wie die Liebe sich
In tiefere Entzückungen verlor,
5 Erwacht ich immer mehr, und das Verlangen
Nach innigerer, gänzlicher Vermischung
Ward dringender mit jedem Augenblick.
Wollust ist meines Daseins Zeugungskraft.
Ich bin der Mittelpunkt, der heilge Quell,
10 Aus welchem jede Sehnsucht stürmisch fließt,
Wohin sich jede Sehnsucht, mannigfach
Gebrochen, wieder still zusammen zieht.
Ihr kennt mich nicht und saht mich werden. –
Wart ihr nicht Zeugen, wie ich noch
15 Nachtwandler mich zum ersten Male traf
An jenem frohen Abend? Flog euch nicht
Ein süßer Schauer der Entzündung an? –
Versunken lag ich ganz in Honigkelchen;
Ich duftete, die Blume schwankte still
20 In goldner Morgenluft. Ein innres Quellen
War ich, ein sanftes Ringen, alles floß
Durch mich und über mich und hob mich leise.
Da sank das erste Stäubchen in die Narbe,
Denkt an den Kuß nach aufgehobnem Tisch.
25 Ich quoll in meine eigne Flut zurück –
Es war ein Blitz, – nun konnt ich schon mich regen,
Die zarten Fäden und den Kelch bewegen,
Schnell schossen, wie ich selber mich begann,
Zu irdschen Sinnen die Gedanken an.
30 Noch war ich blind, doch schwankten lichte Sterne
Durch meines Wesens wunderbare Ferne,
Nichts war noch nah, ich fand mich nur von weiten,

Ein Anklang alter, so wie künftger Zeiten.
Aus Wehmut, Lieb und Ahndungen entsprungen
35 War der Besinnung Wachstum nur ein Flug,
Und wie die Wollust Flammen in mir schlug,
Ward ich zugleich vom höchsten Weh durchdrungen.
Die Welt lag blühend um den hellen Hügel,
Die Worte des Propheten wurden Flügel,
40 Nicht einzeln mehr nur Heinrich und Mathilde
Vereinten beide sich zu Einem Bilde. –
Ich hob mich nun gen Himmel neugeboren,
Vollendet war das irdische Geschick
Im seligen Verklärungs-Augenblick,
45 Es hatte nun die Zeit ihr Recht verloren,
Und forderte, was sie geliehn, zurück.

Es bricht die neue Welt herein
Und verdunkelt den hellsten Sonnenschein,
Man sieht nun aus bemoosten Trümmern
50 Eine wunderseltsame Zukunft schimmern,
Und was vordem alltäglich war
Scheint jetzo fremd und wunderbar.
⟨Eins in allem und alles im Einen
Gottes Bild auf Kräutern und Steinen
55 Gottes Geist in Menschen und Tieren,
Dies muß man sich zu Gemüte führen.
Keine Ordnung mehr nach Raum und Zeit
Hier Zukunft in der Vergangenheit[.]⟩
Der Liebe Reich ist aufgetan,
60 Die Fabel fängt zu spinnen an.
Das Urspiel jeder Natur beginnt,
Auf kräftige Worte jedes sinnt,
Und so das große Weltgemüt
Überall sich regt und unendlich blüht.
65 Alles muß ineinander greifen,
Eins durch das andre gedeihn und reifen;
Jedes in Allen dar sich stellt,

Indem es sich mit ihnen vermischet
Und gierig in ihre Tiefen fällt,
70 Sein eigentümliches Wesen erfrischet
Und tausend neue Gedanken erhält.
Die Welt wird Traum, der Traum wird Welt,
Und was man glaubt es sei geschehn,
Kann man von weitem erst kommen sehn.
75 Frei soll die Phantasie erst schalten,
Nach ihrem Gefallen die Fäden verweben,
Hier manches verschleiern, dort manches entfalten,
Und endlich in magischen Dunst verschweben.
Wehmut und Wollust, Tod und Leben
80 Sind hier in innigster Sympathie, –
Wer sich der höchsten Lieb ergeben,
Genest von ihren Wunden nie.
Schmerzhaft muß jenes Band zerreißen
Was sich ums innre Auge zieht,
85 Einmal das treuste Herz verwaisen,
Eh es der trüben Welt entflieht.
Der Leib wird aufgelöst in Tränen,
Zum weiten Grabe wird die Welt,
In das, verzehrt von bangem Sehnen,
90 Das Herz, als Asche, niederfällt.

Auf dem schmalen Fußsteige, der ins Gebirg hinauflief,
ging ein Pilgrim in tiefen Gedanken. Mittag war vorbei,
ein starker Wind sauste durch die blaue Luft, seine dumpf-
fen, mannigfaltigen Stimmen verloren sich, wie sie kamen. War er vielleicht durch die Gegenden der Kindheit   5
geflogen, oder durch andre redende Länder? Es waren
Stimmen, deren Echo nach im Innersten klang, und dennoch schien sie der Pilgrim nicht zu kennen. Er hatte nun
das Gebirg erreicht, wo er das Ziel seiner Reise zu finden
hoffte. – Hoffte? – Er hoffte gar nichts mehr. Die entsetz-   10
liche Angst und dann die trockne Kälte der gleichgültig-
sten Verzweiflung trieben ihn, die wilden Schrecknisse
des Gebirgs aufzusuchen; der mühseligste Gang beruhig-
te das zerstörende Spiel der innern Gewalten. Er war
matt, aber still. Noch sah er nichts, was um ihn her sich   15
allmählich gehäuft hatte, als er sich auf einen Stein setzte
und den Blick rückwärts wandte. Es dünkte ihm, als träume er jetzt, oder habe er geträumt. Eine unübersehliche
Herrlichkeit schien sich vor ihm aufzutun. Bald flossen
seine Tränen, indem sein Innres plötzlich brach; er wollte   20
sich in der Ferne verweinen, daß auch keine Spur seines
Daseins übrig bliebe. Unter dem heftigen Schluchzen
schien er zu sich selbst zu kommen, die weiche heitre Luft
durchdrang ihn, seinen Sinnen ward die Welt wieder gegenwärtig, und alte Gedanken fingen tröstlich zu reden   25
an.
Dort lag Augsburg mit seinen Türmen, fern am Gesichtskreis blinkte der Spiegel des furchtbaren geheimnisvollen
Stroms; der ungeheure Wald bog sich mit tröstlichem
Ernst zu dem Wanderer, das gezackte Gebirg ruhte so   30
bedeutend über der Ebene, und beide schienen zu sagen:
»Eile nur, Strom, du entfliehst uns nicht; ich will dir folgen mit geflügelten Schiffen; ich will dich brechen und
halten und dich verschlucken in meinen Schoß! vertraue
du uns, Pilgrim, er ist auch unser Feind, den wir selbst   35

erzeugten, laß ihn eilen mit seinem Raub, er entflieht uns
nicht.«

Der arme Pilgrim gedachte der alten Zeiten und ihrer unsäglichen Entzückungen, aber wie matt gingen diese köst-
5 lichen Erinnerungen vorüber. Der breite Hut verdeckte
ein jugendliches Gesicht, es war bleich, wie eine Nacht-
blume: in Tränen hatte sich der Balsamsaft des jungen
Lebens, in tiefe Seufzer sein schwellender Hauch verwandelt, in ein fahles Aschgrau waren alle seine Farben ver-
10 schossen.

Seitwärts am Gehänge schien ihm ein Mönch unter einem
alten Eichbaum zu knieen. »Sollte das der alte Hofkaplan
sein?« so dachte er bei sich ohne große Verwunderung.
Der Mönch kam ihm größer und ungestalter vor, je näher
15 er zu ihm trat; er merkte nun seinen Irrtum, denn es war
ein einzelner Felsen, über den sich der Baum herbog.
Stillgerührt faßte er den Stein in seine Arme, und drückte
ihn lautweinend an seine Brust. »Ach daß doch jetzt deine
Reden sich bewährten, und die heilige Mutter ein Zeichen
20 an mir täte! Bin ich doch so ganz elend und verlassen.
Wohnt in meiner Wüste kein Heiliger, der mir sein Gebet
liehe? Bete du, teurer Vater, jetzt in diesem Augenblick
für mich.«

Wie er so bei sich dachte, fing der Baum an zu zittern.
25 Dumpf dröhnte der Felsen, und wie aus tiefer unterirdi-
scher Ferne erhoben sich einige klare Stimmchen und
sangen:

> Ihr Herz war voller Freuden,
> Von Freuden sie nur wußt,
30 > Sie wußt von keinen Leiden
> Drückts Kindelein an ihr' Brust.
>
> Sie küßt ihm seine Wangen,
> Sie küßt es mannigfalt,
> Mit Liebe ward sie umfangen
35 > Durch Kindeleins schöne Gestalt.

Die Stimmchen schienen mit unendlicher Lust zu singen.
Sie wiederholten den Vers einigemal. Es ward alles wieder
ruhig, und nun hörte der erstaunte Pilger, daß jemand aus
dem Baume sagte:

»Wenn du ein Lied zu meinen Ehren auf deiner Laute   5
spielen wirst, so wird ein armes Mädchen herfür kommen; nimm sie mit und laß sie nicht von dir; gedenke
meiner, wenn du zum Kaiser kommst: ich habe mir diese
Stätte ausersehen, um mit meinem Kindlein hier zu wohnen, laß mir ein starkes, warmes Haus hier bauen. Mein   10
Kindlein hat den Tod überwunden; härme dich nicht, ich
bin bei dir: du wirst noch eine Weile auf Erden bleiben,
aber das Mädchen wird dich trösten, bis du auch stirbst
und zu unsern Freunden eingehst.«

»Es ist Mathildens Stimme!« rief der Pilger und fiel auf   15
seine Kniee, um zu beten. Da drang durch die Äste ein
langer Strahl zu seinen Augen und er sah durch den Strahl
in eine ferne kleine wundersame Herrlichkeit hinein, welche nicht zu beschreiben, noch kunstreich mit Farben
nachzubilden möglich gewesen wäre. Es waren überaus   20
feine Figuren, und die innigste Lust und Freude, ja eine
himmlische Glückseligkeit war darin überall zu schauen,
sogar daß die leblosen Gefäße, das Säulwerk, die Teppiche, Zieraten und alles, was zu sehen war, nicht gemacht,
sondern wie ein vollsaftiges Kraut also gewachsen und   25
zusammen gekommen zu sein schien. Es waren die
schönsten menschlichen Gestalten, die dazwischen um-
hergingen und sich über die Maßen freundlich und hold-
selig gegeneinander erzeigten. Ganz vorn stand die Geliebte des Pilgers, und es hatte das Ansehn, als wolle sie   30
mit ihm sprechen, doch war nichts zu hören; und der
Pilger betrachtete nur mit tiefer Sehnsucht ihre anmutigen
Züge, und wie sie so freundlich und lächelnd ihm zuwink-
te, und die Hand auf ihre linke Brust legte. Der Anblick
war unendlich tröstend und erquickend, und der Pilger   35
lag noch lang in heiliger Entzückung, als die Erscheinung

wieder hinweggenommen war. Der heilige Strahl hatte
alle Schmerzen und Bekümmernisse aus seinem Herzen
gesogen, so daß sein Gemüt wieder rein und leicht, und
sein Geist wieder frei und fröhlich war wie vordem.
5 Nichts war übrig geblieben, als ein stilles inniges Sehnen,
und ein wehmütiger Klang im Aller-Innersten: aber die
wilden Qualen der Einsamkeit, die herbe Pein eines unsäglichen Verlustes, die trübe entsetzliche Leere, die irdische Ohnmacht war gewichen, und der Pilgrim sah sich
10 wieder in einer vollen bedeutsamen Welt. Stimme und
Sprache waren wieder lebendig bei ihm geworden, und es
dünkte ihm nunmehr alles viel bekannter und weissagen-
der als ehemals, so daß ihm der Tod wie eine höhere
Offenbarung des Lebens erschien, und er sein eigenes,
15 schnell vorübergehendes Dasein mit kindlicher heiterer
Rührung betrachtete. Zukunft und Vergangenheit hatten
sich in ihm berührt und einen innigen Verein geschlossen;
er stand weit außer der Gegenwart und die Welt ward ihm
erst teuer, als er sie verloren hatte, und sich nur als Fremd-
20 ling in ihr fand, der ihre weiten bunten Säle noch eine
kurze Weile durchwandern sollte. Es war Abend geworden, und die Erde lag vor ihm wie ein altes liebes Wohnhaus, das er nach langer Entfernung wiederfände. Tausend Erinnerungen wurden ihm gegenwärtig; jeder Stein,
25 jeder Baum, jede Anhöhe wollte wieder gekannt sein,
jedes war das Merkmal einer alten Geschichte.
Der Pilger ergriff seine Laute und sang:

Liebeszähren, Liebesflammen,
Fließt zusammen;
30 Heiligt diese Wunderstätten,
Wo der Himmel mir erschienen;
Schwärmt um diesen Baum wie Bienen,
In unzähligen Gebeten.

Er hat froh sie aufgenommen,
35 Als sie kommen,

Sie geschützt vor Ungewittern;
Sie wird einst in ihrem Garten
Ihn begießen und ihn warten,
Wunder tun mit seinen Splittern.

Auch der Felsen ist gesunken   5
Freudetrunken
Zu der selgen Mutter Füßen.
Ist die Andacht auch in Steinen,
Sollte da der Mensch nicht weinen
Und sein Blut für sie vergießen?   10

Die Bedrängten müssen ziehen
Und hier knieen;
Alle werden hier genesen.
Keiner wird fortan noch klagen,
Alle werden fröhlich sagen: 15
Einst sind wir betrübt gewesen.

Ernste Mauern werden stehen
Auf den Höhen.
In den Tälern wird man rufen,
Wenn die schwersten Zeiten kommen: 20
Keinem sei das Herz beklommen,
Nur hinan zu jenen Stufen!

Gottes Mutter und Geliebte,
Der Betrübte
Wandelt nun verklärt von hinnen.   25
Ewge Güte, ewge Milde,
O! ich weiß, du bist Mathilde,
Und das Ziel von meinem Sinnen.

Ohne mein verwegnes Fragen
Wirst mir sagen,   30
Wenn ich zu dir soll gelangen.
Gern will ich in tausend Weisen

Noch der Erde Wunder preisen,
Bis du kommst, mich zu umfangen.

Alte Wunder, künftge Zeiten,
Seltsamkeiten,
Weichet nie aus meinem Herzen.
Unvergeßlich sei die Stelle,
Wo des Lichtes heilge Quelle
Weggespült den Traum der Schmerzen.

Unter seinem Gesang war er nichts gewahr worden; wie
er aber aufsah, stand ein junges Mädchen nahe bei ihm
am Felsen, die ihn freundlich wie einen alten Bekannten
grüßte, und ihn einlud mit zu ihrer Wohnung zu gehn, wo
sie ihm schon ein Abendessen zubereitet habe. Ihr ganzes
Wesen und Tun war ihm befreundet. Sie bat ihn, noch
einige Augenblicke zu verziehn, trat unter den Baum, sah
mit einem unaussprechlichen Lächeln hinauf und schüttete aus ihrer Schürze viele Rosen auf das Gras. Sie kniete
still daneben, stand aber bald wieder auf und führte den
Pilger fort.

»Wer hat dir von mir gesagt?« frug der Pilgrim.

»Unsre Mutter.«

»Wer ist deine Mutter?«

»Die Mutter Gottes.«

»Seit wann bist du hier?«

»Seitdem ich aus dem Grabe gekommen bin.«

»Warst du schon einmal gestorben?«

»Wie könnt ich denn leben?«

»Lebst du hier ganz allein?«

»Ein alter Mann ist zu Hause, doch kenn ich noch viele,
die gelebt haben.«

»Hast du Lust bei mir zu bleiben?«

»Ich habe dich ja lieb.«

»Woher kennst du mich?«

»O! von alten Zeiten; auch erzählte mir meine ehmalige
Mutter zeither immer von dir.«

»Hast du noch eine Mutter?«

»Ja, aber es ist eigentlich dieselbe.«

»Wie hieß sie?«

»Maria.«

»Wer war dein Vater?«

»Der Graf von Hohenzollern.«

»Den kenn ich auch.«

»Wohl mußt du ihn kennen, denn er ist auch dein Vater.«

»Mein Vater ist in Eisenach.«

»Du hast mehr Eltern.«

»Wo gehen wir denn hin?«

»Immer nach Hause.«

Sie waren jetzt auf einen geräumigen Platz im Holze gekommen, auf welchem einige verfallene Türme hinter tiefen Gräben standen. Junges Gebüsch schlang sich um die alten Mauern, wie ein jugendlicher Kranz um das Silberhaupt eines Greises. Man sah in die Unermeßlichkeit der Zeiten, und erblickte die weitesten Geschichten in kleine glänzende Minuten zusammengezogen, wenn man die grauen Steine, die blitzzähnlichen Risse, und die hohen, schaurigen Gestalten betrachtete. So zeigt uns der Himmel unendliche Räume in dunkles Blau gekleidet und wie milchfarbne Schimmer, so unschuldig wie die Wangen eines Kindes, die fernsten Heere seiner schweren ungeheuren Welten. Sie gingen durch einen alten Torweg, und der Pilger war nicht wenig erstaunt, als er sich nun von lauter seltenen Gewächsen umringt und die Reize des anmutigsten Gartens unter diesen Trümmern versteckt sah. Ein kleines steinernes Häuschen von neuer Bauart mit großen Fenstern lag dahinter. Dort stand ein alter Mann hinter den breitblättrigen Stauden und band die schwankenden Zweige an Stäbchen. Den Pilgrim führte seine Begleiterin zu ihm und sagte: »Hier ist Heinrich, nach dem du mich oft gefragt hast.«

Wie sich der Alte zu ihm wandte, glaubte Heinrich den

Bergmann vor sich zu sehn. »Du siehst den Arzt Sylvester«, sagte das Mädchen.

Sylvester freute sich ihn zu sehn und sprach: »Es ist eine geraume Zeit her, daß ich deinen Vater ebenso jung bei
5 mir sah. Ich ließ es mir damals angelegen sein, ihn mit den Schätzen der Vorzeit, mit der kostbaren Hinterlassenschaft einer zu früh abgeschiedenen Welt bekannt zu machen. Ich bemerkte in ihm die Anzeichen eines großen Bildkünstlers, sein Auge regte sich voll Lust, ein wahres
10 Auge, ein schaffendes Werkzeug zu werden; sein Gesicht zeigte von innerer Festigkeit und ausdauerndem Fleiß, aber die gegenwärtige Welt hatte zu tiefe Wurzeln schon bei ihm geschlagen, er wollte nicht Achtung geben auf den Ruf seiner eigensten Natur, die trübe Strenge seines vater
15 ländischen Himmels hatte die zarten Spitzen der edelsten Pflanze in ihm verdorben, er ward ein geschickter Handwerker, und die Begeisterung ist ihm zur Torheit geworden.«

»Wohl«, versetzte Heinrich, »habe ich in ihm oft mit
20 Schmerzen eine stille Wehmut bemerkt. Er arbeitete unaufhörlich aus Gewohnheit und nicht aus innerer Lust, es scheint ihm etwas zu fehlen, was die friedliche Stille seines Lebens, die Bequemlichkeiten seines Auskommens, die Freude sich geehrt und geliebt von seinen Mitbürgern zu
25 sehn, und in allen Stadtangelegenheiten zu Rate gezogen zu werden, ihm nicht ersetzen kann. Seine Bekannten halten ihn für sehr glücklich, aber sie wissen nicht, wie lebenssatt er ist, wie leer ihm oft die Welt vorkommt, wie sehnlich er sich hinwegwünscht, und wie er nicht aus
30 Erwerbslust, sondern um diese Stimmung zu verscheuchen, so fleißig arbeitet.«

»Was mich am meisten wundert«, versetzte Sylvester, »ist, daß er Eure Erziehung ganz in den Händen Eurer Mutter gelassen hat, und sorgfältig sich gehütet, in Eure
35 Entwicklung sich zu mischen, oder Euch zu irgend einem bestimmten Stande anzuhalten. Ihr habt von Glück zu

sagen, daß Ihr habt aufwachsen dürfen ohne von Euren
Eltern die mindeste Beschränkung zu leiden, denn die
meisten Menschen sind nur Überbleibsel eines vollen
Gastmahls, das Menschen von verschiedenen Appetit und
Geschmack geplündert haben.«   5
»Ich weiß selbst nicht«, erwiderte Heinrich, »was Erziehung heißt, wenn es nicht das Leben und die Sinnesweise
meiner Eltern ist, oder der Unterricht meines Lehrers, des
Hofkaplans. Mein Vater scheint mir, bei aller seiner kühlen und durchaus festen Denkungsart, die ihn alle Ver-   10
hältnisse wie ein Stück Metall und eine künstliche Arbeit
ansehn läßt, doch unwillkürlich und ohne es selbst zu
wissen, eine stille Ehrfurcht und Gottesfurcht vor allen
unbegreiflichen und höhern Erscheinungen zu haben,
und daher das Aufblühen eines Kindes mit demütiger   15
Selbstverleugnung zu betrachten. Ein Geist ist hier geschäftig, der frisch aus der unendlichen Quelle kommt,
und dieses Gefühl der Überlegenheit eines Kindes in den
allerhöchsten Dingen, der unwiderstehliche Gedanke einer nähern Führung dieses unschuldigen Wesens, das   20
jetzt im Begriff steht, eine so bedenkliche Laufbahn anzutreten, das Gepräge einer wunderbaren Welt, was noch
keine irdische Flut unkenntlich gemacht hat, und endlich die Sympathie der Selbst-Erinnerung jener fabelhaf-
ten Zeiten, wo die Welt uns heller, freundlicher und selt-   25
samer dünkte, und der Geist der Weissagung fast sichtbar uns begleitete, alles dies hat meinen Vater gewiß zu
der andächtigsten und bescheidensten Behandlung ver-
mocht.«
»Laß uns hieher auf die Rasenbank unter die Blumen set-   30
zen«, unterbrach ihn der Alte; »Cyane wird uns rufen,
wenn unser Abendessen bereit ist, und wenn ich Euch
bitten darf, so fahrt fort, mir von Eurem frühern Leben
etwas zu erzählen. Wir Alten hören am liebsten von den
Kinderjahren reden, und es dünkt mich, als ließt Ihr mich   35
den Duft einer Blume einziehn, den ich seit meiner Kind-

heit nicht wieder eingeatmet hätte. Nur sagt mir noch
vorher, wie Euch meine Einsiedelei und mein Garten gefällt, denn diese Blumen sind meine Freundinnen, mein
Herz ist in diesem Garten. Ihr seht nichts, was mich nicht
5 liebt, und von mir nicht zärtlich geliebt wird, ich bin hier
mitten unter meinen Kindern und komme mir vor wie ein
alter Baum, aus dessen Wurzeln diese muntre Jugend aus-
geschlagen sei.«

»Glücklicher Vater«, sagte Heinrich, »Euer Garten ist die
10 Welt. Ruinen sind die Mütter dieser blühenden Kinder,
die bunte, lebendige Schöpfung zieht ihre Nahrung aus
den Trümmern vergangener Zeiten. Aber mußte die Mutter sterben, damit die Kinder gedeihen können, und bleibt
der Vater zu ewigen Tränen allein an ihrem Grabe
15 sitzen?«

Sylvester reichte dem schluchzenden Jünglinge die Hand,
und stand auf, um ihm ein eben aufgeblühtes Vergißmein-
nicht zu holen, das er an einen Zypressenzweig band und
ihm brachte. Wunderlich rührte der Abendwind die Wip-
20 fel der Kiefern, die jenseits der Ruinen standen. Ihr
dumpfes Brausen tönte herüber. Heinrich verbarg sein
Gesicht in Tränen an dem Halse des guten Sylvester, und
wie er sich wieder erhob, trat eben der Abendstern in
voller Glorie über den Wald herüber.

25 Nach einiger Stille fing Sylvester an: »Ich möchte Euch
wohl in Eisenach unter Euren Gespielen gesehn haben,
Eure Eltern, die vortreffliche Landgräfin, die biedern
Nachbarn Euers Vaters, und der alte Hofkaplan machen
eine schöne Gesellschaft aus. Ihre Gespräche müssen
30 frühzeitig auf Euch gewirkt haben, besonders da Ihr das
einzige Kind wart. Auch stell ich mir die Gegend äußerst
anmutig und bedeutsam vor.«

»Ich lerne«, versetzte Heinrich, »meine Gegend erst recht
kennen, seit ich weg bin und viele andere Gegenden ge-
35 sehn habe. Jede Pflanze, jeder Baum, jeder Hügel und
Berg hat seinen besondern Gesichtskreis, seine eigentüm-

liche Gegend, sie gehört zu ihm, und sein Bau, seine ganze Beschaffenheit wird durch sie erklärt. Nur das Tier und der Mensch können zu allen Gegenden kommen, alle Gegenden sind die Ihrigen. So machen alle zusammen eine große Weltgegend, einen unendlichen Gesichtskreis aus, dessen Einfluß auf den Menschen und das Tier ebenso sichtbar ist, wie der Einfluß der engeren Umgebung auf die Pflanze. Daher Menschen die viel gereist sind, Zugvögel und Raubtiere, unter den übrigen sich durch besondern Verstand und andre wunderbare Gaben auszeichnen. Doch gibt es auch gewiß mehr oder weniger Fähigkeit unter ihnen, von diesen Weltkreisen und ihrem mannigfaltigen Inhalt und ihrer Ordnung gerührt und gebildet zu werden. Auch fehlt wohl manchen Menschen die nötige Aufmerksamkeit und Gelassenheit, um den Wechsel der Gegenstände und ihre Zusammenstellung erst gehörig zu betrachten, und dann darüber nachzudenken, und die nötigen Vergleichungen vorzunehmen. Oft fühl ich jetzt, wie mein Vaterland meine frühesten Gedanken mit unvergänglichen Farben angehaucht hat, und sein Bild eine seltsame Andeutung meines Gemütes geworden ist, die ich immer mehr errate, je tiefer ich einsehe, daß Schicksal und Gemüt Namen Eines Begriffes sind.«

»Auf mich«, sagte Sylvester, »hat freilich die lebendige Natur, die regsame Überkleidung der Gegend, immer am meisten gewirkt. Ich bin nicht müde geworden, besonders die verschiedene Pflanzennatur auf das sorgfältigste zu betrachten. Die Gewächse sind so die unmittelbarste Sprache des Bodens, jedes neue Blatt, jede sonderbare Blume ist irgend ein Geheimnis, das sich hervordrängt, und das, weil es sich vor Liebe und Lust nicht bewegen und nicht zu Worten kommen kann, eine stumme, ruhige Pflanze wird. Findet man in der Einsamkeit eine solche Blume, ist es da nicht, als wäre alles umher verklärt und hielten sich die kleinen befiederten Töne am liebsten in ihrer Nähe auf? Man möchte für Freuden weinen, und

abgesondert von der Welt nur seine Hände und Füße in
die Erde stecken, um Wurzeln zu treiben, und nie diese
glückliche Nachbarschaft zu verlassen. Über die ganze
trockne Welt ist dieser grüne, geheimnisvolle Teppich der
5 Liebe gezogen. Mit jedem Frühjahr wird er erneuert, und
seine seltsame Schrift ist nur dem Geliebten lesbar, wie
der Blumenstrauß des Orients; ewig wird er lesen, und
sich nicht satt lesen, und täglich neue Bedeutungen, neue
entzückende Offenbarungen der liebenden Natur gewahr
10 werden. Dieser unendliche Genuß ist der geheime Reiz,
den die Begehung der Erdfläche für mich hat, indem
eine jede Gegend andre Rätsel löset, und mich immer
mehr erraten läßt, woher der Weg komme und wohin er
gehe.«

15 »Ja«, sagte Heinrich, »wir haben von Kinderjahren angefangen zu reden, und von der Erziehung, weil wir in Euren Gärten waren und die eigentliche Offenbarung der
Kindheit, die unschuldige Blumenwelt, unmerklich in
unser Gedächtnis und auf unsre Lippen die Erinnerung
20 der alten Bekanntschaft brachte. Mein Vater ist auch ein
großer Freund des Gartenlebens und die glücklichsten
Stunden seines Lebens bringt er unter den Blumen zu.
Dies hat auch gewiß seinen Sinn für die Kinder so offen
erhalten, da Blumen die Ebenbilder der Kinder sind. Den
25 vollen Reichtum des unendlichen Lebens, die gewaltigen
Mächte der spätern Zeit, die Herrlichkeit des Weltendes,
und die goldene Zukunft aller Dinge sehen wir hier noch
innig ineinander verschlungen, aber doch auf das deutlichste und klarste in zarter Verjüngung. Schon treibt die
30 allmächtige Liebe, aber sie zündet noch nicht: es ist keine
verzehrende Flamme, es ist ein zerrinnender Duft, und so
innig die Vereinigung der zärtlichen Seelen auch ist, so ist
sie doch von keiner heftigen Bewegung und keiner fres-
senden Wut begleitet, wie bei den Tieren. So ist die Kind-
35 heit in der Tiefe zunächst an der Erde, dahingegen die
Wolken vielleicht die Erscheinungen der zweiten, höhe-

ren Kindheit, des wiedergefundenen Paradieses sind, und
darum so wohltätig auf die erstere heruntertauen.«

»Es ist gewiß etwas sehr Geheimnisvolles in den Wolken«, sagte Sylvester, »und eine gewisse Bewölkung hat
oft einen ganz wunderbaren Einfluß auf uns. Sie ziehen,   5
und wollen uns mit ihrem kühlen Schatten auf und davon
nehmen, und wenn ihre Bildung lieblich und bunt, wie
ein ausgehauchter Wunsch unsers Innern ist, so ist auch
ihre Klarheit, das herrliche Licht, was dann auf Erden
herrscht, wie die Vorbedeutung einer unbekannten, un-   10
säglichen Herrlichkeit. Aber es gibt auch düstere und ernste und entsetzliche Umwölkungen, in denen alle Schrek-
ken der alten Nacht zu drohen scheinen: nie scheint sich
der Himmel wieder aufheitern zu wollen, das heitre Blau
ist vertilgt, und ein fahles Kupferrot auf schwarzgrauem   15
Grunde weckt Grauen und Angst in jeder Brust. Wenn
dann die verderblichen Strahlen herunterzucken und mit
höhnischem Gelächter die schmetternden Donnerschläge
hinterdreinfallen, so werden wir bis ins Innerste beängstigt, und wenn in uns dann nicht das erhabne Gefühl   20
unsrer sittlichen Obermacht entsteht, so glauben wir den
Schrecknissen der Hölle, der Gewalt böser Geister über-
liefert zu sein. Es sind Nachhalle der alten unmenschli-
chen Natur, aber auch weckende Stimmen der höheren
Natur, des himmlischen Gewissens in uns. Das Sterbliche   25
dröhnt in seinen Grundvesten, aber das Unsterbliche fängt
heller zu leuchten an, und erkennt sich selbst.«

»Wann wird es doch«, sagte Heinrich, »gar keiner
Schrecken, keiner Schmerzen, keiner Not und keines
Übels mehr im Weltall bedürfen?«   30

»Wenn es nur Eine Kraft gibt, – die Kraft des Gewissens,
– wenn die Natur züchtig und sittlich geworden ist. Es
gibt nur Eine Ursache des Übels, – die allgemeine Schwäche, und diese Schwäche ist nichts, als geringe sittliche
Empfänglichkeit und Mangel an Reiz der Freiheit.«   35

»Macht mir doch die Natur des Gewissens begreiflich.«

»Wenn ich das könnte, so wäre ich Gott, denn indem man
das Gewissen begreift, entsteht es. Könnt Ihr mir das
Wesen der Dichtkunst begreiflich machen?«
»Etwas Persönliches läßt sich nicht bestimmt ab-
5 fragen.«
»Wie viel weniger also das Geheimnis der höchsten Un-
teilbarkeit. Läßt sich Musik dem Tauben erklären?«
»Also wäre der Sinn ein Anteil an der neuen durch ihn
eröffneten Welt selbst? Man verstände die Sache nur,
10 wenn man sie hätte?«
»Das Weltall zerfällt in unendliche, immer von größern
Welten wieder befaßte Welten. Alle Sinne sind am Ende
Ein Sinn. Ein Sinn führt wie Eine Welt allmählich zu allen
Welten. Aber alles hat seine Zeit und seine Weise. Nur die
15 Person des Weltalls vermag das Verhältnis unsrer Welt
einzusehn. Es ist schwer zu sagen, ob wir innerhalb der
sinnlichen Schranken unsers Körpers wirklich unsre Welt
mit neuen Welten, unsre Sinne mit neuen Sinnen vermehren können, oder ob jeder Zuwachs unsrer Erkenntnis,
20 jede neue erworbene Fähigkeit nur zur Ausbildung unsers
gegenwärtigen Weltsinns zu rechnen ist.«
»Vielleicht ist beides Eins«, sagte Heinrich. »Ich weiß nur
so viel, daß für mich die Fabel Gesamtwerkzeug meiner
gegenwärtigen Welt ist. Selbst das Gewissen, diese Sinn
25 und Welten erzeugende Macht, dieser Keim aller Persönlichkeit, erscheint mir wie der Geist des Weltgedichts, wie
der Zufall der ewigen romantischen Zusammenkunft des
unendlich veränderlichen Gesamtlebens.«
»Werter Pilger«, versetzte Sylvester, »das Gewissen er-
30 scheint in jeder ernsten Vollendung, in jeder gebildeten
Wahrheit. Jede durch Nachdenken zu einem Weltbild
umgearbeitete Neigung und Fertigkeit wird zu einer Erscheinung, zu einer Verwandlung des Gewissens. Alle
Bildung führt zu dem, was man nicht anders wie Freiheit
35 nennen kann, ohnerachtet damit nicht ein bloßer Begriff,
sondern der schaffende Grund alles Daseins bezeichnet

werden soll. Diese Freiheit ist Meisterschaft. Der Meister
übt freie Gewalt nach Absicht und in bestimmter und
überdachter Folge aus. Die Gegenstände seiner Kunst
sind sein, und stehen in seinem Belieben, und er wird von
ihnen nicht gefesselt oder gehemmt. Und gerade diese   5
allumfassende Freiheit, Meisterschaft oder Herrschaft ist
das Wesen, der Trieb des Gewissens. In ihm offenbart
sich die heilige Eigentümlichkeit, das unmittelbare Schaffen der Persönlichkeit, und jede Handlung des Meisters
ist zugleich Kundwerdung der hohen, einfachen, unver-   10
wickelten Welt, – Gottes Wort.«
»Also ist auch das, was ehemals, wie mich deucht, Tu-
gendlehre genannt wurde, nur die Religion, als Wissenschaft, die sogenannte Theologie im eigentlichen Sinne?
Nur eine Gesetzordnung, die sich zur Gottesverehrung   15
verhält, wie die Natur zu Gott? Ein Wortbau, eine Ge-
dankenfolge, welche die Oberwelt bezeichnet, vorstellt
und sie auf einer gewissen Stufe der Bildung vertritt? Die
Religion für das Vermögen der Einsicht und des Urteils?
der Richtspruch, das Gesetz der Auflösung und Bestim-   20
mung aller möglichen Verhältnisse eines persönlichen
Wesens?«
»Allerdings ist das Gewissen«, sagte Sylvester, »der ein-
geborne Mittler jedes Menschen. Es vertritt die Stelle
Gottes auf Erden, und ist daher so vielen das Höchste und   25
Letzte. Aber wie entfernt war die bisherige Wissenschaft,
die man Tugend- oder Sittenlehre nannte, von der reinen
Gestalt dieses erhabenen, weitumfassenden persönlichen
Gedankens. Das Gewissen ist der Menschen eigenstes
Wesen in voller Verklärung, der himmlische Urmensch.   30
Es ist nicht dies und jenes, es gebietet nicht in allgemeinen
Sprüchen, es besteht nicht aus einzelnen Tugenden. Es
gibt nur Eine Tugend, – den reinen, ernsten Willen, der
im Augenblick der Entscheidung unmittelbar sich ent-
schließt und wählt. In lebendiger, eigentümlicher Unteil-   35
barkeit bewohnt es und beseelt es das zärtliche Sinnbild

des menschlichen Körpers, und vermag alle geistigen
Gliedmaßen in die wahrhafteste Tätigkeit zu versetzen.«

»O trefflicher Vater!« unterbrach ihn Heinrich, »mit welcher Freude erfüllt mich das Licht, das aus Euren Worten
ausgeht! Also ist der wahre Geist der Fabel eine freundliche Verkleidung des Geistes der Tugend, und der eigentliche Geist der untergeordneten Dichtkunst, die Regsamkeit des höchsten, eigentümlichsten Daseins. Eine überraschende Selbstheit ist zwischen einem wahrhaften Liede
und einer edlen Handlung. Das müßige Gewissen in einer
glatten nicht widerstehenden Welt wird zum fesselnden
Gespräche, zur alleserzählenden Fabel. In den Fluren und
Hallen dieser Urwelt lebt der Dichter, und die Tugend ist
der Geist seiner irdischen Bewegungen und Einflüsse. So
wie diese die unmittelbar wirkende Gottheit unter den
Menschen und das wunderbare Widerlicht der höheren
Welt ist, so ist es auch die Fabel. Wie sicher kann nun der
Dichter den Eingebungen seiner Begeisterung, oder,
wenn auch er einen höhern überirdischen Sinn hat, höhern Wesen folgen, und sich seinem Berufe mit kindlicher
Demut überlassen. Auch in ihm redet die höhere Stimme
des Weltalls, und ruft mit bezaubernden Sprüchen in er-
freulichere, bekanntere Welten. Wie sich die Religion zur
Tugend verhält, so die Begeisterung zur Fabellehre, und
wenn in heiligen Schriften die Geschichten der Offenbarung aufbehalten sind, so bildet in der Fabellehre das Leben einer höheren Welt sich in wunderbar entstandene
Dichtungen auf mannigfache Weise ab. Fabel und Geschichte begleiten sich in den innigsten Beziehungen auf
den verschlungensten Pfaden und in den seltsamsten Ver-
kleidungen, und die Bibel und die Fabellehre sind Stern-
Bilder Eines Umlaufs.«

»Ihr redet völlig wahr«, sagte Sylvester, »und nun wird es
Euch wohl begreiflich sein, daß die ganze Natur nur
durch den Geist der Tugend besteht, und immer beständi-

ger werden soll. Er ist das allzündende allbelebende Licht
innerhalb der irdischen Umfassung. Vom Sternhimmel,
diesem erhabenen Dom des Steinreichs, bis zu dem krau-
sen Teppich einer bunten Wiese, wird alles durch ihn erhalten, durch ihn mit uns verknüpft, und uns verständlich gemacht, und durch ihn die unbekannte Bahn der
unendlichen Naturgeschichte bis zur Verklärung fortge-
leitet.«

»Ja und Ihr habt vorher so schön für mich die Tugend an
die Religion angeschlossen. Alles was die Erfahrung und
die irdische Wirksamkeit begreift, macht den Bezirk des
Gewissens aus, welches diese Welt mit höheren Welten
verbindet. Bei höhern Sinnen entsteht Religion und was
vorher unbegreifliche Notwendigkeit unserer innersten
Natur schien, ein Allgesetz ohne bestimmten Inhalt, wird
nun zu einer wunderbaren, einheimischen, unendlich
mannigfaltigen, und durchaus befriedigenden Welt, zu
einer unbegreiflich innigen Gemeinschaft aller Seligen in
Gott, und zur vernehmlichen, vergötternden Gegenwart
des allerpersönlichsten Wesens, oder seines Willens, seiner Liebe in unserm tiefsten Selbst.«

»Die Unschuld Eures Herzens macht Euch zum Propheten«, erwiderte Sylvester: »Euch wird alles verständlich
werden, und die Welt und ihre Geschichte verwandelt
sich Euch in die Heilige Schrift, so wie Ihr an der Heiligen
Schrift das große Beispiel habt, wie in einfachen Worten
und Geschichten das Weltall offenbart werden kann;
wenn auch nicht gerade zu, doch mittelbar durch Anre-
gung und Erweckung höherer Sinne. – Mich hat die Beschäftigung mit der Natur dahin geführt, wohin Euch die
Lust und Begeisterung der Sprache gebracht haben.
Kunst und Geschichte haben mich die Natur kennen gelehrt. Meine Eltern wohnten in Sizilien, unweit dem welt-
berühmten Berge Aetna. Ein bequemes Haus von vorma-
liger Bauart, welches verdeckt von uralten Kastanienbäu-
men dicht an den felsigen Ufern des Meeres, die Zierde

eines mit mannigfaltigen Gewächsen besetzten Gartens
ausmachte, war ihre Wohnung. In der Nähe lagen viele
Hütten, in denen sich Fischer, Hirten und Winzer auf-
hielten. Unsre Kammern und Keller waren mit allem, was
5 das Leben erhält und erhöht, reichlich versehn, und unser
Hausgeräte ward durch wohlerdachte Arbeit auch den
verborgenen Sinnen angenehm. Es fehlte auch sonst nicht
an mannigfaltigen Gegenständen, deren Betrachtung und
Gebrauch das Gemüt über das gewöhnliche Leben und
10 seine Bedürfnisse erhoben, und es zu einem angemesse-
nern Zustande vorzubereiten, ihm den lautern Genuß seiner vollen, eigentümlichen Natur zu versprechen und zu
gewähren schienen. Man sah steinerne Menschen-Bilder,
mit Geschichten bemalte Gefäße, kleinere Steine mit den
15 deutlichsten Figuren, und andre Gerätschaften mehr, die
aus andern und erfreulicheren Zeiten zurückgeblieben
sein mochten. Auch lagen in Fächern übereinander viele
Pergamentrollen, auf denen in langen Reihen Buchstaben
die Kenntnisse und Gesinnungen, die Geschichten und
20 Gedichte jener Vergangenheit in anmutigen und künstli-
chen Ausdrücken bewahrt standen. Der Ruf meines Vaters, den er sich als ein geschickter Sterndeuter zuwege
brachte, zog ihm zahlreiche Anfragen und Besuche, selbst
aus entlegneren Ländern zu, und da das Vorwissen der
25 Zukunft den Menschen eine sehr seltne und köstliche Gabe dünkte, so glaubten sie ihre Mitteilungen gut belohnen
zu müssen, so daß mein Vater durch die erhaltenen Ge-
schenke in den Stand gesetzt wurde, die Kosten seiner
bequemen und genußreichen Lebensart hinreichend be-
30 streiten zu können.«

Tiecks Bericht über die Fortsetzung

[an S. 175 anschließend]

Weiter ist der Verfasser nicht in Ausarbeitung dieses zweiten Teils gekommen. Diesen nannte er »die Erfüllung«, so wie den ersten »Erwartung«, weil hier alles aufgelöst, und erfüllt werden sollte, was jener hatte ahnden lassen. Es war die Absicht des Dichters, nach Vollendung des »Ofterdingen« noch sechs Romane zu schreiben, in denen er seine Ansichten der Physik, des bürgerlichen Lebens, der Handlung, der Geschichte, der Politik und der Liebe, so wie im »Ofterdingen« der Poesie niederlegen wollte. Ohne mein Erinnern wird der unterrichtete Leser sehn, daß der Verfasser sich in diesem Gedichte nicht genau an die Zeit, oder an die Person jenes bekannten Minnesängers gebunden hat, obgleich alles an ihn und sein Zeitalter erinnern soll. Nicht nur für die Freunde des Verfassers, sondern für die Kunst selbst, ist es ein unersetzlicher Verlust, daß er diesen Roman nicht hat beendigen können, dessen Originalität und große Absicht sich im zweiten Teile noch mehr als im ersten würde gezeigt haben. Denn es war ihm nicht darum zu tun, diese oder jene Begebenheit darzustellen, eine Seite der Poesie aufzufassen, und sie durch Figuren und Geschichten zu erklären, sondern er wollte, wie auch schon im letzten Kapitel des ersten Teils bestimmt angedeutet ist, das eigentliche Wesen der Poesie aussprechen und ihre innerste Absicht erklären. Darum verwandelt sich Natur, Historie, der Krieg und das bürgerliche Leben mit seinen gewöhnlichsten Vorfällen in Poesie, weil diese der Geist ist, der alle Dinge belebt. Ich will den Versuch machen, so viel es mir aus Gesprächen mit meinem Freunde erinnerlich ist, und so viel ich aus seinen hinterlassenen Papieren ersehen kann, dem Leser einen Begriff von dem Plan und dem Inhalte des zweiten Teiles dieses Werkes zu verschaffen.

Dem Dichter, welcher das Wesen seiner Kunst im Mittelpunkt ergriffen hat, erscheint nichts widersprechend und
fremd, ihm sind die Rätsel gelöst, durch die Magie der
Phantasie kann er alle Zeitalter und Welten verknüpfen,
die Wunder verschwinden und alles verwandelt sich in   5
Wunder: so ist dieses Buch gedichtet, und besonders findet der Leser in dem Märchen, welches den ersten Teil
beschließt, die kühnsten Verknüpfungen; hier sind alle
Unterschiede aufgehoben, durch welche Zeitalter voneinander getrennt erscheinen, und eine Welt der andern als   10
feindselig begegnet. Durch dieses Märchen wollte sich der
Dichter hauptsächlich den Übergang zum zweiten Teile
machen, in welchem die Geschichte unaufhörlich aus dem
Gewöhnlichsten in das Wundervollste überschweift, und
sich beides gegenseitig erklärt und ergänzt; der Geist,   15
welcher den Prolog in Versen hält, sollte nach jedem Kapitel wiederkehren, und diese Stimmung, diese wunderbare Ansicht der Dinge fortsetzen. Durch dieses Mittel
blieb die unsichtbare Welt mit dieser sichtbaren in ewiger
Verknüpfung. Dieser sprechende Geist ist die Poesie sel-   20
ber, aber zugleich der siderische Mensch, der mit der Umarmung Heinrichs und Mathildens geboren ist. In folgen-
dem Gedichte, welches seine Stelle im »Ofterdingen« finden sollte, hat der Verfasser auf die leichteste Weise den
innern Geist seiner Bücher ausgedrückt: 25

Wenn nicht mehr Zahlen und Figuren
Sind Schlüssel aller Kreaturen,
Wenn die, so singen oder küssen,
Mehr als die Tiefgelehrten wissen,
Wenn sich die Welt ins freie Leben,   30
Und in die Welt wird zurück begeben,
Wenn dann sich wieder Licht und Schatten
Zu echter Klarheit werden gatten,
Und man in Märchen und Gedichten
Erkennt die ewgen Weltgeschichten,   35

> Dann fliegt vor Einem geheimen Wort
> Das ganze verkehrte Wesen fort.

Der Gärtner, welchen Heinrich spricht, ist derselbe alte
Mann, der schon einmal Ofterdingens Vater aufgenommen hatte, das junge Mädchen, welche Cyane heißt, ist
nicht sein Kind, sondern die Tochter des Grafen von Hohenzollern, sie ist aus dem Morgenlande gekommen,
zwar früh, aber doch kann sie sich ihrer Heimat erinnern,
sie hat lange in Gebirgen, in welchen sie von ihrer verstorbenen Mutter erzogen ist, ein wunderliches Leben geführt: einen Bruder hat sie früh verloren, einmal ist sie
selbst in einem Grabgewölbe dem Tode sehr nahe gewesen, aber hier hat sie ein alter Arzt auf eine seltsame Weise
vom Tode errettet. Sie ist heiter und freundlich und mit
dem Wunderbaren sehr vertraut. Sie erzählt dem Dichter
seine eigene Geschichte, als wenn sie dieselbe einst von
ihrer Mutter so gehört hätte. – Sie schickt ihm nach einem
entlegenen Kloster, dessen Mönche als eine Art von Gei-
sterkolonie erscheinen, alles ist hier wie eine mystische,
magische Loge. Sie sind die Priester des heiligen Feuers in
jungen Gemütern. Er hört den fernen Gesang der Brüder;
in der Kirche selbst hat er eine Vision. Mit einem alten
Mönch spricht Heinrich über Tod und Magie, er hat Ahndungen vom Tode und dem Stein der Weisen; er besucht
den Klostergarten und den Kirchhof; über den letztern
findet sich folgendes Gedicht:

> Lobt doch unsre stillen Feste,
> Unsre Gärten, unsre Zimmer,
> Das bequeme Hausgeräte,
> Unser Hab und Gut.
> Täglich kommen neue Gäste,
> Diese früh, die andern späte,
> Auf den weiten Herden immer
> Lodert neue Lebens-Glut.

Tausend zierliche Gefäße
Einst betaut mit tausend Tränen,
Goldne Ringe, Sporen, Schwerter,
Sind in unserm Schatz:
Viel Kleinodien und Juwelen   5
Wissen wir in dunkeln Höhlen,
Keiner kann den Reichtum zählen,
Zählt' er auch ohn Unterlaß.

Kinder der Vergangenheiten,
Helden aus den grauen Zeiten,   10
Der Gestirne Riesengeister,
Wunderlich gesellt,
Holde Frauen, ernste Meister,
Kinder und verlebte Greise
Sitzen hier in Einem Kreise,   15
Wohnen in der alten Welt.

Keiner wird sich je beschweren,
Keiner wünschen fortzugehen,
Wer an unsern vollen Tischen
Einmal fröhlich saß.   20
Klagen sind nicht mehr zu hören,
Keine Wunden mehr zu sehen,
Keine Tränen abzuwischen;
Ewig läuft das Stundenglas.

Tiefgerührt von heilger Güte   25
Und versenkt in selges Schauen
Steht der Himmel im Gemüte,
Wolkenloses Blau;
Lange fliegende Gewande
Tragen uns durch Frühlingsauen,   30
Und es weht in diesem Lande
Nie ein Lüftchen kalt und rauh.

Süßer Reiz der Mitternächte,
Stiller Kreis geheimer Mächte,
Wollust rätselhafter Spiele,
Wir nur kennen euch.
Wir nur sind am hohen Ziele,
Bald in Strom uns zu ergießen
Dann in Tropfen zu zerfließen
Und zu nippen auch zugleich.

Uns ward erst die Liebe, Leben;
Innig wie die Elemente
Mischen wir des Daseins Fluten,
Brausend Herz mit Herz.
Lüstern scheiden sich die Fluten,
Denn der Kampf der Elemente
Ist der Liebe höchstes Leben,
Und des Herzens eignes Herz.

Leiser Wünsche süßes Plaudern
Hören wir allein, und schauen
Immerdar in selge Augen,
Schmecken nichts als Mund und Kuß.
Alles was wir nur berühren
Wird zu heißen Balsamfrüchten,
Wird zu weichen zarten Brüsten,
Opfer kühner Lust.

Immer wächst und blüht Verlangen
Am Geliebten festzuhangen,
Ihn im Innern zu empfangen,
Eins mit ihm zu sein,
Seinem Durste nicht zu wehren,
Sich im Wechsel zu verzehren,
Voneinander sich zu nähren,
Voneinander nur allein.

So in Lieb und hoher Wollust
Sind wir immerdar versunken,
Seit der wilde trübe Funken
Jener Welt erlosch;
Seit der Hügel sich geschlossen,   5
Und der Scheiterhaufen sprühte,
Und dem schauernden Gemüte
Nun das Erdgesicht zerfloß.

Zauber der Erinnerungen,
Heilger Wehmut süße Schauer   10
Haben innig uns durchklungen,
Kühlen unsre Glut.
Wunden gibts, die ewig schmerzen,
Eine göttlich tiefe Trauer
Wohnt in unser aller Herzen,   15
Löst uns auf in Eine Flut.

Und in dieser Flut ergießen
Wir uns auf geheime Weise
In den Ozean des Lebens
Tief in Gott hinein;   20
Und aus seinem Herzen fließen
Wir zurück zu unserm Kreise,
Und der Geist des höchsten Strebens
Taucht in unsre Wirbel ein.

Schüttelt eure goldnen Ketten   25
Mit Smaragden und Rubinen,
Und die blanken saubern Spangen,
Blitz und Klang zugleich.
Aus des feuchten Abgrunds Betten,
Aus den Gräbern und Ruinen,   30
Himmelsrosen auf den Wangen
Schwebt ins bunte Fabelreich.

Könnten doch die Menschen wissen,
Unsre künftigen Genossen,
Daß bei allen ihren Freuden
Wir geschäftig sind:
5   Jauchzend würden sie verscheiden,
Gern das bleiche Dasein missen, –
O! die Zeit ist bald verflossen,
Kommt Geliebte doch geschwind!

Helft uns nur den Erdgeist binden,
10   Lernt den Sinn des Todes fassen
Und das Wort des Lebens finden;
Einmal kehrt euch um.
Deine Macht muß bald verschwinden,
Dein erborgtes Licht verblassen,
15   Werden dich in kurzem binden,
Erdgeist, deine Zeit ist um.

Dieses Gedicht war vielleicht wiederum ein Prolog zu
einem zweiten Kapitel. Jetzt sollte sich eine ganz neue
Periode des Werkes eröffnen, aus dem stillsten Tode soll-
20   te sich das höchste Leben hervortun; er hat unter Toten
gelebt und selbst mit ihnen gesprochen, das Buch sollte
fast dramatisch werden, und der epische Ton gleichsam
nur die einzelnen Szenen verknüpfen und leicht erklären.
Heinrich befindet sich plötzlich in dem unruhigen Italien,
25   das von Kriegen zerrüttet wird, er sieht sich als Feldherr
an der Spitze eines Heeres. Alle Elemente des Krieges
spielen in poetischen Farben; er überfällt mit einem flüchtigen Haufen eine feindliche Stadt, hier erscheint als Epi-
sode die Liebe eines vornehmen Pisaners zu einem flo-
30   rentinischen Mädchen. Kriegslieder. »Ein großer Krieg,
wie ein Zweikampf, durchaus edel, philosophisch, hu-
man. Geist der alten Chevalerie. Ritterspiel. Geist der
bacchischen Wehmut. – Die Menschen müssen sich selbst
untereinander töten, das ist edler als durch das Schicksal

fallen. Sie suchen den Tod. – Ehre, Ruhm ist des Kriegers
Lust und Leben. Im Tode und als Schatten lebt der Krieger. Todeslust ist Kriegergeist. – Auf Erden ist der Krieg
zu Hause. Krieg muß auf Erden sein.« – In Pisa findet
Heinrich den Sohn des Kaisers Friedrich des Zweiten, der   5
sein vertrauter Freund wird. Auch nach Loretto kömmt
er. Mehrere Lieder sollten hier folgen.

Von einem Sturm wird der Dichter nach Griechenland
verschlagen. Die alte Welt mit ihren Helden und Kunst-
schätzen erfüllt sein Gemüt. Er spricht mit einem Grie-   10
chen über die Moral. Alles wird ihm aus jener Zeit gegenwärtig, er lernt die alten Bilder und die alte Geschichte
verstehn. Gespräche über die griechischen Staatsverfas-
sungen; über Mythologie.

Nachdem Heinrich die Heldenzeit und das Altertum hat   15
verstehen lernen, kommt er nach dem Morgenlande, nach
welchem sich von Kindheit auf seine Sehnsucht gerichtet
hatte. Er besucht Jerusalem; er lernt orientalische Gedichte kennen. Seltsame Begebenheiten mit den Unglau-
bigen halten ihn in einsamen Gegenden zurück, er fin-   20
det die Familie des morgenländischen Mädchens; (s. den
1. T.) die dortige Lebensweise einiger nomadischen Stäm-
me. Persische Märchen. Erinnerungen aus der ältesten
Welt. Immer sollte das Buch unter den verschiedensten
Begebenheiten denselben Farben-Charakter behalten,   25
und an die blaue Blume erinnern: durchaus sollten zugleich die entferntesten und verschiedenartigsten Sagen
verknüpft werden, griechische, orientalische, biblische
und christliche, mit Erinnerungen und Andeutungen der
indischen wie der nordischen Mythologie. Die Kreuzzü-   30
ge. Das Seeleben. Heinrich geht nach Rom. Die Zeit der
römischen Geschichte.

Mit Erfahrungen gesättigt kehrt Heinrich nach Deutschland zurück. Er findet seinen Großvater, einen tiefsinnigen Charakter, Klingsohr ist in seiner Gesellschaft.   35
Abendgespräche mit den beiden.

Heinrich begibt sich an den Hof Friedrichs, er lernt den
Kaiser persönlich kennen. Der Hof sollte eine sehr würdige Erscheinung machen, die Darstellung der besten,
größten und wunderbarsten Menschen aus der ganzen
Welt versammelt, deren Mittelpunkt der Kaiser selbst ist.
Hier erscheint die größte Pracht, und die wahre große
Welt. Deutscher Charakter und deutsche Geschichte
werden deutlich gemacht. Heinrich spricht mit dem Kai-
ser über Regierung, über Kaisertum, dunkle Reden von
Amerika und Ost-Indien. Die Gesinnungen eines Fürsten. Mystischer Kaiser. Das Buch *de tribus imposto-*
ribus.
Nachdem nun Heinrich auf eine neue und größere Weise
als im ersten Teile, in der *Erwartung*, wiederum die Na-
tur, Leben und Tod, Krieg, Morgenland, Geschichte und
Poesie erlebt und erfahren hat, kehrt er wie in eine alte
Heimat in sein Gemüt zurück. Aus dem Verständnis der
Welt und seiner selbst entsteht der Trieb zur Verklärung:
die wunderbarste Märchenwelt tritt nun ganz nahe, weil
das Herz ihrem Verständnis völlig geöffnet ist.
In der Manessischen Sammlung der Minnesinger finden
wir einen ziemlich unverständlichen Wettgesang des
Heinrich von Ofterdingen und Klingsohr mit andern
Dichtern: statt dieses Kampfspieles wollte der Verfasser
einen andern seltsamen poetischen Streit darstellen, den
Kampf des guten und bösen Prinzips in Gesängen der
Religion und Irreligion, die unsichtbare Welt der sichtbaren entgegengestellt. »In bacchischer Trunkenheit wetten
die Dichter aus Enthusiasmus um den Tod.« Wissenschaften werden poetisiert, auch die Mathematik streitet
mit. Indianische Pflanzen werden besungen: indische
Mythologie in neuer Verklärung.
Dieses ist der letzte Akt Heinrichs auf Erden, der Übergang zu seiner eignen Verklärung. Dieses ist die Auflösung des ganzen Werks, die *Erfüllung* des Märchens, welches den ersten Teil beschließt. Auf die übernatürlichste

und zugleich natürlichste Weise wird alles erklärt und
vollendet, die Scheidewand zwischen Fabel und Wahrheit, zwischen Vergangenheit und Gegenwart ist eingefal-
len: Glauben, Phantasie, Poesie schließen die innerste
Welt auf.   5
Heinrich kommt in Sophieens Land, in eine Natur, wie
sie sein könnte, in eine allegorische, nachdem er mit
Klingsohr über einige sonderbare Zeichen und Ahndungen gesprochen hat. Diese erwachen hauptsächlich bei
einem alten Liede, welches er zufällig singen hört, in wel-   10
chem ein tiefes Wasser an einer verborgenen Stelle beschrieben wird. Durch diesen Gesang erwachen längst-
vergessene Erinnerungen, er geht nach dem Wasser und
findet einen kleinen goldenen Schlüssel, welchen ihm vor
Zeiten ein Rabe geraubt hatte, und den er niemals hatte   15
wiederfinden können. Diesen Schlüssel hatte ihm bald
nach Mathildens Tode ein alter Mann gegeben, mit dem
Bedeuten, er solle ihn zum Kaiser bringen, der würde ihm
sagen, was damit zu tun sei. Heinrich geht zum Kaiser,
welcher hocherfreut ist, und ihm eine alte Urkunde gibt,   20
in welcher geschrieben steht, daß der Kaiser sie einem
Manne zum Lesen geben sollte, welcher ihm einst einen
goldenen Schlüssel zufällig bringen würde, dieser Mann
würde an einem verborgenen Orte ein altes talismanisches
Kleinod, einen Karfunkel zur Krone finden, zu welchem   25
die Stelle noch leer gelassen sei. Der Ort selbst ist auch im
Pergament beschrieben. – Nach dieser Beschreibung
macht sich Heinrich auf den Weg nach einem Berge,
er trifft unterwegs den Fremden, der ihm und seinen Eltern
zuerst von der blauen Blume erzählt hatte, er spricht mit   30
ihm über die Offenbarung. Er geht in den Berg hinein und
Cyane folgt ihm treulich nach.
Bald kommt er in jenes wunderbare Land, in welchem
Luft und Wasser, Blumen und Tiere von ganz verschiede-
ner Art sind, als in unsrer irdischen Natur. Zugleich ver- 35
wandelt sich das Gedicht stellenweise in ein Schauspiel.

»Menschen, Tiere, Pflanzen, Steine und Gestirne, Elemente, Töne, Farben, kommen zusammen wie Eine Familie, handeln und sprechen wie Ein Geschlecht.« – – »Blumen und Tiere sprechen über den Menschen.« – – »Die Märchenwelt wird ganz sichtbar, die wirkliche Welt selbst wird wie ein Märchen angesehn.« Er findet die blaue Blume, es ist Mathilde, die schläft und den Karfunkel hat, ein kleines Mädchen, sein und Mathildens Kind, sitzt bei einem Sarge, und verjüngt ihn. – »Dieses Kind ist die Urwelt, die goldne Zeit am Ende.« – – »Hier ist die christliche Religion mit der heidnischen ausgesöhnt, die Geschichte des Orpheus, der Psyche, und andere werden besungen.« –

Heinrich pflückt die blaue Blume, und erlöst Mathilden von ihrem Zauber, aber sie geht ihm wieder verloren, er erstarrt im Schmerz und wird ein Stein. »Edda, (die blaue Blume, die Morgenländerin, Mathilde) opfert sich an dem Steine, er verwandelt sich in einen klingenden Baum. Cyane haut den Baum um, und verbrennt sich mit ihm, er wird ein goldner Widder. Edda, Mathilde muß ihn opfern, er wird wieder ein Mensch. Während dieser Verwandlungen hat er allerlei wunderliche Gespräche.«

Er ist glücklich mit Mathilden, die zugleich die Morgenländerin und Cyane ist. Das froheste Fest des Gemüts wird gefeiert. Alles vorhergehende war Tod. Letzter Traum und Erwachen. »Klingsohr kömmt wieder als König von Atlantis. Heinrichs Mutter ist Phantasie, der Vater ist der Sinn, Schwaning ist der Mond, der Bergmann ist der Antiquar, auch zugleich das Eisen. Kaiser Friedrich ist Arctur. Auch der Graf von Hohenzollern und die Kaufleute kommen wieder.« Alles fließt in eine Allegorie zusammen. Cyane bringt dem Kaiser den Stein, aber Heinrich ist nun selbst der Dichter aus jenem Märchen, welches ihm vordem die Kaufleute erzählten.

Das selige Land leidet nur noch von einer Bezauberung, indem es dem Wechsel der Jahreszeiten unterworfen ist,

Heinrich zerstört das Sonnenreich. Mit einem großen Gedicht, wovon nur der Anfang aufgeschrieben ist, sollte
das ganze Werk beschlossen werden.

Die Vermählung der Jahreszeiten.

Tief in Gedanken stand der neue Monarch. Er gedachte   5
Jetzt des nächtlichen Traums, und der Erzählungen
                              auch,
Als von der himmlischen Blume zuerst er gehört, und
                              getroffen
Still von der Weissagung, mächtige Liebe gefühlt.   10
Noch dünkt ihn, er höre die tief eindringende Stimme,
Eben verließe der Gast erst den geselligen Kreis,
Flüchtige Schimmer des Mondes erhellten die
                              klappernden Fenster,
Und in des Jünglings Brust tobe verzehrende Glut.   15
»Edda«, sagte der König, »was ist des liebenden
                              Herzens
Innigster Wunsch? was ist ihm der unsäglichste
                              Schmerz?
Sag es, wir wollen ihm helfen, die Macht ist unser, und 20
                              herrlich
Werde die Zeit, nun du wieder den Himmel
                              beglückst.« –
»Wären die Zeiten nicht so ungesellig, verbände
Zukunft mit Gegenwart und mit Vergangenheit sich,   25
Schlösse Frühling sich an Herbst, und Sommer an
                              Winter,
Wäre zu spielendem Ernst Jugend mit Alter gepaart:
Dann, mein süßer Gemahl, versiegte die Quelle der
                              Schmerzen,   30
Aller Empfindungen Wunsch wäre dem Herzen
                              gewährt.«
Also die Königin; freudig umschlang sie der schöne
                              Geliebte:

»Ausgesprochen fürwahr hast du ein himmlisches
Wort,
Was schon längst auf den Lippen der tiefer Fühlenden
schwebte,
5 Aber den deinigen erst rein und gedeihlich entklang.
Führe man schnell den Wagen herbei, wir holen sie
selber,
Erstlich die Zeiten des Jahrs, dann auch des
Menschengeschlechts.« –

10 Sie fahren zur Sonne, und holen zuerst den Tag, dann zur
Nacht, dann nach Norden, um den Winter, alsdann nach
Süden, um den Sommer zu finden, von Osten bringen sie
den Frühling, von Westen den Herbst. Dann eilen sie zur
Jugend, dann zum Alter, zur Vergangenheit, wie zur Zu-
15 kunft. –
Dieses ist, was ich dem Leser aus meinen Erinnerungen,
und aus einzelnen Worten und Winken in den Papieren
meines Freundes habe geben können. Die Ausarbeitung
dieser großen Aufgabe würde ein bleibendes Denkmal
20 einer neuen Poesie gewesen sein. Ich habe in dieser Anzei-
ge lieber trocken und kurz sein wollen, als in die Gefahr
geraten, von meiner Phantasie etwas hinzuzusetzen. Vielleicht rührt manchen Leser das Fragmentarische dieser
Verse und Worte so wie mich, der nicht mit einer andäch-
25 tigern Wehmut ein Stückchen von einem zertrümmerten
Bilde des Raffael oder Correggio betrachten würde.   L. T.

Paralipomena
zu »Heinrich von Ofterdingen«

[1.]

[Vorarbeiten zum Roman]

[Januar 1800]

(a)

Poësie ist wahrhafter Idealismus – Betrachtung der Welt, wie Betrachtung eines *großen Gemüths* – Selbstbewußtseyn des Universums.

———————

Glanz, Duft, Farben, und Trockenheit – Ordnung – Köstliche Seltenheiten – Reitzende Figuren – und Mannichfaltigkeit – Schnelle Bedienung – Eigenheiten des prachtvollen Lebens. Der Kayserliche Hof. Gesinnungen eines Fürsten.

———————

Karacteristische Züge des Kriegs – des Seelebens.

———————

Kreutzzüge.

———————

Tausendfache Gestalten der Liebe – der Religion.
Religioese Nothwendigkeit des Teufels.

———————

Die alten Zeiten. Astrologie. Arzeneykunst. Alchymie.
Das Gedächtniß. Von der *Nothwendigkeit* in der Welt-
hast eine Krone zu erwerben etc.
Die Musik, das Reich der Todten. Der Geitzige. Kinder
spielen immer mit Geistern.
Die Dichtungsarten.

———————

Man kann die Poësie nicht gering genug schätzen.

———————

Dem Dichter ist ein ruhiger, aufmercksamer Sinn – ⟨Etwa⟩ Ideen oder Neigungen, die ihn von irrdischer Geschäftigkeit u[nd] kleinlichen Angelegenheiten abhalten, eine sorgenfreye Lage – Reisen – Bekanntschaft mit vielartigen Menschen – mannichfache Anschauungen – 5
Leichtsinn – Gedächtniß – Gabe zu sprechen – keine Anheftung an Einen Gegenstand, keine Leidenschaft im vollen Sinne – eine vielseitige Empfänglichkeit nöthig.

Heinrichs Großvater ist ein tiefer Mann – Er trift Clingsohr bey ihm. Abendgespräche.   10

Briefe eines Frauenzimmers aus dem 15ten Jahrhundert. [Nach alten Urschriften. Augsburg 1777. Verf. Paul v. Stetten jun., 2. Aufl. 1783, 3. Aufl. 1790.]

Poésie der Armuth – des Zerstörten und Verheerten.

Gedicht der Minnesinger. Hans Sachsens etc.   15

Chevalerie. Sitten der alten Zeit. Indien, Sina und Schweden im 12ten Jahrhundert.

Deutsche Masken.   -----

(b)

2.   20

Ein ⟨Dichter⟩ junger Mensch verliebt sich in eine Prinzessin – flieht mit ihr – der Vater, ein Dichterfreund, versöhnt sich mit ihm durch eine schöne Romanze.

3.

Einige ⟨Brüder⟩ Söhne eines Zauberers wählen Gaben.
Der jüngste wählt die Gabe der Poësie – erhält alles dadurch was seine Brüder suchen, u[nd] rettet sie aus großen
Gefahren. (Der Glücklichste soll eine Prinzessin haben –
das Orakel erklärt den Dichter dafür.)

4.

Auflösung eines Dichters in Gesang – er soll geopfert
werden unter wilden Völkern[.]

5.

Legende – der Dichter in *der Hölle* – holt seinen Herrn
heraus.

6.

Ein Dichter verliert seine Geliebte im Bade – grämt sich
und wird ein alter Mann – bald nach ihrem Tode hatte ihm
ein wunderlicher Mann einen Schlüssel gegeben – und
gesagt, daß er den Schlüssel zum Kayser bringen sollte,
der würde ihm sagen, was zu thun sey. Eine Nacht singt
vor seinem Bette eine alte treue Magd seiner Geliebten ein
Lied – darinn kommt eine Stelle vom tiefen Wasser vor
etc. kurz eine Andeutung, wo der Schlüssel läge – den ihm
ein Rabe ⟨gest[ohlen]⟩ im Schlaf geraubt hat. Er findet
den Schlüssel auf der Stelle, wo seine Geliebte wegkam –
geht zum Kayser – der ist hocherfreut – gibt ihm eine alte
Urkunde, wo steht, der Mann, der ihm einst von ohngefähr ein goldnes Schlüsselchen von der Figur bringen
würde, dem solle er diese Urkunde zu lesen geben – der
würde in einem verborgenen Orte, der ⟨aber beschrieben
ist⟩ mit jenem Verse bezeichnet ist – ein altes talismanisches Kleinod des kayserlichen Hauses, einen Karfunkel
zur Krone finden, zu dem die Stelle noch leer gelassen sey
– er findet nach der Beschreibung den Ort, welches derselbe ist, wo die Geliebte wegkam – findet die Geliebte

schlafend – erweckt sie ⟨mit dem⟩ indem er den Karfunkel wegnimmt, der im Kelche einer Blume an ihrem Busen
verborgen liegt – ein⟨e⟩ überirrdisches kleines Mädchen
findet er an ihrem Sarge sitzen, die ihm den Carfunkel
zeigt und ihn mit ihrem Athem verjüngt.   5

Märchen.

Das Meer. Das Reich der Sterne – Zerstreute Tropfen –
Das Nordlicht – Das Land der Wolken. Das Echo. Der
verwandelte Münster – verwandelt sich in einen Garten.
Der Phönix. Die Sfinx. Die Träume und   10
    ⟨Anspielungen auf Elektricität, Magnetism und
              Galvanism.⟩
die Wiege. Dunkle Beziehungen auf den Kampf der Ver-
nunft – des Verstandes – der Fantasie, des Gedächtnisses
und des Herzens. Ein Mädchen stirbt einen schmerzhaf-   15
ten Tod.

[2.]

[Studien zu Klingsohrs Märchen]

[Februar 1800]

⟨Die Liebe in der Wiege – die   ⟨⟨Ihre Wohnung –   20
Träume.⟩   das menschliche Ge-
⟨Vernunft – Fantasie. Verstand.   müth.⟩⟩
Gedächtniß. Herz.⟩   ⟨⟨Der Verstand ist
                                   feindselig – er wird
                                   verwandelt.⟩⟩   25

⟨Der Held zersplittert sein
Schwerdt und wirft es übers
Meer⟨e⟩.⟩
⟨Sprache durch Metallleitun-
gen.⟩   30

⟨Verwandlung der Erde in das
Land der Wolken.⟩
⟨Das Land der Parzen – die
⟨dun[kle]⟩
5 schwarze Sonne. Die Sfinx vor
der Grotte der Parzen.⟩
⟨Die Fabel, die Schwester der
Liebe.⟩
⟨Die Fabel geht durch das Land
10 der Wolken nach ⟨dem⟩ der Pole
Wohnung⟩
⟨Ende. Das Land der Wolken –
⟨der Gestirne⟩ und der Mond
bilden einen Ring um die neue
15 Erde.⟩
Der Raum verschwindet – als ein
banger Traum.
Die lockre Staub Erde wird wie-
der beseelt.
20 ⟨Die Liebe entzieht der Sonne al-
le Wärme, und alles Licht – die
Sonne zergeht⟩
⟨Der Mond ist der König im
Lande der Wolken.⟩
25 ⟨Die Fabel geht übers Meer – das
tönt wie eine Harmonika.⟩
   Sofie ist Arcturs Frau.
⟨Fabel steigt durch den Altar ins
Land der Parzen.⟩
30 Viel Gespräche noch.

⟨Die Liebe⟩ Das Herz wird auf
einen Scheiterhaufen gelegt –
35 Die Asche lößt Sofie auf in dem
Wasser

Das
Der Liebe wachsen in
der Nacht bey Ginni-
stan Flügel. Sie muß
unaufhörlich umher-
fliegen.

⟨und das Herz trinkt
sie⟩

Der Phönix kommt auf das Spinnrad der Fabel.
⟨Die Sonne wird von der Glut der Liebe verzehrt.⟩

⟨die Liebe wird neugeboren⟩
Das Wasser erhebt sich und löscht die Sonne aus und wird ein Ring um die Erde. 5

Auferstehung durch die Fabel.
Allgemeines Widersehn.
Das Zimmer wird Arcturs Pallast.
Der Schreiber ⟨wird⟩ und die Parzen –? die letztern zu 10
Caryatiden am Thron.

Der Schreiber in einen Webstuhl.
Die Nadel richtet sich nicht mehr nach Norden.

⟨Die Fabel muß ein Räthsel lösen.⟩
Asche sammeln – durch den Turmalin.
⟨Alle Winkel der Welt durchlaufen⟩
⟨Feuer in der Hand unterm Meere weg tragen – Stahl und Stein.
Jemanden mit Wasser todtschlagen – d[urch] Elektricit[ät].⟩
Blumen bringen die im Feuer gewachsen sind – Zink.
Die Prinzessin zu erwecken bey Tage – durch einen Galvanischen Bogen.
Der Liebe eine Kette – Ein Kuß der Liebe weckt sie.
Sie macht sich einen Ableiter an –
⟨und berührt den Helden, mit einer Hand, mit der Anderen die Prinzessin mit einer Kohle v[on] d[er] verbrannten L[iebe].⟩

Der Mond wird 15
Theater Director.
Aufrichtung Atlas durch Galv[anischen] Reitz.

20

25

30

35

[3.]

[Aus den Studienheften des Jahres 1800]

1. Einheiten des Romans.
   Kampf der Poësie und Unpoësie.
   Der alten und neuen Welt.
   Die Bedeutung der Geschichte.
   Die Geschichte des *Romans* selbst.
   Verschwendung etc.
   Passive Natur des Romanhelden. Er ist das Organ des
   Dichters im Roman. Ruhe und Oeconomie des Styls.
   poëtische Ausführung und Betracht[ung] aller Begeb-
   nisse des Lebens.

   ———————

   Die Poësie muß nie der Hauptstoff, immer nur das
   Wunderbare seyn.
   Man sollte nichts *darstellen*, was man nicht völlig über-
   sähe, deutlich vernähme, und ganz Meister desselben
   wäre – z. B. bey *Darstellungen des Übersinnlichen*.
2. Im Heinrich ist zuletzt eine ausführliche Beschreibung
   der innern Verklärung des Gemüths. Er kommt in So-
   fieens Land – in die Natur, wie sie seyn könnte – in eine
   allegorisches Land.
   Der kayserliche Hof muß eine große Erscheinung werden. Das Weltbeste versammelt. Dunkle Reden von
   America und Ostindien etc. Gespräch mit dem Kayser
   über Regierung, Kaysersthum etc.
   Poëtischer Zusammenhang und Anordnung von Heinrich.

   [Mai 1800]

[4.]

[Die Berliner Papiere]

[Juli/August 1800]

[I.]

Ein Kloster, höchst wunderbar, wie ein Eingang ins Para-   5
dies.
1stes Kap[itel] ein Adagio.
⟨Heinrich von Af[terdingen] mischt sich in der Schweitz
in bürgerliche Händel.⟩
⟨Ruinen von Vindonissa.⟩   10
Italiänische Händel. Hier wird H[einrich] Feldherr. Be-
schr[eibung] eines Gefechts etc.
Meer. ⟨Erzählung⟩
Nach Griechenland verschlagen.
Tunis.   15
Rückreise über Rom.
Kayserlicher Hof.
Wartburg. Innrer Streit der Poesie. Mystizism dieses
Streites. Formlose – förmliche Poësie.
Kyffhäuser.   20
Erzählung des Mädchens, der blauen Blume.
Offenbarung der Poësie auf Erden – lebendige Weissa-
gung. Afterdingens Apotheose: Fest des Gemüths.
Höchst wunderbares Drama in Versen, wie Sakontala.

Eingangs und Schlußgedichte und Überschriften jedes   25
Capitels. Zwischen jedem Capitel spricht die Poësie.
Der Dichter aus der Erzählung – König der Poësie. Die
Fabel erscheint. Mutter und Vater blühn auf.
Kein rechter historischer Übergang ⟨aus⟩ nach dem 2ten
Theile – dunkel – trüb – verworren.   30

Die Vermählung der Jahreszeiten.

Blumengespräche. Thiere.
Heinrich von Afterd[ingen] wird Blume – Thier – Stein –
Stern. Noch Jacob Böhm am Schluß des Buchs.

---

5 Die Dichter wetten aus Enthusiasmus und bacchischer
Trunkenheit um den Tod.
Gespräch mit dem Kayser über Regierung etc. Mystischer
Kayser.
Buch de Tribus Impostoribus.
10 Geburt des siderischen Menschen mit der ersten Umarmung Math[ildens] und Heinrichs. Dieses Wesen spricht
nun immer zwischen den Kapiteln. Die Wunderwelt ist
nun aufgethan.
Mystizism mit dem kayserlichen Hause. Urkayserfa-
15 milie.

Sofie ist das Heilige, Unbekannte. Das Licht und Schat-
tenreich leben durcheinander. Fabel ist mit Fleiß irrdisch.
Heinrich kommt in die Gärten der Hesperiden.
Der Schluß ist Übergang aus der wircklichen Welt in die
20 Geheime – Tod – lezter Traum und Erwachen.
Überall muß hier schon das Überirrdische durchschim-
mern – das Märchenhafte.
Die blaue Blume richtet sich noch nach den Jahrszeiten.
Heinrich vernichtet diesen Zauber – zerstört das Sonnen-
25 reich. Klingsohr ist der König von Atlantis. Heinrichs
Mutter ist Fantasie. Der Vater ist der Sinn.
Schwaning ist der Mond, und der
                    Antiquar ist der
Der Bergmann ⟨war das Eisen⟩
30 auch das Eisen.
Der Graf von Hohenzollern und die Kaufleute kommen
auch wieder.

Nur nicht sehr streng allegorisch. Kayser Fridrich ist
Arctur.

Die Morgenländerinn ist auch die Poësie.
Dreyeiniges Mädchen.
Heinrich muß erst von Blumen für die blaue Blume emp-   5
fänglich gemacht werden. Geheimnißvolle Verwand-
l[ung.] Übergang in die höhere Natur.
Schmerzen versteinern etc.
Die Erzählung vom Dichter kann gar wohl Heinrichs
Schicksal werden.   10
Metempsychose.
Kloster – wie eine mystische, magische Loge – Priester
des heiligen Feuers in jungen Gemüthern. Ferner Gesang
der Brüder. Vision in der Kirche. Gespräch über Tod –
Magie etc. Heinr[ichs] Ahndungen des Todes. Stein der   15
Weisen.
(Individueller Geist jedes Buchs.
auch meines Heinrichs.)
Garten am Kloster.
(Pathol[ogischer] Einfluß der Schönheit auf ein freyeres,   20
leichteres Spiel der Gemüthskräfte.)
⟨Heinrichs Kampf mit einem Wolfe rettet einen Kloster-
bruder. Lamm mit einem goldnen Felle.⟩
Allerhand Wissenschaften poetisirt, auch die Mathema-
tik, im Wettstreit.   25
Ostindianische Pflanzen – etwas indische Mythologie.
Sakontala.
Gespräche der Blumen und Thiere über Menschen, Reli-
gion, Natur und Wissenschaften.
Klingsohr – Poësie der Wissenschaften.   30

———

(Leichtigkeit zu Dialogiren. Aufgegebne Tendenz, die
Natur zu copiren – etc.)
Die Welt – ehmalige Freyheit.
(Der Tod macht das gemeine Leben so poëtisch.)

Das Hirtenmädchen ist die Tochter des Grafen von Hohenzollern.

Die Kinder sind nicht gestorben.

Ihre Errinnerung ans Morgenland.

5 Ihr wunderliches Leben in den Gebürgen – Erziehung durch ihre verstorbene Mutter.

Ihre wunderliche Errettung aus dem Grabgewölbe durch einen alten Arzt.

Das Mädchen hat ihren Bruder verlohren. Sie ist heiter
10 und freundlich – Mit dem Wunderbaren so bekannt. Sie erzählt ihm seine eigne Geschichte – als hätt' ihr ihre Mutter einmal davon erzählt.

Die Mönche im Kloster scheinen eine Art von Geistercolonie.

15 Errinnerung ans Feenmährchen von Nadir und Nadine. Viele Errinnerungen an Mährchen. Heinrichs Gespräche mit dem Mädchen. Wunderliche Mythologie. Die Mahrchenwelt muß jezt recht oft durchscheinen. Die wirckl[iche] Welt selbst wie ein Märchen angesehn.

20 Heinrich kommt nach Loretto.

Das Gesicht.

Heldenzeit.

Das Alterthum.

Das Morgenland.

25 ⟨Der Streit der Sänger.⟩

Der Kayser.

Der Streit der Sänger.

Die Verklärung.

Skitze der Verklärung.
30 *Anfang in Stanzen. Heinrich.*

Auch zukünftige Menschen in der Verklärung.

Gegen das Gleichniß mit der Sonne ist Heinrich bey mir.
Der Streit der Sänger ist schon der erste Act auf Erden.

———————

Heinrich wird im Wahnsinn Stein – ⟨Blume⟩ klingender
Baum – goldner Widder –
Heinrich erräth den Sinn der Welt. Sein freywilliger   5
Wahnsinn. Es ist das Räthsel, was ihm aufgegeben wird.
Die Hesperiden sind *Fremdlinge* – ewige Fremden – die
Geheimnisse.
Die *Erzählung* von mir ⟨nur wie⟩ von dem Dichter, der
seine Geliebte verlohren hat, muß nur auf Heinrichen   10
angewandt werden.

> Wenn nicht mehr Zahlen und Figuren
> Sind Schlüssel aller Kreaturen
> Wenn die so singen, oder küssen,
> Mehr als die Tiefgelehrten wissen,   15
> Wenn sich die Welt ins freye Leben
> Und in die ⟨freye⟩ Welt wird zurück begeben,
> Wenn dann sich wieder Licht und Schatten
> Zu ächter Klarheit wieder gatten,
> Und man in Mährchen und Gedichten   20
> Erkennt die ⟨alten⟩ wahren Weltgeschichten,
> Dann fliegt vor Einem geheimen Wort
> Das ganze verkehrte Wesen fort.

———————

[II.]

Heinrich könnte vor ein *Theater* kommen.   25
Das Fest kann aus lauter Allegorischen Szenen zur Ver-
herrlichung der Poësie bestehn.
Heinrich geräth unter Bacchantinnen – Sie tödten ihn –
der Hebrus tönt von der schwimmenden Leyer. Umge-
kehrtes Märchen.   30

Mathilde steigt in die Unterwelt und holt ihn.
Poëtische Parodie auf Amphion.

———————

Die ganze erste Hälfte des 2ten Theils muß recht leicht,
dreist, sorglos und nur mit einigen scharfen Strichen bemerkt werden.
Die Poësie der verschiednen Nationen und Zeiten. *Os-*
sian. Edda. Morgenländische Poësie. Wilde. Französische – spanische, griechische, deutsche etc. Druiden.
Minnesinger.
Das Buch schließt just umgekehrt wie das Märchen – *mit*
einer einfachen Familie.

Es wird stiller einfacher und menschlicher nach dem Ende
zu.
Züge aus Heinrichs Jugend. Erzählung seiner Mutter.
Heinrich und Mathildens wunderbares Kind.
Es ist die Urwelt, die goldne Zeit am Ende.
Saturn = Arctur.
Die Szenen im Feste sind Schauspiele.
Die entferntesten und verschiedenartigsten Sagen und Be-
gebenheiten verknüpft. Dies ist eine Erfindung von mir.
(Elysium und Tartarus sind wie Fieber und Schlaf bey-
sammen.)
Sollte es nicht gut seyn, hinten die Familie sich in eine
wunderliche mystische Versamlung von Antiken ⟨sich
vers[ammeln]⟩ verwandeln zu lassen?
Farbencharacter. Alles blau in meinem Buche.
Hinten Farbenspiel – Individualitaet jeder Farbe.
(Das Auge ist allein *räumlich* – die andern Sinne alle zeit-
lich.)
(Vertheilung Einer Individualitaet auf mehrere Per-
sonen.)
(Naturpoët. Kunstpoët.)
Metra müssen *begeistern.* Eigentliche Poësie.

———————

Hinten wunderbare Mythologie.

Ein altes Muttergottesbild in einem hohlen Baume über
ihn. Es läßt sich eine Stimme hören – Er soll eine Capelle
bauen lassen. Das hat das Hirtenmädchen in seinem
Schutz, und erzieht es mit Gesichten. Es schickt ihn zu   5
den Todten – die Klosterherrn sind Todte.

Die epische Periode muß ein historisches Schauspiel werden, wenn auch durch Erz[ählung] die Szenen verbunden
sind.
Rede Heinrichs in Jamben. Liebe ⟨des⟩ eines jungen vor-   10
nehmen Pisaners zu einer Florentinerinn.
Heinrich überfällt mit einem flüchtigen Haufen die feind-
liche Stadt. Alle Elemente des Kriegs in poëtischen
Farben.
    (Ein großer Krieg, wie ein Zweykampf – durchaus *ge-*   15
    neroes – philosophisch – human. Geist der alten Cheva-
    lerie. Ritterspiel. Geist der *bacchischen* Wehmuth.[)]
Die Menschen müssen sich selbst untereinander tödten –
das ist edler, als durchs Schicksal fallen. Sie suchen den
Tod.   20
    Ehre, Ruhm etc. ist des Kriegers Lust, und Leben
Im Tode und als Schatten lebt der Krieger.
Todeslust ist Kriegergeist. Romantisches Leben des Krie-
gers.
Auf Erden ist der *Krieg* zu Hause – Krieg muß auf Erden   25
seyn.

Kriegslieder. Orientalische Gedichte. Lied zu Loretto.
Streit der Sänger[.] Verklärung.

Heinrich kommt nicht nach Tunis. Er kommt nach Jerusalem.   30
Wunderliche Gespräche mit den Todten. Gespräche mit

dem alten Mann über Physik etc. besonders Arzeney-
k[unde]. Physiognomik. Medicinische Ansicht der Welt.
Theophrast Paracels Philosophie[.] Magie. etc. Geogra-
phie. Astrologie.
5   Er ist der höhere Bergmann.
Erzählung des Hirtenmädchens – ⟨Zölestine⟩ *Cyane*.

Über den Streit auf der Wartburg und die ⟨lezte⟩ Verklärung noch reiflich nachgedacht.
    (An Unger geschrieben. Von Karl – Leben des Nadir
10 Shach.)
(Wer recht poëtisch ist, dem ist die ganze Welt ein fortlau-
fendes *Drama*.)
Mit dem Griechen Gespräche über Moral etc. Auf dieser
Tour, in dem Cap[itel] Alterthum, kommt er auch in ei-
15 n⟨e⟩ Arsenal.)

Keinen Streit auf der Wartburg. Mehrere Szenen an Kayser Fridrichs Hofe.
Hinten ein ordentliches Märchen in Szenen, fast nach
Gozzi – nur viel romantischer. Hinten die Poëtisirung der
20 Welt – Herstellung der Märchenwelt. Aussöhnung der
kristlichen Relig[ion] mit der heydnischen[.] Die Geschichte des Orpheus – der Psyche etc.

Der Fremde von der ersten Seite.
Das ganze Menschengeschlecht wird am Ende poëtisch.
25 Neue goldne Zeit.
        Poëtisirter Idealism.
Menschen, Thiere, Pflanzen, Steine und Gestirne, Flam-
men, Töne, Farben müssen hinten zusammen, wie Eine
Familie ⟨handeln⟩ oder Gesellsch[aft] wie Ein Ge-
30 schlecht handeln und sprechen.
Mystizism der Geschichte. Das Hirtenmädchen, oder
Cyane opfert sich für ihn auf.

Heinrich spricht mit Klingsohr über allerhand sonderbare
Zeichen. Er hört die Nacht ein Lied, was er ehmals ge-
macht. Sehnsucht nach dem Kyfhäuser.
Er sagt Klingsohr davon.
Goldner Schlüssel. Urkunde etc.   5
Der führt ihn auf seinen Mantel nach dem Kyfhäuser.

(Klingsohr, ewiger Dichter, stirbt nicht, bleibt in der
Welt.
Natürlicher Sohn von Fridrich den 2ten – das hohenstau-
fische Haus – das künftige Kayserhaus. Der fehlende   10
Stein in der Krone. Schon in Pisa findet er des Kaysers
Sohn. Ihre Freundschaft.)

Johannes kommt und führt ihn in den Berg. Gespräch
über die Offenbarung[.] Das Hirtenmädchen folgt ihm
treulich nach.   15

⟨Erzähl[ung]. Der alte Mann erwacht. Das schöne Mädchen. Er kommt in die Höhle, wo Mathilde schläft – das
kleine Mädchen. Der Stein im Bouquet. Cyane trägt den
Stein zum Kayser.⟩
⟨Er findet den goldnen Schlüssel im Bassin. Zyane trägt   20
den Schlüssel.⟩

Kommt in die Höhle, wo Mathilde schläft. ⟨Man⟩ Meine
erfundne Erzählung.
Nur erwacht die Geliebte nicht gleich. Gespr[äch] mit
dem kleinen Mädchen, das ist Sein und Mathild[ens]   25
Kind.
Er soll die Blaue Blume pflücken und herbringen – ⟨das
Hirtenmädchen pflückt sie für ihn und⟩
Zyane trägt den Stein weg.
Er ⟨holt⟩ pflückt die blaue Blume – und wird ⟨zum klin- 30
genden Baume⟩
   ein Stein.
⟨Mathilde kommt und macht ihn durch seine eignen
Lieder⟩

⟨Edda, die eigentliche blaue Blume⟩

Die Morgenländerinn ⟨ist⟩ opfert sich an seinem Steine, er wird ein klingender Baum. Das Hirtenmädchen haut den Baum um und ⟨er⟩ verbrennt sich mit ihm.

5 Er wird ein goldner Widder.

⟨Mathilde⟩ Edda oder Mathilde muß ihn opfern. Er wird ein Mensch. Während dieser Verwandlungen hört er allerley wunderliche Gespräche.

[5.]

10   [Erster Entwurf des Anfangs des zweiten Teiles]

[Frühjahr oder Sommer 1800]

Heinrich von Afterdingen.

Ein Roman
von
15   Novalis

2ter Theil.
Die Erfüllung.

_____

Das Gesicht.

Beschreibung einer Gegend. / Heinrichs Wallfahrt. / Lied
20 was er singt. / Hirtenmädchen. / begleitet ihn nun beständig.

Das Land erhob sich immer mehr, und ward uneben und mannichfach. In allen Richtungen kreuzten sich Bergrükken – Die Schluchten wurden tiefer und schroffer. Felsen
25 ⟨wurden⟩ blickten schon überall ⟨sichtbar⟩ durch und über den dunklen Wäldern ragten steile Kuppen hervor, die nur mit wenigen Gebüsch bewachsen zu seyn schienen. Der Weg lief an einem Abhange fort, und hob sich nur unmercklich in die Höhe. Wenn auch das Grün der

Ebene hier mercklich verdunkelt war, so ⟨stellten⟩ zeigten dafür verschiedne Bergpflanzen die buntesten Blumen, deren schöner Bau und erquickender Geruch den
angenehmsten Eindruck machte. ⟨Eine große Einsam-
keit⟩ Die Gegend schien ganz einsam und nur von weiten   5
⟨tönten⟩ glaubte man die Glöckchen einer ⟨Vieh⟩ Heer-
de zu vernehmen. In den Abgründen rauschten Bäche.
Der Wald war in mannichfaltigen Haufen am Gebürge
gelagert, und reizte das Auge ⟨durch seine Veränderungen von Laub und Nadelholz⟩ sich in seine duftige kühle   10
Tiefe zu verlieren. Einzelne Raubvögel schwebten um die
Spitzen der uralten Tannen. ⟨Sie waren die einzigen Bewohner dieser Einöden⟩ Der Himmel war dunkel und
durchsichtig – Nur leichte, glänzende Wölkchen streiften
langsam durch sein blaues Feld. ⟨Ein⟩ Auf dem schmalen   15
Fußsteige kam langsam ein Pilger herauf aus der Ebene.
Mittag war vorbey. ⟨Doch die Hitze war nicht drük-
kend.⟩ Ein ziemlich starker Wind ließ sich in der Luft
verspüren und seine dumpfe, ⟨verschwebende⟩ wunderliche Musik verlor sich in ungewisse Fernen. Sie wurde   20
lauter und vernehmlicher in den Wipfeln der Bäume – so
daß zuweilen die Endsylben und ⟨die⟩ einzelne Worte
einer ⟨unbekannten⟩ menschlichen Sprache hervorzutö-
nen schienen. Durch die Bewegungen der Luft schien
auch das Sonnenlicht sich zu bewegen, und zu schwan-   25
ken. Es hatten alle Gegenstände einen ungewissen Schein.
⟨Doch lag Ein Sinn in allem und auch die Wärme schien
sich mit auf und ab zu schwingen.⟩ Der Pilgrimm gieng in
tiefen Gedanken. ⟨Auf der Höhe⟩ Nach einiger Zeit sezte
er sich auf einen großen Stein unter einen alten Baum, der   30
nur unten noch grün, und oben dürr und abgebrochen
war.

Gespräch mit sich selbst.
Er geht nachher weiter,
findet die Ruine – verlassne Hütten.   35
Eine scheint noch bewohnt. Rührende Habseligkeiten.

[6.]

[»Das Lied der Toten«]

[Urfassung]

–∪–∪–∪–∪   +
–∪–∪–∪–∪   ++
–∪–∪–∪–∪   +++
– ∪–∪–◠
–∪–∪–∪–∪   +
–∪–∪–∪–∪   ++
–∪–∪–∪–∪   + | +
–∪–∪–◠
–∪–∪–∪–∪–∪   +   Selig sind allein die Todten.

/ alte Kleinodien in Gräbern. Gespenster. Freyheit. Ver-
brennen. Begraben. *Frieden.* Freundliches Gesicht. Frohes Leben – Liebe. Gottesdienst. Vergangenheit. Was sie
bey den Lebenden noch thun. Der Tod ist des Lebens
höchstes Ziel.

1.

Lobt doch unsre stillen Feste,
Unsre Gärten, unsre Zimmer
Das bequeme Hausgeräthe,
Unser Hab' und Gut.
Täglich kommen neue Gäste
Diese früh, die andern späte
Auf den weiten Heerden immer
Lodert frische Lebens Glut.

⟨3⟩ 4.

Keiner wird sich je beschweren
Keiner wünschen fortzugehen,
Wer an unsern vollen Tischen
Einmal fröhlich saß.

Klagen sind nicht mehr zu hören
Keine Wunden mehr zu sehen
Keine Thränen abzuwischen;
Ewig läuft das Stundenglas.

⟨4⟩ 5.

Tief gerührt von heilger Güte
Und versenkt in selges Schauen
Steht der Himmel im Gemüthe,
Wolkenloses Blau,
Lange fliegende Gewande
Tragen uns durch Frühlingsauen,
Und es weht in diesem Lande
Nie ein Lüftchen kalt und rauh.

⟨5⟩ 6.

Süßer Reitz der Mitternächte,
Stiller Kreis geheimer Mächte,
Wollust räthselhafter Spiele,
Wir nur kennen euch.
Wir nur sind am hohen Ziele
Bald in Strom uns zu ergießen
Dann in Tropfen zu zerfließen
Und zu nippen auch zugleich.

⟨6⟩ 7.

Uns ward erst die Liebe, Leben,
Innig wie die Elemente
Mischen wir des Daseyns Fluten,
Brausend Herz mit Herz.
Lüstern scheiden sich die Fluten
Denn der Kampf der Elemente
Ist der Liebe höchstes Leben
Und des Herzens eignes Herz.

⟨7⟩ 8.

2

Alles was wir nur berühren
Wird zu heißen Balsamfrüchten
5   Wird zu weichen zarten Brüsten,
Opfer kühner Lust.

1

Leiser Wünsche süßes Plaudern
Hören wir alleine, und schauen
10   Immerdar in selge Augen
Schmecken nichts als Mund und Kuß.

⟨8⟩ 9.

Immer wächst und blüht Verlangen
Am Geliebten festzuhangen
15   Ihn im Innern zu empfangen,
Eins mit ihm zu seyn,
Seinem Durste nicht zu wehren
Sich in Wechsel zu verzehren,
Von einander sich zu nähren
20   Von einander nur allein.

13.

Schüttelt eure goldnen Ketten
Mit Schmaragden u[nd] Rubinen,
Und die blanken saubern Spangen
25   Blitz u. Klang zugleich.
Aus des feuchten Abgrunds Betten
Aus den Gräbern u[nd] Ruinen
Himmelsrosen auf den Wangen
Schwebt ins bunte Fabelreich.

30   3.

Kinder der Vergangenheiten,
Helden aus den ⟨alten⟩ grauen Zeiten,

Der Gestirne Riesen geister
Wunderlich gesellt,
Holde Frauen, ernste Meister,
Kinder, und verlebte Greise
Sitzen hier in Einem Kreise   5
Wohnen in der alten Welt

⟨9⟩ 10.

So in Lieb' und hoher Wollust
Sind wir immerdar versunken
Seit der wilde trübe Funken   10
Jener Welt erlosch,
Seit der Hügel sich geschlossen
Und der Scheiterhaufen sprühte
Und dem schauernden Gemüthe
Nun das Erdgesicht zerfloß.   15

2.

Tausend zierliche Gefässe
Einst bethaut mit tausend Thränen,
Goldne Ringe, Sporen, Schwerdter
Sind in unserm Schatz.   20
Viel Kleinodien und Juwelen
Wissen wir in dunkeln Höhlen
Keiner kann den Reichthum zählen
Zählt er auch ohn' Unterlaß.

11.   25

Zauber der Errinnerungen,
Heilger Wehmuth süße Schauer
Haben innig uns durchklungen
Kühlen unsre Glut.
Wunden giebts, die ewig schmerzen   30
Eine göttlich tiefe Trauer
Wohnt in unser aller Herzen
Lößt uns auf in Eine Flut.

12.

Und in dieser Flut ergießen
Wir uns auf geheime Weise
In den Ozean des Lebens
Tief in Gott hinein.

⟨12⟩

Und aus seinem Herzen fließen
Wir zurück zu unserm Kreise
Und der Geist des höchsten Strebens
Taucht in unsre Wirbel ein.

14.

Könnten doch die Menschen wissen
Unsre künftigen Genossen
Daß bey allen ihren Freuden
Wir geschäftig sind,
Jauchzend würden sie verscheiden
Gern das bleiche Daseyn missen –
O! die Zeit ist bald verflossen
Kommt Geliebte doch geschwind

15.

Helft uns nur den Erdgeist binden
Lernt den Sinn des Todes fassen
Und das Wort des Lebens finden;
Einmal kehrt euch um.
Deine Macht muß bald verschwinden,
Dein erborgtes Licht verblassen,
Werden dich in kurzen binden,
Erdgeist, deine Zeit ist um.

[7.]

Die Vermählung der Jahrszeiten.

Tief in Gedanken stand der neue Monarch. Er gedachte
Jezt des nächtlichen Traums, und der Erzählungen auch,
Als er zu erst von der himmlischen Blume gehört und   5
            getroffen
Still von der Weißagung, mächtige Liebe gefühlt.
Noch dünkt ihm, er höre die tiefeindringende Stimme,
Eben verließe der Gast erst den geselligen Kreis
Flüchtige Schimmer des Mondes erhellten die   10
                     klappernden Fenster
Und in des Jünglings Brust tobe verzehrende Glut.
⟨Seltsame Zeiten verflossen in deß, sie schienen
                 verworren
Wie ein entwichner Traum⟩   15
Edda, sagte der König, was ist des liebenden Herzens
Innigster Wunsch? was ist ihm der unsäglichste Schmerz?
Sag es, wir wollen ihm helfen, die Macht ist unser, und
            herrlich
Werde die Zeit, nun du wieder den Himmel beglückst.   20
Wären die Zeiten nicht so ungesellig, verbände
Zukunft mit Gegenwart und mit Vergangenheit sich,
Schlösse ⟨der⟩ Frühling sich an ⟨den⟩ Herbst, und
            Sommer an Winter,
Wäre zu spielenden Ernst Jugend mit Alter gepaart: 25
Dann mein süßer Gemahl versiegte die Quelle der
            Schmerzen,
Aller Empfindungen Wunsch wäre dem Herzen gewährt.
Also die Königinn; freudig umschlang sie der schöne
            Geliebte;   30
⟨Heil dir, daß du gesagt⟩
Ausgesprochen hast du warlich ein himmlisches Wort,
Was schon längst auf den Lippen der tiefer fühlenden
            schwebte

Aber den deinigen erst rein und gedeyhlich entklang.
Führe man schnell den Wagen herbey, wir holen sie selber
Erstlich die Zeiten des Jahrs, dann auch des
                     Menschengeschlechts.

5   Erst zur Sonne, holen den Tag. Dann zur Nacht. Dann
nach Norden. Winter. nach Süden. Sommer. Osten –
⟨Herbst⟩ Frühling. Westen. Herbst. Dann zur Jugend.
zum Alter Zur Vergangenheit Zur Zukunft.

[8.]

10   [Aus den Briefen]

An Ludwig Tieck in Jena
[Weißenfels, 23. Februar 1800]

[...] Wenn Du die mannichfaltigen Zerstreuungen, Zeit-
verluste und Geschäfte meines Berufs kenntest, so wür-
15 dest Du mir ein gutes Lob ertheilen, daß ich soviel neben-
bey gemacht habe. Mein Roman ist im vollen Gange. 12
gedruckte Bogen sind ohngefähr fertig. Der ganze Plan
ruht ziemlich ausgeführt in meinem Kopfe. Es werden 2
Bände werden – der Erste ist in 3 Wochen hoffentlich
20 fertig. Er enthält die Andeutungen und das Fußgestell des
2ten Theils. Das Ganze soll eine Apotheose der Poësie
seyn. Heinrich von Afterdingen wird im 1sten Theile zum
Dichter reif – und im Zweyten, als Dichter verklärt. Er
wird mancherley Ähnlichkeiten mit dem Sternbald haben
25 – nur nicht die Leichtigkeit. Doch wird dieser Mangel
vielleicht dem Inhalt nicht ungünstig. Es ist ein erster
Versuch in jeder Hinsicht – die erste Frucht der bey mir
wieder erwachten Poësie, um deren Erstehung Deine Bekanntschaft das größeste Verdienst hat. Unter Speculan-
30 ten war ich ganz Speculation geworden. Es sind einige
Lieder drinn, nach meiner Art. Ich gefalle mich sehr in der
eigentlichen Romanze.

Ich werde mannichfachen Nutzen von meinem Roman
haben – der Kopf wimmelt mir von Ideen zu Romanen
und Lustspielen. Sollt ich Dich bald sehn, so bring ich
eine Erzählung und ein Märchen aus meinem Roman zur
Probe mit. [. . .]   5

An Friedrich Schlegel in Jena

Weissenfels: den 5ten April. [1800.]
Ich habe mit Fleis lange geschwiegen. Die ganze Zeit bin
ich viel beschäftigt gewesen, und erst seit einigen Tagen
hab ich den ersten Theil meines Romans zu Ende bringen   10
können. Noch hab ich manche Geschäftsarbeiten, indeß
in 8–14 Tage bin ich auch damit zu einem Ruhepuncte
gelangt. Sobald mein Roman ins Reine geschrieben ist,
welches ohngefähr in 8 Tagen seyn wird, so schick ich
ihn gleich zu euch. Es sollte mich innig freuen, wenn Ihr   15
an diesem ersten Versuche Gefallen fändet. Er wird gedruckt ohngefähr 20–22 Bogen stark werden – doch muß
ich erst wissen, ob Ihr Euer Approbatur darunter sezt.
Der Plan ist deutlich genug hingelegt, und der Stoff ein
sehr günstiger Stoff. Die Wahl ist geglückt – über die   20
Ausführung mag ich nichts sagen, weil man sich leicht in
eine fehlerhafte Ansicht verlieren kann. Der vollständige
Titel ist:

Heinrich von Afterdingen.

Ein Roman   25
von
Novalis.
Erster Theil.
Die Erwartung.

Es sollte mir lieb seyn, wenn ihr Roman und Märchen in   30
einer glücklichen Mischung zu bemerken glaubtet, und
der erste Theil euch eine noch innigere Mischung im 2ten

Theile prophezeyhte. Der Roman soll allmälich in Märchen übergehn. Es sind einige Lieder drinn, die ich euch
mit einiger Gewisheit schon vorlegen kann. Am Neugie-
rigsten bin ich auf Euer Urtheil vom Schlusse des ersten
Theils. [...]

An Ludwig Tieck in Jena

Weissenfels. Den 5ten April. [1800.]

[...] Fertig bin ich mit dem ersten Theile meines Romans.
Ich laß ihn eben abschreiben und bring ihn mit. Es ist mir
lieb einen Anfang mit der Ausführung einer größern Idee
gemacht zu haben – Ich habe viele Jahre nicht daran ge-
könnt einen größern Plan mit Geduld auszuführen, und
nun seh ich mit Vergnügen diese Schwierigkeit hinter mir.
Eignes Arbeiten bildet in der That mehr, als widerholtes
Lesen. Beym Selbstangriff findet man erst die eigentlichen
Schwierigkeiten und lernt die Kunst schätzen. Der bloße
Liebhaber wird nothwendig unendlich viel übersehn, und
nur das Gemüth des Werks allenfalls richtig beurtheilen
können. Deine Schriften sind mir seitdem viel lehrreicher
geworden, und ich lese sie nie, ohne neuen Genuß und
neue Entdeckungen. Am Schluß hab ich ein Märchen ein-
geschaltet, das mir vorzügliche Freude gewährt hat. Es
sollte mich recht freuen, wenn es Dir gefiele. [...]

An Friedrich Schlegel in Jena

Weissenfels: den 18. Junius. [1800.]

[...] Deinen Tadel fühl' ich völlig – diese Ungeschicklich-
keit in Übergängen, diese Schwerfälligkeit in der Behandlung des wandelnden und bewegten Lebens ist meine
Hauptschwierigkeit. Geschmeidige Prosa ist mein frommer Wunsch. Der 2te Theil wird der Commentar des
Ersten. Die Antipathie gegen Licht und Schatten, die
Sehnsucht nach klaren, heißen, durchdringenden Aether,

das *Unbekannt Heilige*, die Vesta, in Sofieen, die Vermischung des Romantischen aller Zeiten, der Petrifizirende
und Petrifizirte Verstand, Arctur, der Zufall, der Geist
des Lebens, Einzelne Züge blos, als Arabesken – so betrachte nun mein Märchen. Der 2te Theil wird schon in   5
der Form weit poëtischer, als der Erste. Die Poësie ist nun
geboren. [. . .]

Zur Textgestalt

Die vorliegende Edition des *Heinrich von Ofterdingen* folgt für den ersten Teil des Romans dem postumen Erstdruck: *Heinrich von Ofterdingen. Ein nachgelassener Roman von Novalis. Zwei Theile*, Berlin: In der Buchhandlung der Realschule, 1802. An diesem noch zu Hardenbergs Lebzeiten vorbereiteten Druck – der zunächst bei Johann Friedrich Unger in Berlin herauskommen sollte, dann aber Ende 1801 von Georg Andreas Reimer in den Verlag seiner Realschulbuchhandlung übernommen wurde – waren beteiligt: der Nachlaßverwalter und Bruder des Dichters, Carl von Hardenberg, August Wilhelm und Friedrich Schlegel, Ludwig Tieck und Friedrich Schleiermacher. Es war beschlossen worden, den *Ofterdingen* sowohl als Sonderausgabe wie als ersten Teil einer geplanten Sammlung weiterer Werke von Novalis herauszugeben.[1] Im Juni 1802 erschien dann – entgegen der Angabe auf dem Titelblatt – der erste Teil des Romans in einer Sonderausgabe. Hardenbergs Reinschrift des ersten Teiles sowie das eigenhändige »Brouillon« dazu sind verloren.

Ende 1802 oder Anfang 1803 kamen die beiden ersten Bände der *Schriften* heraus. Der fragmentarische zweite Teil des *Ofterdingen* erschien zusammen mit Tiecks Bericht über die Fortsetzung erstmals im zweiten Band: *Novalis. Schriften*, herausgegeben von Friedrich Schlegel und Ludwig Tieck, Teil 2, Berlin: In der Buchhandlung der Realschule, 1802, S. 1–78. Der erste Band der *Schriften* enthielt den ersten Teil des Romans zusammen mit einer Vorrede Tiecks; der Text des ersten Teiles war identisch mit der zuvor erschienenen Sonderausgabe. Den Druck beider Bände der *Schriften* überwachte August Wilhelm Schlegel in Berlin.

1 Vergleiche dazu und zum Folgenden: Richard Samuel, »Zur Geschichte des Nachlasses Friedrich von Hardenbergs (Novalis)«, in: *Jahrbuch der Deutschen Schillergesellschaft*, Bd. 2, Stuttgart 1958, S. 301–347; Paul Kluckhohn, »Neue Funde zu Friedrich von Hardenbergs (Novalis) Arbeit am *Heinrich von Ofterdingen*«, in: *Deutsche Vierteljahrsschrift für Literaturwissenschaft und Geistesgeschichte* 32 (1958) S. 391–409; Heinz Ritter, »Die Entstehung des *Heinrich von Ofterdingen*«, in: *Euphorion* 55 (1961) S. 163–195; Eudo C. Mason, »Novalis Re-edited and Reassessed«, in: *The Modern Language Review* 56 (1961) S. 538–552; Wolfgang Frühwald, [Rezension zu:] »Novalis. Schriften. Die Werke Friedrich von Hardenbergs. Bd. 1 (1960), Bd. 2 (1965)« [s. Bibliogr.], in: *Literaturwissenschaftliches Jahrbuch. Im Auftrage der Görres-Gesellschaft*. N. F. 8 (1967) S. 343–352.

Da die Fassung des Erstdruckes in Text und Interpunktion zum Teil
stark von den erhaltenen Handschriften abweicht, wurden die ausge-
führten Abschnitte des zweiten Teiles von der historisch-kritischen
Ausgabe nach diesen handschriftlichen Vorlagen gedruckt: *Novalis.
Schriften. Die Werke Friedrich von Hardenbergs*, herausgegeben von
Paul Kluckhohn (†) und Richard Samuel, Band 1: *Das dichterische
Werk*, herausgegeben von Paul Kluckhohn (†) und Richard Samuel
unter Mitarbeit von Heinz Ritter und Gerhard Schulz, 3., nach den
Handschriften ergänzte, erweiterte und verbesserte Auflage, revidiert
von Richard Samuel, Stuttgart 1977, S. 317–334 (die Ausgabe wird im
folgenden zitiert als: HKA, mit Band- und Seitenzahl). 1801 hat Carl
von Hardenberg die Handschrift des Astralis-Gedichtes zusammen
mit neun weiteren Blättern, auf denen der ausgeführte Prosateil der
»Erfüllung« stand, Ludwig Tieck übergeben, der die bis heute beibe-
haltene Druckanordnung traf und den Astralis-Prolog mit der von
Novalis selbst stammenden Kapitelüberschrift »Das Kloster, oder der
Vorhof« dem Prosatext voranstellte.
Die vorliegende Ausgabe bringt auch den zweiten Teil des Romans in
der Fassung des Erstdruckes (S. 1–50); die von Novalis in der Handschrift gestrichenen Zeilen 53–58 des Astralis-Prologs wurden in
spitzen Klammern nach HKA I,318 ergänzt. Im übrigen sind die
Textänderungen des Erstdruckes gegenüber der Fassung der Handschrift nachfolgend verzeichnet (wobei die reinen Schreibvarianten,
die Abweichungen der Interpunktion sowie eine gelegentlich andere
Absatzgliederung hier vernachlässigt wurden).
Tiecks Fortsetzungsbericht wurde ebenfalls dem Erstdruck entnommen (S. 50–78), der auch »Die Vermählung der Jahreszeiten« enthält
(S. 74–76), jene Distichen, deren Abdruck bei HKA I,369 durch den
Hinweis auf Paralipomenon 7 (in vorliegender Ausgabe S. 214 f.)
ersetzt ist. Dabei folgen wir Richard Samuels ansprechendem Urteil,
daß Tieck seinen Bericht »zu einem kleinen Kunstwerk eigenen Wer-
tes« gestaltet habe. Eine solche Deutung verlangt den vollständigen
Abdruck des zugrunde liegenden Textes, zumal hier im Vergleich mit
Paralipomenon 7 die glättende Hand eines Dichters zu bemerken ist,
der »in allem Mechanischen dem Hardenberg so weit überlegen«
(Schlegel) war.
Der Text der vorliegenden Ausgabe wurde um Paralipomena erwei-
tert, die den 1955 vom Freien Deutschen Hochstift, Frankfurt am
Main, erworbenen Novalis-Handschriften entstammen; Anordnung
und Textgestalt folgen der Wiedergabe in HKA I,335–358. – Die
Paralipomena 1 bis 7 sind nach dem Gedankengang des Romans ange-

ordnet, es sind die Mosaiksteine, aus denen Tieck seinen Bericht fast ausschließlich zusammengesetzt hat. Die Paralipomena 1 und 2 enthalten neben Vorentwürfen zum zweiten Teil besonders Notizen zu den Kapiteln 3 bis 9 des ersten Teiles; die beiden Teile des Romans sind nach Ritter in diesem Entwurfstadium noch nicht geschieden. Das »Entwurfblatt«, dem Paralipomenon 1 entnommen wurde, ist nicht vollständig abgedruckt: es fehlen die »Briefe an Julien – Fantasieen der Liebe«, welche die zweite Spalte der ersten Seite (a) bilden, und die »Geschichten an J[ulie]«, die am Anfang der zweiten Seite (b) stehen und hier als Nummer 1 der von Novalis selbst herrührenden Zählung erscheinen; der genaue Text findet sich bei Kluckhohn (s. Fußn. 1) S. 392 f. und in HKA I, 430. Die Paralipomena 3 bis 7 beziehen sich auf den zweiten beziehungsweise dritten Teil des Romans. Aus Paralipomenon 6 hat Tieck einen bis auf die Lesart »neue« statt »frische« (Str. 1, Z. 8) korrekten Text hergestellt, die Umstellung der beiden Teile von Strophe 8 geht auf eine nachträgliche Korrektur von Novalis selbst zurück.

Außer in den Paralipomena 1 bis 8 wurde die Orthographie der Druckvorlagen behutsam dem heutigen Gebrauch angeglichen, bei Wahrung des Lautstandes und sprachlicher Eigenheiten. Offensichtliche Druckversehen wie kopfstehende Lettern wurden stillschweigend verbessert; andere Korrekturen sind im folgenden ausgewiesen. Anführungszeichen bei direkter Rede wurden durchwegs ergänzt. Die in den Vorlagen schwankende Apostrophsetzung wurde nicht normalisiert: Apostrophe wurden nur gesetzt, wo sie für das Textverständnis hilfreich erschienen, etwa bei sonst mißverständlichen grammatischen Formen. Die Interpunktion der Erstdrucke blieb grundsätzlich gewahrt; einige wenige Korrekturen sind im einzelnen verzeichnet. Sperrungen in den Drucken wurden kursiv wiedergegeben, Texthervorhebungen durch Großschreibung belassen.

Zum Klammerngebrauch und zur Auszeichnung in den Paralipomena: ⟨ ⟩ = magere spitze Klammern: von Novalis gestrichen; ❬ ❭ = halbfette spitze Klammern (in Paralipomenon 2): von Novalis bei späterer Überarbeitung mit schrägen Strichen oder mit Wellenlinien durchgestrichen; [ ] = eckige Klammern: Ergänzungen der Herausgeber der HKA; *Kursive:* Text vom Dichter unterstrichen.

Verzeichnis der Texteingriffe

Die Lesart des vorliegenden Textes steht vor, die der Druckvorlage nach der Lemmaklammer. Die Ziffern verweisen hier wie im folgenden auf die Seiten- und Zeilenzahl der vorliegenden Ausgabe.

19,17 erhielt,] erhielt   21,20 ließ,] ließ   22,15 Abend] Abend,   30,20 ihm] ihm,   48,21 tritt,] tritt.   65,29 lächelte,] lächelte.   67,12 alter] alte   82,4 sagte:] sagte;   91,4 Einsiedler] Einsiedler,   93,30 äußeren] äußere   134,18 sich] sich,   134,24 f. Zeiten.] Zeiten;   134,27 Schwestern?› fragte Fabel.] Schwestern, fragte Fabel?   158,30 Gebirg] Gebürg *Erstdr.; verb. nach Erstdr.-Fass. 158,1.9.13 (s. u.)*   170,31 Eine] eine *Erstdr.; verb. nach Hs. (HKA I,330)*   171,2 begreift,] begreift   172,12 deucht,] däucht   173,15 Einflüsse. So] Einflüsse, so

Verzeichnis der Textänderungen des Erstdruckes von »Ofterdingen II« gegenüber der handschriftlichen Fassung

Die Fassung des Erstdruckes (und der vorliegenden Ausgabe) steht vor, die der Handschrift (und der HKA) nach der Lemmaklammer.

155,1 einem] einen   155,24 aufgehobnem] aufgehobnen   155,29 irdschen] irdischen   157,73 glaubt] geglaubt   157,74 weitem] weiten   157,89 bangem] bangen   158,1.9 Gebirg] Gebürg   158,13 Gebirgs] Gebürgs   mühseligste] mühselige   158,21 in der] in die   158,35 er ist] es ist   159,15 merkte] bemerkte   159,19 heilige] heilge   159,30 keinen] keinem   159,35 Kindeleins] Kindleins   160,9 ausersehen] ausersehn   160,24 Zieraten und] Zierrathen, kurzum   sehen] sehn   160,25 Kraut also gewachsen] Kraut, aus eigner Lustbegierde also gewachsen   160,30 und es hatte das Ansehn] und hatt' es das Ansehn   160,31 f. und der Pilger betrachtete] und betrachtete der Pilger   160,36 heiliger] seliger   161,14 eignes] eignes   161,15 heiterer] heitrer   161,19 als er] wie er   161,23 das] was   nach langer Entfernung wiederfände] nach langer Entfernung verlassen wiederfände   162,6 Freudetrunken] Freudentrunken   162,31 Wann] Wenn   163,10 nahe] nah   163,13 habe. Ihr] habe. Er schloß sie zärtlich in seinen Arm. Ihr   164,10 Mein Vater ist in Eisenach.] Ich habe ja meinen Vater in Eysenach?   164,12 gehen] gehn   164,15 verfallene] verfallne   164,26 durch einen alten Torweg] durch ein altes Thorweg   164,31 großen Fenstern] großen hellen Fenstern   165,6 Vorzeit] Vorwelt   165,11 zeigte von innerer] zeugte von innrer   165,19 habe] hab   165,20 eine stille Wehmut] einen stillen Mißmuth   arbeitete] arbeitet   165,33 ist, daß] daß   166,4 verschiedenen] verschiednen   166,12 ohne es selbst] ohne es daher selbst   166,21 f. anzutreten, das Gepräge] anzutreten, bey seinen nähern Schritten, das Gepräge   166,33 früheren] frühern   167,12 vergangener] vergangner   167,13 damit] daß   167,20 jenseits der] jenseits den   167,25

möchte] möcht 167,28 Euers] eures 167,30 gewirkt] gewürkt *Hs.; vgl. aber
168,26 Hs. und Erstdr.:* gewirkt 167,34 andere] andre 168,7 engeren]
engern 168,10 f. Gaben auszeichnen] Gaben und Arten auszeichnen 168,13
und ihrer Ordnung] und Ordnung 168,14 fehlt wohl manchen Menschen]
fehlt bey den Menschen wohl manchen 168,18 vorzunehmen] anzustellen
168,19 frühesten] frühsten 168,21 Gemütes] Gemüths 168,23 Begriffes]
Begriffs 168,30 das] was 169,9 entzückende] entzückendere 169,12 eine
jede] mir jede löset] löst 169,16 f. Euren Gärten] euren Garten 169,20
Bekanntschaft] Blumenschaft 169,27 goldene] goldne sehen] sehn 169,28
verschlungen] geschlungen 169,36 f. hoheren] höhern 170,1 wiedergefun-
denen] wiedergefundnen 170,5 ziehen] ziehn 170,11 düstere] düstre
170,24 höheren] höhern 171,1 wäre] wär 171,9 verstände] verstünde
171,20 neue erworbene] neu erworbene 171,32 umgearbeitete] ausgearbei-
tete 172,4 stehen] stehn 172,14 im eigentlichen Sinne] im eigentlichsten
Sinn 172,17 welche die] die die 173,5 Licht, das] Licht, was 173,8 Geist]
Zweck 173,11 edlen] edeln 173,13 Gespräche] Gespräch 173,17 höheren]
höhern 173,20 f. höhern] höherer 173,27 in der Fabellehre] in den Fabelleh-
ren 173,28 höheren] höhern 173,28 wunderbar entstandene] wunderbarent-
standnen 174,12 höheren] höhern 174,31 gebracht haben] gebracht hat
174,32 Geschichte haben] Geschichte hat 174,36 Meeres] Meers 175,24
entlegeneren] entlegenern 175,26 dünkte] dünkt 175,27 erhaltenen] er-
haltnen

Bibliographie

Editionen

Novalis. Schriften. Die Werke Friedrich von Hardenbergs. Hrsg. von Paul Kluckhohn (†) und Richard Samuel. 2. [3.], nach den Handschriften erg., erw. und verb. Aufl. in 4 Bdn. und 1 Begl. Bd. Stuttgart: Kohlhammer, 1960 ff.
Bd. 1: Das dichterische Werk. Hrsg. von Paul Kluckhohn (†) und Richard Samuel unter Mitarb. von Heinz Ritter und Gerhard Schulz. 1960. – 3. Aufl. Rev. von Richard Samuel. 1977.
Bd. 2: Das philosophische Werk I. Hrsg. von Richard Samuel in Zsarb. mit Hans-Joachim Mähl und Gerhard Schulz. 1965. – 3. Aufl. Rev. von Richard Samuel und Hans-Joachim Mähl. 1981.
Bd. 3: Das philosophische Werk II. Hrsg. von Richard Samuel in Zsarb. mit Hans-Joachim Mähl und Gerhard Schulz. 1968. – 3., von den Hrsg. durchges. und rev. Aufl. 1983.
Bd. 4: Tagebücher, Briefwechsel, Zeitgenössische Zeugnisse. Hrsg. von Richard Samuel in Zsarb. mit Hans-Joachim Mähl und Gerhard Schulz. Mit einem Anh.: Bibliographische Notizen und Bücherlisten bearb. von Dirk Schröder. 1975.
Novalis. Werke. Hrsg. und komm. von Gerhard Schulz. München: C. H. Beck, 1969. 2., neubearb. Aufl. Ebd. 1981.
Novalis. Werke, Tagebücher und Briefe Friedrich von Hardenbergs. Hrsg. von Hans-Joachim Mähl und Richard Samuel. [Bisher] 2 Bde. München: Hanser, 1978.
Bd. 1: Das dichterische Werk, Tagebücher und Briefe. Hrsg. von Richard Samuel. 1978.
Bd. 2: Das philosophisch-theoretische Werk. Hrsg. von Hans-Joachim Mähl. 1978.

Gesamtdarstellungen und Handbücher

Mähl, Hans-Joachim: Die Idee des goldenen Zeitalters im Werk des Novalis. Studien zur Wesensbestimmung der frühromantischen Utopie und zu ihren ideengeschichtlichen Voraussetzungen. Heidelberg 1965.
Ritter, Heinz: Der unbekannte Novalis. Friedrich von Hardenberg im Spiegel seiner Dichtung. Göttingen 1967.

Schulz, Gerhard: Novalis in Selbstzeugnissen und Bilddokumenten. Reinbek bei Hamburg 1969.

Novalis. Beiträge zu Werk und Persönlichkeit Friedrich von Hardenbergs. Hrsg. von Gerhard Schulz. Darmstadt 1970. (Wege der Forschung. Bd. 248.)

Mähl, Hans-Joachim: Friedrich von Hardenberg (Novalis). In: Deutsche Dichter der Romantik. Ihr Leben und Werk. Unter Mitarb. zahlreicher Fachgelehrter hrsg. von Benno von Wiese. Berlin 1971. 2., überarb. und verm. Aufl. Ebd. 1983. S. 224–259.

Novalis (Friedrich Freiherr von Hardenberg) 2. 5. 1772–25. 3. 1801. Der handschriftliche Nachlaß des Dichters. Zur Geschichte des Nachlasses von Novalis von Richard Samuel. Hildesheim 1973. [Reprogr. Nachdr. des Versteigerungskataloges Berlin 1930.]

Novalis. Hrsg. von Hans-Joachim Mähl. München 1976. (Dichter über ihre Dichtungen. Bd. 15.)

Ayrault, Roger: La genèse du romantisme allemand 1797–1804. Bd. 2. Paris 1976.

Schulz, Gerhard: Die deutsche Literatur zwischen Französischer Revolution und Restauration. Tl. 1: Das Zeitalter der Französischen Revolution 1789–1806. München 1983. (H. de Boor / R. Newald: Geschichte der deutschen Literatur. Bd. 7,1.)

Forschungsberichte

Walzel, Oskar: [Sammelrezension.] In: Euphorion 15 (1908) S. 609 bis 634.

Müller-Seidel, Walter: Probleme neuerer Novalis-Forschung [seit 1939]. In: Germanisch-Romanische Monatsschrift N. F. 3 (1953) S. 274–292.

Ausgewählte Literatur zum Verständnis des »Heinrich von Ofterdingen«

Albrecht, Luitgard: Der magische Idealismus in Novalis' Märchentheorie und Märchendichtung. Hamburg 1948.

Alfero, Giovanni Angelo: Novalis e il suo Heinrich von Ofterdingen. Turin 1914.

Apel, Friedmar: Die Zaubergärten der Phantasie. Zur Theorie und Geschichte des Kunstmärchens. Heidelberg 1978.

Aue, Maximilian Alfred E.: Novalis und Musil. Eine Untersuchung der romantischen Elemente im Werk Robert Musils. Diss. Stanford University 1973.

Barrack, Charles M.: Conscience in *Heinrich von Ofterdingen*: Novalis' Metaphysic of the Poet. In: The Germanic Review 46 (1971) S. 257–284.

Beck, Hans-Joachim: Friedrich von Hardenberg. »Oeconomie des Styls«. Die *Wilhelm Meister*-Rezeption im *Heinrich von Ofterdingen*. Bonn 1976.

Berthier, Isabella: Discorso su Georg Philipp Friedrich von Hardenberg, detto Novalis. Presentazione di Giuliano Baioni. Bologna 1980.

Birrell, Gordon: The Boundless Present: Space and Time in the Literary Fairy Tales of Novalis and Tieck. Chapel Hill 1979.

Borcherdt, Hans Heinrich: Novalis' *Heinrich von Ofterdingen*. In: H. H. B.: Der Roman der Goethezeit. Urach/Stuttgart 1949. S. 363–382.

Bruneder, Hans: Persönlichkeitsrhythmus – Novalis und Kleist. In: Deutsche Vierteljahrsschrift für Literaturwissenschaft und Geistesgeschichte 11 (1933) S. 377–386.

Bus, Antonius J. M.: Der Mythus der Musik in Novalis' *Heinrich von Ofterdingen*. Alkmaar 1947.

Calhoon, Kenneth S.: Romantic Distance: the Poetics of Estrangement and Self-Discovery in Novalis' *Heinrich von Ofterdingen*. Diss. University of California Irvine 1984.

Cardinal, Roger: Werner, Novalis and the Signature of Stones. In: Deutung und Bedeutung. Studies in German and Comparative Literature presented to Karl-Werner Maurer. The Hague / Paris 1973. S. 118–133.

Colleville, Maurice: Etude sur l'œuvre et la pensée de Novalis. H. 1.2. Paris 1956. [Masch.]

Diez, Max: Metapher und Märchengestalt. III. Novalis und das allegorische Märchen. In: Publications of the Modern Language Association of America 48 (1933) S. 488–507. Wiederabgedr. in: Novalis. Beiträge zu Werk und Persönlichkeit Friedrich von Hardenbergs. Hrsg. von Gerhard Schulz. Darmstadt 1970. S. 131 bis 159.

Dilthey, Wilhelm: Novalis. In: Preußische Jahrbücher 15 (1865) S. 596–650. Wiederabgedr. in: W. D.: Das Erlebnis und die Dichtung. Göttingen [14]1965. S. 187–241.

Ehrensperger, Oskar Serge: Die epische Struktur in Novalis' *Hein-*

rich von Ofterdingen. Eine Interpretation des Romans. Winterthur 1965. ²1971.

Etienne, Jean-Pierre: Novalis ou le double discours: *Heinrich von Ofterdingen*. In: Romantisme 8 (1978) S. 61–68.

Feilchenfeld, Walter: Der Einfluß Jacob Böhmes auf Novalis. Berlin 1922. Nachdr. Nendeln 1967.

Feng, Tscheng-Dsche: Die Analogie von Natur und Geist als Stilprinzip in Novalis' Dichtung. Diss. Heidelberg 1935.

Fries, Werner J.: Ginnistan und Eros. Ein Beitrag zur Symbolik in *Heinrich von Ofterdingen*. In: Neophilologus 38 (1954) S. 23–36.

Frye, Lawrence O.: The Reformation of the Heavens in Novalis' *The Klingsohr Maerchen*, and Giordano Bruno. Diss. University of Texas 1962.

– The Language of Romantic High Feeling. A Case of Dialogue Technique in Hoffmann's *Kater Murr* and Novalis' *Heinrich von Ofterdingen*. In: Deutsche Vierteljahrsschrift für Literaturwissenschaft und Geistesgeschichte 49 (1975) S. 520–545.

Gäde, Ernst-Georg: Eros und Identität. Zur Grundstruktur der Dichtungen Friedrich von Hardenbergs (Novalis). Marburg 1974.

Gaier, Ulrich: Krumme Regel. Novalis' »Konstruktionslehre des schaffenden Geistes« und ihre Tradition. Tübingen 1970.

Geppert, Klaus: Die Theorie der Bildung im Werk des Novalis. Frankfurt a. M./Bern/Las Vegas 1977.

Gloege, Georg: Novalis' *Heinrich von Ofterdingen* als Ausdruck seiner Persönlichkeit. Eine ästhetisch-psychologische Stiluntersuchung. Leipzig 1911.

Godde, Edmund: Stifters *Nachsommer* und der *Heinrich von Ofterdingen*. Untersuchungen zur Frage der dichtungsgeschichtlichen Heimat des *Nachsommer*. Bonn 1960.

Haslinger, Josef: Die Ästhetik des Novalis. Königstein 1981.

Haufe, Eberhard: Die Aufhebung der Zeit im *Heinrich von Ofterdingen*. In: Gestaltung, Umgestaltung. Festschrift zum 75. Geburtstag von Hermann August Korff. Hrsg. von Joachim Müller. Leipzig 1957. S. 178–188.

Haywood, Bruce: The Veil of Imagery. A Study of the Poetic Works of Friedrich von Hardenberg (1772–1801). Cambridge (Mass.) 1959.

Hecker, Jutta: Das Symbol der Blauen Blume im Zusammenhang mit der Blumensymbolik der Romantik. Jena 1931.

Heftrich, Eckard: Novalis. Vom Logos der Poesie. Frankfurt a. M. 1969.

Hegener, Hans: Metaphysik des Blau bei Novalis. In: Die Farbe 24 (1975) S. 131–144.

Henkel, Arthur: Nachwort. In: Novalis. *Heinrich von Ofterdingen*. Frankfurt a. M. 1963. (Exempla classica. Bd. 88.) S. 154–162.

Heukenkamp, Ursula: Die Wiederentdeckung des »Wegs nach innen«. Über die Ursachen der Novalis-Renaissance in der gegenwärtigen bürgerlichen Literaturwissenschaft. In: Weimarer Beiträge 19 (1973) S. 105–128.

Hiebel, Friedrich: Goethes *Märchen* in the Light of Novalis. In: Publications of the Modern Language Association of America 63 (1948) S. 918–934.

– Zur Interpretation der »Blauen Blume« des Novalis. In: Monatshefte für deutschen Unterricht, deutsche Sprache und Literatur 43 (1951) S. 327–334.

Ittner, Robert T.: Novalis' Attitude towards *Wilhelm Meister* with Reference to the Conception of his *Heinrich von Ofterdingen*. In: The Journal of English and German Philology 37 (1938) S. 542 bis 554.

Kahn, Robert L.: Tiecks *Franz Sternbalds Wanderungen* and Novalis' *Heinrich von Ofterdingen*. In: Studies in Romanticism 7 (1967/68) S. 40–61.

Kaiser, Hartmut: Mozarts *Zauberflöte* und *Klingsohrs Märchen*. In: Jahrbuch des Freien Deutschen Hochstifts 1980. Tübingen 1980. S. 238–258.

Kayser, Wolfgang: Einheitlicher Stil (*Ofterdingen*). In: W. K.: Das sprachliche Kunstwerk. Bern [4]1956. Kap. IX B 1 (b), S. 304–310.

Kesting, Marianne: Aspekte des absoluten Buches bei Novalis und Mallarmé. In: Euphorion 68 (1974) S. 420–436.

Kittler, Friedrich A.: Der Dichter, die Mutter, das Kind. Zur romantischen Erfindung der Sexualität. In: Romantik in Deutschland. Ein interdisziplinäres Symposion. Hrsg. von Richard Brinkmann. Stuttgart 1978. S. 102–114.

– Die Irrwege des Eros und die »absolute Familie«. Psychoanalytischer und diskursanalytischer Kommentar zu Klingsohrs Märchen in Novalis' *Heinrich von Ofterdingen*. In: Psychoanalytische und psychopathologische Literaturinterpretation. Hrsg. von Bernd Urban und Winfried Kudszus. Darmstadt 1981. S. 421–470.

Kloppmann, Wolfgang: Eine materialistische Lektüre des Bergmann-Kapitels im *Ofterdingen*. In: Romantische Utopie – Utopische Romantik. Hrsg. von Gisela Dischner und Richard Faber. Hildesheim 1979. S. 222–239.

Kluckhohn, Paul: Die Auffassung der Liebe in der Literatur des 18. Jahrhunderts und in der deutschen Romantik. Halle 1922. S. 363–385.

Kohlschmidt, Werner: Der Wortschatz der Innerlichkeit bei Novalis. In: W. K.: Form und Innerlichkeit. Beiträge zur Geschichte und Wirkung der deutschen Klassik und Romantik. München 1955. S. 120–156.

Korff, Hermann August: Geist der Goethezeit. Versuch einer ideellen Entwicklung der klassisch-romantischen Literaturgeschichte. Bd. 3: Frühromantik. Leipzig [2]1949. S. 588–627.

Korff, Wilhelm: Das Märchen als Urform der Poesie. Studien zum Klingsohrmärchen des Novalis. Erlangen 1941.

Kuczynski, Jürgen: Diltheys Novalis-Bild und die Wirklichkeit. In: Weimarer Beiträge 12 (1966) S. 27–56.

Küpper, Peter: Die Zeit als Erlebnis des Novalis. Köln/Graz 1959.

Langen, Albert: Deutsche Sprachgeschichte vom Barock bis zur Gegenwart. In: Deutsche Philologie im Aufriß. Hrsg. von Wolfgang Stammler [u. a.]. Bd. 1. Berlin [2]1957. Sp. 1204 ff.

Leroy, Robert / Pastor, Eckart: Die Initiation des romantischen Dichters. Der Anfang von Novalis' *Heinrich von Ofterdingen*. In: Romantik. Ein literaturwissenschaftliches Studienbuch. Hrsg. von Ernst Ribbat. Königstein 1979. S. 38–57.

Link, Hannelore: Abstraktion und Poesie im Werk des Novalis. Stuttgart 1971.

Löffler, Dietrich: Über das Wunderbare in Novalis' Roman *Heinrich von Ofterdingen*. In: Wissenschaftliche Zeitschrift der Karl-Marx-Universität Leipzig. Gesellschafts- und sprachwissenschaftliche Reihe 12 (1963) S. 524–526.

Mähl, Hans-Joachim: Novalis' *Wilhelm Meister*-Studien des Jahres 1797. In: Neophilologus 47 (1963) S. 286–305.

– Goethes Urteil über Novalis. Ein Beitrag zur Geschichte der Kritik an der deutschen Romantik. In: Jahrbuch des Freien Deutschen Hochstifts 1967. Tübingen 1967. S. 130–270.

Mahoney, Dennis F.: Die Poetisierung der Natur bei Novalis. Beweggründe, Gestaltung, Folgen. Bonn 1980.

Mahr, Johannes: Übergang zum Endlichen. Der Weg des Dichters in Novalis' *Heinrich von Ofterdingen*. München 1970.

Malsch, Wilfried: Zur Deutung der dichterischen Wirklichkeit in den Werken des Novalis. Diss. Freiburg i. Br. 1957. [Masch.]

May, Kurt: Weltbild und innere Form der Klassik und Romantik im *Wilhelm Meister* und *Heinrich von Ofterdingen*. In: K. M.: Form und Bedeutung. Interpretationen deutscher Dichtung des 18. und 19. Jahrhunderts. Stuttgart 1957. S. 161–177.

Middleton, J. Christopher: Two Mountain Scenes in Novalis and the Question of Symbolic Style. In: J. Ch. M.: Bolshevism in Art and Other Expository Writings. Manchester 1978. S. 258–273; 303–309.

Molnár, Géza von: Another Glance at Novalis' »Blue Flower«. In: Euphorion 67 (1973) S. 272–286.

Nischik, Traude Marie: »Himmlisches Leben im blauen Gewande...« Zum poetischen Rahmen der Farben- und Blumensprache in Novalis' Roman *Heinrich von Ofterdingen*. In: Aurora. Jahrbuch der Eichendorff-Gesellschaft 44 (1984) S. 159–177.

Nivelle, Armand: Der symbolische Gehalt des *Heinrich von Ofterdingen*. In: Tijdschrift voor levende talen 16 (1950) S. 404–427.

Obenauer, Karl Justus: Hölderlin – Novalis. Gesammelte Studien. Jena 1925.

O'Brien, William A.: Twilight in Atlantis: Novalis' *Heinrich von Ofterdingen* and Plato's *Republic*. In: Modern Language Notes 95 (1980) S. 1292–1332.

Paschek, Carl: Der Einfluß Jacob Böhmes auf das Werk Friedrich von Hardenbergs (Novalis). Diss. Bonn 1966.

– Novalis und Böhme. Zur Bedeutung der systematischen Böhmelektüre für die Dichtung des späten Novalis. In: Jahrbuch des Freien Deutschen Hochstifts 1976. Tübingen 1976. S. 138–167.

Pfotenhauer, Helmut: Aspekte der Modernität bei Novalis. Überlegungen zu Erzählformen des 19. Jahrhunderts, ausgehend von Hardenbergs *Heinrich von Ofterdingen*. In: Zur Modernität der Romantik. Hrsg. von Dieter Bänsch. Stuttgart 1977. S. 111–142.

Phelan, Anthony: »Das Centrum das Symbol des Goldes«: Analogy and Money in *Heinrich von Ofterdingen*. In: German Life and Letters 37 (1983/84) S. 307–321.

Reble, Albert: Märchen und Wirklichkeit bei Novalis. In: Deutsche Vierteljahrsschrift für Literaturwissenschaft und Geistesgeschichte 19 (1941) S. 70–110.

Reed, Eugene E.: Novalis' *Heinrich von Ofterdingen* as »Gesamtkunstwerk«. In: Philological Quarterly 33 (1954) S. 200–211.

Rehm, Walther: Orpheus. Der Dichter und die Toten. Selbstdeutung und Totenkult bei Novalis – Hölderlin – Rilke. Düsseldorf 1950.

Riesenfeld, Paul: *Heinrich von Ofterdingen* in der deutschen Literatur. Berlin 1912.

Rogers, Elwin E.: Novalis' Atlantis-Erzählung: Goethe surpassed? In: The German Quarterly 50 (1977) S. 130–137.

Ruder, Klaus: Zur Symboltheorie des Novalis. Marburg 1974.

Samuel, Richard: Die poetische Staats- und Geschichtsauffassung Friedrich von Hardenbergs (Novalis). Studien zur romantischen Geschichtsphilosophie. Frankfurt a. M. 1925. Nachdr. Hildesheim 1975.

– Novalis: *Heinrich von Ofterdingen*. In: Der deutsche Roman. Vom Barock bis zur Gegenwart. Struktur und Geschichte. Hrsg. von Benno von Wiese. Bd. 1. Düsseldorf 1963. S. 252–300; 433–437.

Saul, Nicholas: History and Poetry in Novalis and in the Tradition of Enlightenment. London 1984.

– The Motif of Baptism in Three Eighteenth-Century Novels: Secularisation or Sacralization. In: German Life and Letters 39 (1985/86) S. 107–133.

Schanze, Helmut: Romantik und Aufklärung. Untersuchungen zu Friedrich Schlegel und Novalis. Nürnberg 1966.

– Index zu Novalis' *Heinrich von Ofterdingen*. Frankfurt a. M. 1968.

– Zur Interpretation von Novalis' *Heinrich von Ofterdingen*. Theorie und Praxis eines vollständigen Wortindex. In: Wirkendes Wort 20 (1970) S. 19–33.

Schlagdenhauffen, Alfred: Klingsohr – Goethe? In: Un dialogue des nations. Albert Fuchs zum 70. Geburtstag. München/Paris 1967. S. 121–130.

Schlumm, Hans-Bernhard: Blauer Tagtraum – Goldenes Zeitalter. Die Versöhnung von Mensch und Natur bei Novalis. Frankfurt a. M. 1981.

Schneider, Martin: Novalis und Karamsin. Eine These zur Herkunft des Atlantis-Märchens im *Heinrich von Ofterdingen*. In: Arcadia 19 (1984) S. 285–287.

Schneider, Reinhold: Novalis und der Tod. In: R. Sch.: Dämonie und Verklärung. Vaduz 1947. S. 99–128.

Schrimpf, Hans Joachim: Novalis: *Das Lied der Toten*. In: Die deutsche Lyrik. Form und Geschichte. Interpretationen. Hrsg. von Benno von Wiese. Bd. 1. Düsseldorf 1956. S. 414–429.

Schueler, Heinz J.: Cosmology and Quest in Novalis' *Klingsohrs Märchen*. In: The Germanic Review 49 (1974) S. 259–266.

Schulz, Gerhard: Die Berufslaufbahn Friedrich von Hardenbergs

(Novalis). In: Jahrbuch der Deutschen Schillergesellschaft. Bd. 7. Stuttgart 1963. S. 253–312.

– Die Poetik des Romans bei Novalis. In: Jahrbuch des Freien Deutschen Hochstifts 1964. Tübingen 1964. S. 120–157.

– Der Fremdling und die blaue Blume. Zur Novalis-Rezeption. In: Romantik heute. Bonn-Bad Godesberg 1972. S. 31–47; 86 f.

Scrase, David A.: The Movable Feast: the Role and Relevance of the »Fest« Motif in Novalis' *Heinrich von Ofterdingen*. In: New German Studies 7 (1979) S. 23–40.

Sellner, Timothy S.: Novalis' *Heinrich von Ofterdingen*. »Erfüllung« as »Individuation«. An Interpretation of the Novel Based on the Psychology of C. G. Jung. Diss. University of Michigan 1970.

Senckel, Barbara: Individualität und Totalität. Aspekte zu einer Anthropologie des Novalis. Tübingen 1983.

Skelton, Susan: Blake, Novalis, and Nerval. The Poetics of the Apocalypse. A Study of Blake's *Milton*, Novalis' *Hymnen an die Nacht* and *Hendrich von Ofterdingen*, and Nerval's *Aurelia*. Diss. University of Southern California 1973.

Stadler, Ulrich: Die Auffassung vom Gelde bei Friedrich von Hardenberg (Novalis). In: Romantik in Deutschland. Ein interdisziplinäres Symposion. Hrsg. von Richard Brinkmann. Stuttgart 1978. S. 147–156.

– ›Die theuren Dinge‹. Studien zu Bunyan, Jung-Stilling und Novalis. Bern/München 1980.

– Novalis: *Heinrich von Ofterdingen* (1802). In: Romane und Erzählungen der deutschen Romantik. Neue Interpretationen. Hrsg. von Paul Michael Lützeler. Stuttgart 1981. S. 141–162.

Stopp, Elisabeth: »Übergang vom Roman zur Mythologie«. Formal Aspects of the Opening Chapter of Hardenberg's *Heinrich von Ofterdingen, Part II*. In: Deutsche Vierteljahrsschrift für Literaturwissenschaft und Geistesgeschichte 48 (1974) S. 318–341.

Strack, Friedrich: Im Schatten der Neugier. Christliche Tradition und kritische Philosophie im Werk Friedrich von Hardenbergs. Tübingen 1982.

Strohschneider-Kohrs, Ingrid: Die romantische Ironie in Theorie und Gestaltung. Tübingen 1960. ²1977.

Todsen, Hermann: Über die Entwicklung des romantischen Kunstmärchens. Berlin 1906.

Tournoux, Georges A.: La langue de Novalis dans Henri d'Ofterdingen, les disciples à Saïs et l'essai sur la chrétienté. Lille/Paris 1920.

Voerster, Erika: Märchen und Novellen im klassisch-romantischen Roman. Bonn 1964. [2]1966.

Vordtriede, Werner: Clemens Brentanos Novalis Experience. In: Modern Language Quarterly 11 (1950) S. 73–78.

– Novalis und die französischen Symbolisten. Zur Entstehungsgeschichte des dichterischen Symbols. Stuttgart 1963.

Walzel, Oskar: Die Formkunst von Hardenbergs *Heinrich von Ofterdingen*. In: Germanisch-Romanische Monatsschrift 7 (1915–19) S. 403–444; 465–479.

Wetzels, Walter D.: Klingsohrs Märchen als Science Fiction. In: Monatshefte für deutschen Unterricht, deutsche Sprache und Literatur 65 (1973) S. 167–175.

Weydt, Günther: Ist der *Nachsommer* ein geheimer *Ofterdingen*? In: Germanisch-Romanische Monatsschrift N. F. 8 (1958) S. 72–81.

White, John J.: Novalis' *Heinrich von Ofterdingen* and the Aesthetics of »Offenbarung«. In: Publications of the English Goethe Society 52 (1981/82) S. 90–119.

Wiesmann, Louis: Die Wiederentdeckung des Traums in der Romantik. Novalis, Hoffmann, Eichendorff. In: Traum und Träumen. Traumanalysen in Wissenschaft, Religion und Kunst. Hrsg. von Therese Wagner-Simon und Gaetano Benedetti. Göttingen 1984. S. 102–112.

Wilhelm, Karl-Heinz: Novalis' Auffassung zur Funktion und Produktion von Literatur: ein Beitrag zur Rezeptionsästhetik der deutschen Frühromantik. Diss. Potsdam 1980.

Willson, A. Leslie: The »Blaue Blume« – A New Dimension. In: The Germanic Review 34 (1959) S. 50–58.

Woltereck, Käte: Goethes Einfluß auf Novalis' *Heinrich von Ofterdingen*. Weida 1914.

Zagari, Luciano: »Ein Schauspiel für Eros«. Nihilistische Dimensionen in Friedrich von Hardenbergs allegorischem Märchen. In: Aurora. Jahrbuch der Eichendorff-Gesellschaft 42 (1982) S. 130–142.

Zimmermann, Eleonore M.: *Heinrich von Ofterdingen*: A Striving towards Unity. In: The Germanic Review 31 (1956) S. 269–275.

Nachwort

Als der Freiherr Georg Philipp Friedrich von Hardenberg, der sich als Dichter nach einem Zweig seiner Vorfahren Novalis nannte, im Juni 1799 zur Taufe seines Patenkindes nach Artern in Thüringen unweit des Kyffhäusers kam, fand er in Chroniken der Bibliothek des befreundeten Majors von Funk den Stoff zu seinem Roman *Heinrich von Ofterdingen*. Es waren dies wohl die *Thüringische Chronik* und das *Leben der heiligen Elisabeth* des Eisenacher Stadtschreibers Johannes Rothe, vielleicht auch die *Mansfeldische Chronik* des Cyriacus Spangenberg. All diese Quellen, zu denen noch die von Funk verfaßte Biographie Kaiser Friedrichs II. gehört, überliefern den Namen des mittelalterlichen Dichters in der Form »Heinrich von Afterdingen«, die auch Novalis durchgehend gebraucht. Erst Friedrich Schlegel und Ludwig Tieck haben im Erstdruck aus Bodmers Ausgabe der Minnesinger die heute geläufige und historisch gewordene Namensform übernommen.

Im Dezember des gleichen Jahres machte Novalis – wieder bei einem Besuch in Artern – erste Aufzeichnungen zu seinem Roman, und innerhalb von dreieinhalb Monaten wurde *Ofterdingen I* dann vollendet. Die Paralipomena zu *Ofterdingen II* werden von Ritter auf die Zeit zwischen Ende Juli und Oktober 1800 datiert; am 25. März 1801 aber ist Novalis schon gestorben, nur der Tod, keine innere Notwendigkeit ließ den Roman Fragment bleiben.

Die Landschaft um Artern spiegelt sich vielfach im Roman. Heinz Ritter war es wieder, der die einleitende Passage aus dem Traum des Vaters (1. Kapitel) mit der an Eichendorffs Landschaft erinnernden Beschreibung der Goldenen Aue als Hardenbergs »Quellenerlebnis« gedeutet hat. Auch der Johannistag (24. Juni), der eine so geheimnisvolle Rolle in den ersten Kapiteln des *Ofterdingen* spielt, hat Bezug auf die Gegend im Umkreis des Kyffhäusers, da »nach der thüringi-

schen Sage« an diesem Tag der Zugang zu dem sagenumwo-
benen Berge erleichtert ist (P. Küpper) und in der Johannis-
nacht die blaue Blume blüht. Die Elemente der Kyffhäuser-
sage verwendet der Dichter in der ursprünglichen, auf den
»Messiaskaiser« Friedrich II. bezogenen Fassung und nicht in
der schon damals bekannten, aber erst von Friedrich Rückert
(1817) popularisierten Barbarossaform. Wir meinen auch,
daß der in den Berliner Papieren auftretende Johannes, von
Tieck zu Recht mit dem »Fremden von der ersten Seite« identifiziert – »Johannes kommt und führt ihn in den Berg.
Gespräch über die Offenbarung« –, nicht der »Apokalypti-
ker« ist (R. Samuel), sondern Johannes der Täufer. Damit ist
eine sonst recht ärgerliche Inkonsequenz in den Motivbindungen des Romans vermieden, nachdem das um die Som-
mersonnenwende gefeierte Fest das des Täufers, nicht das des
Evangelisten ist. Das »Gespräch über die Offenbarung« ist
also ein Gespräch über die ganze Heilige Schrift – »Offenbarung« in diesem Sinne ist im Werke Hardenbergs vielfach
zu belegen –, nicht nur über die Geheime Offenbarung. Eine
Begegnung Heinrichs mit dem »Vorläufer des Herrn« ist endlich wegen der im Roman anklingenden – symbolistisch
gemeinten – Jesus-Parallele wahrscheinlich. Sehr bewußt hat
Novalis seinen Roman »in die literarische Tradition allegori-
scher Jerusalemreisen« (U. Stadler) gestellt.
In der neueren Literatur zu Hardenbergs Roman hat Johannes Mahr – gegen eine weit verbreitete Forschungstendenz –
entschieden dafür plädiert, bei der Interpretation nicht nur
auf die Notizen zum zweiten Teil, sondern auch auf die Biographie des Autors zu verzichten, um nicht den seit Ludwig
Tieck von außen an den Text herangetragenen »interpretato-
rischen Vorentscheidungen« zu verfallen. In seiner Deutung
des 5. Kapitels aber, das seit den sechziger Jahren unseres
Jahrhunderts immer stärker in den Mittelpunkt der Aufmerksamkeit gerückt ist, hat er selbst eine bedeutsame Parallele
zwischen dem Romantext und Hardenbergs Biographie gesehen. Die Gestalten des Bergmanns und des Grafen von

Hohenzollern nämlich, mit ihren für Hardenbergs kurzes Leben symptomatischen Schicksalen und deren Bewältigung, »haben ihre Einheit in der Person des Autors, der in sich selbst ›Tätigkeit‹ und ›Betrachtung‹ zu einem spannungsreichen Ausgleich gebracht hat« (J. Mahr).

Da der *Ofterdingen* von allen bedeutenden frühromantischen Romanen »das am rationalsten angelegte Buch« (G. Schulz) ist, sind die philosophischen und die literarischen Einflüsse von weit größerem Gewicht als die in der älteren wissenschaftlichen Literatur so ausführlich diskutierten »Quellenerlebnisse«. So hat Elisabeth Stopp nachgewiesen, wie sehr Novalis von Johann Caspar Lavaters *Aussichten in die Ewigkeit* beeindruckt war: »Even if one is fully aware of its purely speculative nature, the book has the fascination of a Baedeker read in advance of the journey [. . .].« Und die Art der Dialogführung im *Heinrich von Ofterdingen* schien ihr verwandt mit der in des holländischen Philosophen Hemsterhuis *Alexis* oder der in Wielands *Agathon*, jenem Lieblingsbuch des Novalis, »in which the technique of philosophy by conversation is brought to a point of high perfection« (E. Stopp). Ulrich Stadler hat dann erläutert, wie Heinrichs Bestimmung zum Dichter mit Hardenbergs Studien zu Hemsterhuis und Fichte zusammenhängt, da, in einer charakteristischen Modifikation transzendentalphilosophischer Vorstellungen, »die Einbildungskraft«, nach Novalis »der wunderbare Sinn, der uns alle Sinne *ersetzen* kann – und der so sehr schon in unsrer Willkür steht«, in der Lage ist, »Realität hervorzubringen« (U. Stadler). Stadler hat Wielands *Dschinnistan oder auserlesene Feen- und Geister-Märchen* als direktes Vorbild für das Liebesgespräch zwischen Heinrich und Mathilde (im 8. Kapitel des Romans) belegt und auf Goethes *Märchen* als Folie für das Märchen Klingsohrs (im 9. Kapitel) verwiesen, jedoch mit Fries und Kittler die stärkere Betonung des weiblichen Elementes bei Novalis hervorgehoben.

Hardenbergs bekannt ambivalentes Verhältnis zu Goethe ruft noch immer kontroverse Diskussionen hervor. Goethes

Roman *Wilhelm Meisters Lehrjahre* hielt Novalis im Grunde
für »ein fatales und albernes Buch [. . .] undichterisch im
höchsten Grade, was den Geist betrifft – so poetisch auch die
Darstellung ist«. Als »Antimeister«, jedoch – wie Kurt May
nachgewiesen hat – nicht als antiklassisches Kunstwerk im
Sinne der Stiltypologie von Fritz Strich, ist der Roman
bewußt geschaffen worden. Goethe sollte übertroffen werden »an Gehalt und Kraft, an Mannichfaltigkeit und Tiefsinn
– als Künstler eigentlich nicht – oder doch nur sehr wenig,
denn seine Richtigkeit und Strenge ist vielleicht schon
musterhafter, als es scheint«. Wie »Künstler« hier in einem
spezifischen Sinn gebraucht ist, im Unterschied zum Genie
mehr das Talent und die Hinwendung zur Außenwelt meint,
hat Hans-Joachim Mähl gezeigt und damit belegt, daß die
Ambivalenz von Hardenbergs Bild des *Wilhelm Meister*
schon in den Goethe-Studien des Jahres 1797 angelegt ist. An
Goethes Roman lernte Novalis die »Kunst zu leben«, ohne
den bei Goethe vermißten Primat der inneren Welt aufzuge-
ben. Der Roman *Wilhelm Meisters Lehrjahre* erscheint so –
auch im *Ofterdingen* – als »wichtigste Gegenkomponente des
Sophien-Erlebnisses« (H.-J. Mähl), welches das Pendant der
Verinnerlichung zu einem einseitig nach außen gerichteten
Künstlertum bildet.
Das Sophien-Erlebnis, Kern der mythisierenden Novalis-
Legende des 19. Jahrhunderts, die – mit anderen Vorzeichen
– in den späten sechziger Jahren unseres Jahrhunderts nochmals erneuert wurde, sollte aus der Diskussion um den
Roman nicht völlig verdrängt werden. Als Novalis den
Ofterdingen niederschrieb, hatte er den in seinen Tagebü-
chern häufig anzutreffenden »Zielgedanken«, den Entschluß
also, seiner jungen Braut Sophie von Kühn (gest. 19. März
1797) nachzusterben, zwar überlebt, doch wirkte das Erlebnis dieses Todes und dieser Liebe noch mächtig in ihm nach.
Im Dezember 1798 hat sich Hardenberg wieder verlobt, mit
Julie, der Tochter des Berghauptmanns v. Charpentier.
Schon Eudo C. Mason und Heinz Ritter haben Julies Bedeu-

tung für den *Ofterdingen* erkannt, und ein liebenswerter
Fund Richard Samuels ist geeignet, diese Annahme zu bestär-
ken. Das einzige genaue Datum nämlich, das Novalis in den
Roman »sozusagen eingeschmuggelt« hat, ist der 16. März.
Dieser Tag, an dem der alte Bergmann (aus dem 5. Kapitel)
zum ersten Male Gold fand, ist aber Julies Geburtstag. Der
Forderung, den »Sophien-Mythos« zu überprüfen, ist daher
zuzustimmen, nicht aber allen Folgerungen, die daraus gezogen werden. Deutlich jedenfalls ist, daß, entgegen der von
Tiecks Biographie ausgehenden Stilisierung des Novalis zu
einer schwärmerischen, früh todgeweihten und früh vollen-
deten Poetengestalt, Hardenbergs Verhältnis zu Sophie von
Kühn »eher nüchtern und von einer ebenso klaren wie unsen-
timentalen Gewißheit der Liebe getragen« war (H.-J. Mähl).
Es ist daher naheliegend, die »Zueignung« des Romans, die
Kluckhohn/Samuel allein auf Sophie von Kühn, Ritter, allzu
abstrakt, auf »die geheime Macht des Gesangs« festlegen wollen, Sophie und Julie zugleich zuzuweisen. Ebenso klar wie
die sogleich erkennbaren Entsprechungen zwischen dem
ersten und dem zweiten Sonett der »Zueignung« sind nämlich
die zwischen der »Zueignung« und dem Liebes-Dialog im
8. Kapitel. Der Roman ist also gleichsam Mathilde gewidmet,
in deren Gestalt idealisierte Züge Sophies und Julies vereint
sind. Nicht die »irdische Gestalt« Mathildes bewundert
Heinrich, sondern das »wunderbare Bild«, das sie durch-
dringt. Diese Auffassung von der die Gestalt der Geliebten
durchdringenden Idee der Liebe hat die romantische Literatur bis tief in die Spätromantik hinein geprägt, so daß
»Mathilde« zum Kennwort romantischer Liebesvorstellun-
gen geworden ist. Sophie und Julie also sind in ihrer irdischen
Erscheinung Schattenbilder eines »ewigen Urbildes«; nicht
die Phantasie, die Liebe ist des »Gesangs geheime Macht«. So
ergeben sich aus der ersten Strophe des zweiten Sonetts auch
Bezüge zu Hardenbergs Biographie, die auf die verewigte
Braut ebenso verweisen wie auf die lebende:

> In ewigen Verwandlungen begrüßt
> Uns des Gesangs geheime Macht hienieden,
> Dort segnet sie das Land als ewger Frieden,
> Indes sie hier als Jugend uns umfließt.

Mit der Vereinigung der Schattenbilder im unzerstörbaren Urbild, als dem Teil einer unbekannt heiligen Welt, nimmt die »Zueignung«, die wie stets in der Romantik zum Werk selbst gehört, das auf romantischer »Potenzierung« beruhende Gestaltprinzip des Romans vorweg.

*

Die von Friedrich Schlegel mit dem Blick des Freundes erkannte geistige Verwandtschaft des Novalis mit Platon wird bis in die parallele Terminologie hinein kenntlich bei einem Blick auf das berühmte Höhlengleichnis im siebten Buch der *Politeia*. Novalis scheidet wie Platon zwei Weltbereiche, das Schattenreich der äußeren und das Lichtreich der inneren Welt: »Die innre Welt ist gleichsam mehr mein als die *äußre*. Sie ist so innig, so heimlich – Man möchte ganz in ihr leben – Sie ist so vaterländisch. Schade, daß sie so traumhaft, so ungewiß ist. Muß denn gerade das Beste, das Wahrste so scheinbar – und das Scheinbare so wahr aussehn?« Wie in Platons Gleichnis ist auch hier das eigentlich Seiende nur ungewiß und dunkel zu fassen, weil das geblendete Auge den Schatten klarer erkennt als das Licht. Das Widerspiel von dunkler Licht- und klarer Schattenwelt aber führt zum Verständnis des rätselvollen Stilcharakters des *Heinrich von Ofterdingen*, weil das dichterische Wort als »Medium der Poesie« für Novalis die »äußre Offenbarung jenes innern Kraftreichs« bedeutet. In dieser platonischen Stilstruktur liegt nicht nur der von Elisabeth Stopp an einem Diktum von Friedrich Schlegel belegte »Übergang vom Roman zur Mythologie« begründet, sondern auch die Faszination, die Hardenbergs *Heinrich von Ofterdingen* auf den Roman der literarischen Moderne ausgestrahlt hat. Der *Ofterdingen*

weist deshalb weit über seine Zeit hinaus, weil er die Voraussetzungen des bürgerlichen Bildungsromans eliminiert: »Das
romantypische Spannungsverhältnis zwischen Innenwelt des
Helden und Außenwelt, in der sie sich zu bewähren hätte,
fehlt« (H. Pfotenhauer). Anders ausgedrückt: Alle Spiegelung und alle figurative Symbolik des Romans streben auf
Identifikation zu.

Die Reise Heinrichs von Eisenach nach Augsburg ist in all
ihren Stationen gebildet nach dem durch das platonische
Höhlengleichnis umschriebenen Sinngesetz der Spiegelung,
wobei schon Erika Voerster darauf verwiesen hat, daß »Spiegelung« nicht statisch, sondern als ein dynamischer Begriff zu
fassen ist, weil »Spiegelung« in der Romantik »wie die Re-
flexion Bewußtseinsentstehung, Quell höherer Erkenntnis,
einen Akt des Transzendierens« bedeutet. Das traditionelle
Schema des Reise- und Bildungsromans, das die Zeitgenossen
zunächst in der Anlage des Textes erkennen konnten, ist
somit weniger »epischer Vorwand« (A. Henkel) als vielmehr
ein bewußt ergriffenes Stilmittel zur Gestaltung der schatten-
haften Außenwelt. Die poetisch-reale Reise im ersten Teil des
Romans ist Spiegelbild einer Bewußtseinsreise in das Gemüt,
wie die Reise im zweiten Teil Spiegelbild einer Reise *durch*
das Gemüt ist; im Sinne platonischer Philosophie sind diese
Reisen das »Werdende« im Verhältnis zum »Seienden« und
daher inmitten einer statisch anmutenden Umgebung ein
enorm dynamisierendes Element. So ist schon der Abschied
von Thüringen nicht nur Vordeutung einer realen Rückkehr
innerhalb des Erzählstranges, sondern auch Beginn des
geheimnisvollen Weges nach innen: »[. . .] er sah nach Thüringen, welches er jetzt hinter sich ließ, mit der seltsamen
Ahndung hinüber, als werde er nach langen Wanderungen
von der Weltgegend her, nach welcher sie jetzt reisten, in sein
Vaterland zurückkommen, und als reise er daher diesem
eigentlich zu.« Die innere Welt ist die Heimat des Menschen,
der Abschied also Beginn einer Heimkehr: »»Wo gehn wir
denn hin?‹ ›Immer nach Hause.‹«

Heinrichs Weg zu sich selbst ist nach Hardenbergs Axiom, daß Poesie »Darstellung des Gemüts – der innern Welt in ihrer Gesamtheit« ist, der Weg zum Dichtertum. Als »Apotheose der Poesie« ist der Roman auch konzipiert: »Heinrich von Afterdingen wird im 1sten Teile zum Dichter reif – und im Zweiten, als Dichter verklärt.« Die markanten Stationen der Reise liegen im 4., 5. und 6. Kapitel, sie sind im Gespräch zwischen Heinrich und Klingsohr (im 7. Kapitel) mit den Begriffspaaren Krieg und Poesie, Natur und Geschichte, Poesie und Liebe umschrieben.

Erweckt durch den Traum von der blauen Blume, der in seine Seele – damit in den inneren Gang des Romangeschehens – »wie ein weites Rad hineingreift, und sie in mächtigem Schwunge forttreibt«, mit wachem Gemüt, gebildet durch den Geist der Dichtkunst, dessen Stimmen »unbemerkt« die Kaufleute geworden sind, kommt Heinrich, Dichter von Geblüt, auf das Schloß des Kreuzritters (4. Kapitel). In schroffer Antithese stehen die beiden Teile des 4. Kapitels gegeneinander: Krieg und Poesie, Abendland und Morgenland, Christentum und Heidentum, männliches und weibliches Prinzip erscheinen im Bilde des Ritters und seiner morgenländischen Gefangenen. In den eingelegten Liedern hat der Dichter – wie stets in den Liedern des Romans – den antithetischen Gehalt des Kapitels konzentriert; jambisch und trochäisch ist ihr Metrum, kriegerisch und elegisch ihre Stimmung, offen und geschlossen die Form ihrer Strophen; das Paradies beschwören beide, das himmlische Paradies der Kreuzgesang, das irdische Paradies Zulimas Lied. Deutlicher noch als in den Liedern ist die Stimmung der beiden Textabschnitte und ihre Bedeutung für Heinrich in den sinnbildlichen Gegenständen von Laute und Schwert verdichtet. Das Schwert ist Attribut des Helden, die Laute das des Dichters; Held und Dichter aber sind Hardenbergs Namen der alten Unterscheidung von aktivem und kontemplativem Menschentum. Die Seele des Helden ist »unablässig nach außen gerichtet, und eine emsige, schnell entscheidende Dienerin des Verstandes«, die Welt des Dichters ist sein Gemüt, »[seine] Tätigkeit die Betrachtung, [sein] Leben ein leises Bilden [seiner] inneren Kräfte«. Der ganze Mensch vereint Betrachten und Tun, daher ist der Weg nach innen nur ein erster Schritt: »Wer hier stehn bleibt, gerät nur halb. Der zweite Schritt muß wirksamer Blick nach Außen, selbsttätige, gehaltne Beobachtung der Außenwelt sein.« Die Vereinigung zweier gegensätzlicher Seinsweisen des Menschlichen sollte in Heinrich von Ofterdingen Gestalt werden, er sollte Dichter und zugleich »wahrer Held« sein. Dazu finden sich in den Aufzeichnungen zur Fortsetzung des Romans die Notizen: »Italienische Händel. Hier wird H. Feldherr. Beschr. eines Gefechts etc.«, und ausführlicher noch im zweiten Teil der »Berliner Papiere«: »Heinrich überfällt mit einem flüchtigen Haufen die feindliche Stadt. Alle Elemente des Kriegs in poetischen Farben.« Vorgedeutet ist eine solche Entwicklung schon im 4. Kapitel, wenn es heißt: »[. . .] seine [Heinrichs] Hand schien sich nicht von dem Schwerte losmachen zu können.«

Wie in den Rittern dem Krieg, so begegnet der junge Ofterdingen in Zulima der Poesie; also trägt Heinrich am Ende des Gesprächs die Laute, und es zeigt sich ihm in der »wunderlichen Verwirrung« der nächtlichen Landschaft die Welt in ihrer rechten Dimension. Das angebotene Geschenk der Laute aber lehnt Heinrich ab, denn noch kann er das Instrument nicht spielen, es fehlt die Liebe, die allein der stummen Innerlichkeit Sprache verleiht.

Die Deutung dieses Kapitels führt darauf, daß der zweite Teil des Romans als »Opfer- und Erlösungsweg« (W. Rehm) Heinrichs vorgestellt war, auf dem Heinrich auch als »Feldherr« erscheinen sollte: »Todeslust ist Kriegergeist.« Ein Dichter aber, der zugleich ein Held wäre, ist nach Klingsohrs Worten »ein göttlicher Gesandter«. Die Antithesen des 4. Kapitels sollten sich in Heinrich lösen, der Dualismus alles Seienden sollte in ihm zur Harmonie des Seins geläutert werden. Der ganze Roman ist, wie seine einzelnen Teile, nach dem triadischen Grundschema der Drei-Zeitalter-Lehre angelegt, die zu einem Strukturdogma der Romantik geworden ist. Nur bruchstückhaft läßt sich aus den Paralipomena die Vereinigung von Abend- und Morgenland, von »christlicher und heidnischer Religion« in den Gestalten Heinrichs und des sarazenischen Dichters erschließen. Das seit Wilhelm Dilthey in der Novalis-Forschung diskutierte Problem der »mystischen Personengleichheit« ist noch immer nicht völlig gelöst, wenn auch die mehr als hundertjährige Deutungstradition des Romans gerade aus dem Rätsel der Fortsetzungsfragmente immer wieder neuen Antrieb erhält. Klarer ist der Sinn der Antithese von Mann und Frau: »Die Frau ist das Symbol der *Güte* und *Schönheit* – der *Mann* das Symbol der Wahrheit und des Rechts«, ist dazu im *Allgemeinen Brouillon* zu lesen. Güte und Schönheit, Wahrheit und Recht erscheinen in dem Heinrich der »Erfüllung«; dann erst kann es ihm gelingen, den Geist der Poesie aus den irdischen Fesseln des Krieges zu lösen, wozu er schon jetzt »innerlich einen heftigen Beruf fühlte«. Im Welterlösungs-Mythos des zweiten Teiles fließen himmlisches und irdisches Paradies ineinander, Heinrich als Feldherr ist Sinnbild des »wahren Heldentums«, welches zur Messias-Parallele gesteigert wird. Im »Opfer seines Lebens« (W. Rehm) wird der »König der Poesie« ein neues goldenes Zeitalter begründen. »Des Paradieses selge Türe / Wird frommen Kriegern aufgetan«, heißt es im Kreuzgesang vorausdeutend; auf Heinrich bezogen erhalten diese Zeilen den von Novalis gemeinten mythischen Sinn: das verlorene, im Trauerlied Zulimas beklagte Paradies kehrt wieder in strahlender, unsterblicher Gestalt.

Oskar Walzel hat von dem »fühlbaren Atemholen« am Anfang des 6. Kapitels gesprochen: das Ziel der Reise ist nahe. Mit der retardierenden Eingangsreflexion knüpft Novalis unmittelbar an das 4. Kapitel an. Eine Folge von Höhepunkten ist so die Kapitelreihe am Ende des ersten Teiles und für Heinrich ein einziges Fest; das Geschehen von vier Kapiteln wird auf einen Zeitraum von 24 Stunden zusammengedrängt.

Festlich begegnet die Welt dem Dichter, und so wird im Hause Schwanings gefeiert, als sich ihm die Reisenden nähern. Den Kaufleuten als den unbeschwert tätigen Vertretern der Außenwelt ist es ein »fröhliches Fest«, für Schwaning wird es durch die Ankunft von Tochter und Enkel zum »wahren Fest«, Heinrich aber erscheint es als ein »seliges Fest«. Das Beiwort ist für Hardenberg »dichterisches Hauptwort«; es ist die stilprägende Wortart des *Ofterdingen* und variierendes Element jener bewußt »blassen und unbestimmten« Wortwahl, die den Sprachstil des Romanes kennzeichnet »und ihm zugleich jene Transparenz [gibt], die vom Dichter intendiert war« (H. J. Mähl). Im Beiwort sind die Gestalten des Romans in ihrer Funktion für die fortschreitende Erhebung der Welt in den angestrebten »Geheimnis Stand« charakterisiert, und Heinrich wird durch den Wortschatz des Paradieses gekennzeichnet. Das ist auch der zu erschließende Sinn dieses Festes, es ist vollkommenes Abbild der inneren Welt, zeitlich fixierte, daher erst individuell erfahrbare, noch nicht allgemein gültige Regeneration des Paradieses: »Der Lebensgenuß stand wie ein klingender Baum voll goldener Früchte vor ihm. Das Übel ließ sich nicht sehen, und es dünkte ihm unmöglich, daß je die menschliche Neigung von diesem Baume zu der gefährlichen Frucht des Erkenntnisses, zu dem Baume des Krieges sich gewendet haben sollte.« Heinrichs Gefühl ist an dieser Stelle vollkommenes Abbild seines Autors, der schon bei einer seiner ersten Begegnungen mit Friedrich Schlegel »mit wildem Feuer« seine Meinung vorgetragen hat, »es sei gar nichts böses in der Welt – und alles nahe sich wieder dem goldenen Zeitalter«. Gerade an den Begegnungen Heinrichs im *Ofterdingen* wird erkennbar, daß Novalis alle Krieg und Streit hervorrufenden »direkten Zwecksetzungen« langfristig nicht für schädlich hielt, da sie »mittelbar ›die Zahl der Freien‹ vermehren helfen, bis ein neues Goldenes Zeitalter Wirklichkeit geworden ist« (U. Stadler). Bei der Darstellung des Festes aber bricht sich das Innere im Äußeren und das Äußere im Inneren, so daß wiederum das Gesetz der Spiegelung erfüllt ist; das Fest spiegelt nicht nur den Zustand von Heinrichs Seele, es wirkt auch zurück auf sein Gemüt, so daß in der Doppelspiegelung die von der Wortreihe »fröhlich – wahr – selig« gekennzeichnete Steigerung erreicht wird. Seliger Höhepunkt des Festes, »höchster Augenblick des Lebens« ist das Geständnis der Liebe: »Gute Mathilde, lieber Heinrich [. . .]. Heinrich stand, wie im Himmel.« In Mathilde findet Heinrich die Liebe, die den »einfachen Akkord« seiner Dichterseele in »unendliche Melodie« entfaltet; so wird nochmals ein Motiv aus dem 4. Kapitel aufgegriffen, denn die Geliebte wird Heinrich lehren, die Gitarre zu spielen, und die »Blume seines Herzens«, die bei der Begegnung mit Zulima nur von ferne geleuchtet hat, tritt ihm sichtbar gegenüber: »Jenes Gesicht, das aus dem Kelche sich mir entgegenneigte, es war Mathildens himmlisches Gesicht [. . .].«

Novalis verlegte die Liebesbegegnung nicht wie im Atlantismärchen in die Abgeschiedenheit des Waldes und der Höhle; die Liebenden sind einsam inmitten der Geselligkeit: Mathilde »drückte seine Hand, und ging unter die andern«, eine neue Vordeutung auf die Erlöserrolle Heinrichs. Beim Feste Schwanings stehen »bunte Tapeten« zwischen der Welt und den Gästen, wenn sie fallen, herrscht das Reich der Schatten; am Ende des Romans aber sollte das »froheste Fest des Gemüts« gefeiert werden, welches das Fest in Augsburg erst prophezeit: »Das ganze Menschengeschlecht wird am Ende poetisch. Neue goldne Zeit.«

Die Spiegelung erscheint im 5. Kapitel erstmals deutlich als Mittel zur Verwirklichung eines übergreifenden Stilprinzips. In jenem provenzalischen Buch, das Heinrich in der Höhle des Einsiedlers findet, begegnet er nämlich »seiner eigenen Imagination« (A. Henkel), Novalis spiegelt das Kunstwerk im Kunstwerk. Durch die Konfrontierung des Helden mit der Konzeption des Romans drängt der Dichter die Darstellung des Gesamtgeschehens – nur der Schluß fehlt in dem Buche – in den zerbrechlichen Schwebezustand der Eigen-

ständigkeit und ermöglicht es, ein Inneres gleichsam von außen zu betrachten. Arthur Henkel hat aus der Selbstbegegnung Heinrichs die »partielle Identität« des Autors mit seinem Helden abgeleitet, und wir schließen weiter, daß sich Novalis hier die Möglichkeit gesichert hat, »durch *unparteiisches* Wiederlesen seines Buchs [. . .] – [es] selbst [zu] läutern«. Die in der Konfrontierung betrachtete Intention des Romans aber ist unlöslicher Teil des Kunstwerkes, die Betrachtung ist Teil der betrachteten Darstellung selbst, so daß eben jener Zirkel romantischer Ironie entsteht, der sich »als ein Mittel der Selbstrepräsentation von Kunst verstehen läßt« (I. Strohschneider-Kohrs). Eine genaue Analyse dieses Abschnitts würde erweisen, daß vom Geheimnis poetischen Schöpfertums gesprochen, die innere Entstehung des *Ofterdingen* selbst gestaltet wird. Wir sind Zeugen eines stummen Monologs, in dessen Verlauf wir mit Heinrich das Buch durchblättern, wir hören dann die Erklärung des Einsiedlers, die ebenso – scheinbar – obenhin gegeben wird, wie Heinrich gefragt hatte, und es erschließt sich uns – nicht zuletzt aus der verhüllenden Sprachform – der geheime Sinn des Buches, der Heinrich selbst noch dunkel bleibt. Wie Novalis diese Thematik im zweiten Teil weiter ausgeführt hätte, können wir nur vermuten; hier, am Ende des 5. Kapitels jedenfalls, verfährt er mit uns so wie Heinrich mit der zurückkommenden Gesellschaft: »Eine wunderliche Scham befiel ihn. Er getraute sich nicht, seine Entdeckung merken zu lassen, machte das Buch zu, und fragte den Einsiedler nur obenhin nach dem Titel und der Sprache desselben, wo er denn erfuhr, daß es in provenzalischer Sprache geschrieben sei.«
Zwischen dem Ende von Klingsohrs Märchen, welches das ganze 9. Kapitel füllt, und dem Beginn des zweiten Teiles liegt eine Handlungslücke, deren wesentlicher Bestandteil der im Traum (des 6. Kapitels) geahnte Tod Mathildes ist. »Kein rechter historischer Übergang nach dem 2. Teile – dunkel – trüb – verworren«, heißt es in den »Berliner Papieren«. Das innere Maß, mit dem im *Ofterdingen* gemessen wird,

nimmt auch das Gesetz der Kausalität in sich auf; bewußt überspitzt ist mit Hermann August Korff zu formulieren: »Mathilde war nur da, um für Heinrich zu sterben«, die neue Welt wird geboren aus der Asche der alten. Daher steht der Phönix als ein schmerzliches und doch »glückliches Zeichen« über dem Beginn der »Erfüllung«, der Schmerz des Todes geht der Wiedergeburt voraus. Die »Vorarbeiten zum Roman« bezeugen, daß Novalis den Tod Mathildes im Märchen von Eros und Fabel ursprünglich sichtbarer darstellen wollte, als er es in der Endfassung getan hat; darauf verweist die Notiz: »Ein Mädchen stirbt einen schmerzhaften Tod.« Äußerlich ist das Märchen dem Rahmen der Verlobungsfeier eingefügt, das Brautpaar und »einige Gäste« sind als Zuhörer vorgestellt, strukturell aber beginnt die »Erfüllung« schon innerhalb der »Erwartung«, weil hier erstmals bewußt poetische Spiegelung ersetzt ist durch poetische Identifikation, die Erzählung Klingsohrs das Handlungsgeschehen nicht erst prophezeit, sondern vollzieht; wieder sind wir im Bereich jener poetischen Potenzierungs-Technik, als die sich romantische Ironie bei Novalis darstellt. Was im Sinnzusammenhang der inneren Welt schon gedeutet ist, muß in der Welt der Schatten nicht mehr beschreibend wiederholt werden. Auch philologisch ist eine solche Deutung zu stützen, da Heinz Ritter nachgewiesen hat, daß Klingsohrs Märchen zwischen dem 1. Januar und dem 23. Februar 1800, das heißt im Zusammenhang der Romanniederschrift und nicht, wie früher angenommen, lange vorher entstanden ist.

»Nichts ist poetischer, als Erinnerung und Ahndung, oder Vorstellung der Zukunft«, ist in den *Vermischten Bemerkungen* des Novalis zu lesen. Erinnerung und Ahnung sind im *Ofterdingen* die Grundelemente der Spiegelung. »Vorstellung der Zukunft«, das heißt Spiegelung des Künftigen im Gegenwärtigen, ist das heitere Thema des ersten Teiles, »Vorstellung der Vorzeit«, das heißt Spiegelung des Vergangenen im Gegenwärtigen, der schmerzliche Grundton des zweiten Teiles. Heiterkeit ist die Stimmung der Hoffnung,

Wehmut die der Erinnerung: »Die Vorstellungen der Vorzeit ziehn uns zum Sterben [. . .] an – die Vorstellungen der Zukunft – treiben uns zum Beleben [. . .]. Daher ist alle Erinnerung, wehmütig – alle Ahndung, freudig.« Untertöne des Erinnerns klingen schon im ersten Buch an, ein starker Unterton des Ahnens durchzieht das zweite Buch, weil beide Bücher hingeordnet sind auf einen letzten Teil, der unter der Überschrift »Die Verklärung« von Novalis geplant war. In den »Berliner Papieren« erscheint zwar »Die Verklärung« als letzte von insgesamt sieben Kapitelüberschriften des zweiten Teiles, doch haben Peter Küpper und ergänzend Richard Samuel gezeigt, daß sich das Material dieses Schlußkapitels zu einem vier eigene Abschnitte umfassenden dritten Romanteil ausgeweitet hat.

Wir haben bisher stillschweigend eine räumliche Spiegelung des Innen im Außen angenommen, nun aber Raum durch Zeit ersetzt. Das innere Reich erscheint im ersten Teil mehr in seiner räumlichen, im zweiten mehr in seiner zeitlichen Strukturierung, doch sind Zeit und Raum im Umkreis der Innenwelt nur als »Hilfskonstruktionen« zu verstehen, vorherbestimmt zur Auflösung durch Identifikation.

Erinnern und Ahnen, damit erstes und zweites Buch des Romans, sind wieder spiegelbildlich angeordnet; das Ahnen des ersten Teiles ist ein Hoffen auf Erfüllung, das Erinnern des zweiten Teiles Vergegenwärtigung des Erwartens. Im vierten Kapitel der »Erfüllung« zum Beispiel, überschrieben »Das Morgenland«, kehrt Zulima, im fünften Kapitel, überschrieben »Der Kaiser«, u. a. die Begegnung mit der eigenen Imagination wieder. Der Blick nach innen aber, »die absondernde Beschauung« des Selbst hat sich umgekehrt in den »wirksamen Blick nach Außen«. So wird die für Heinrich zunächst dunkel-unerklärliche Begegnung mit dem provenzalischen Buch übergeführt in die aktive Inszenierung der eigenen Geschichte während des Festes am kaiserlichen Hof zu Mainz, »Heinrich sollte wohl Dramaturg und Spielleiter zugleich sein und seine Geschichte in Umwandlung der

Orpheuslegende darstellen« (R. Samuel); wir gehen einen
Schritt weiter: Heinrich sollte Spielleiter, Hauptdarsteller
und – Inhalt des Stückes sein. Den ironischen Sinn der Selbstbegegnung am Ende des fünften Kapitels hat Novalis im
ersten Teil durch Verbergen enthüllt, ihn dadurch dem Form-
stil der »Erwartung« assimiliert, der vom Zusammenhang des
Wunderbaren, von der erfüllten Stille der Meditation geprägt
ist. Wenn im fünften Kapitel des zweiten Teiles aus der passi-
ven Zentralfigur ein Handelnder wird, so legt der Autor seine
»wunderliche Scham« nun ab und bekennt sich auch in der
Gestaltung offensichtlich zum Sinngehalt der Ironie. Heinrich inszeniert die Konzeption des Romans als Spiel. Gestal-
ter und Gestaltetes sind wieder Teil des Werkes, es wird die
Kunst als Kunst präsent, die Ironie ergriffen »als ein Mittel,
das den ästhetischen Sinn als solchen, die Kunst als Kunst
vorzutragen und zu betonen strebt« (I. Strohschneider-
Kohrs).

Das Liebesgespräch (im 8. Kapitel des ersten Teiles) ist auf die
Töne »Ewigkeit« und »Liebe« gestimmt, »ewig« und »Liebe«
sind als Leitworte in mannigfachen Konstellationen vorge-
führt. Im Aufbau des Gespräches, der zurückführt in die
Vergangenheit »undenklicher Zeiten« und über eine selige
Gegenwart hinausreicht in »endlose« Zukunft, sind die einfachen Töne zum Akkord von der »Ewigkeit der Liebe« vereint. Erinnern und Ahnen weisen also weit über ihre Roman-
funktion hinaus und sind wie Zeit und Raum zur Auflösung
durch Identifikation bestimmt; das heißt aber, daß die Spiegelung selbst von Beginn an auf Identifikation zustrebt. Wie
in den Vordeutungen die »Erfüllung« in die »Erwartung«
hineinreicht, in den Rückverweisen die »Erwartung« in der
»Erfüllung« anwesend ist, so ist das Märchen »schon die
innere Perspektive des Romans [. . .], nicht etwa nur sein
Ziel« (P. Küpper). Damit ist gesagt, daß nicht eigentlich eine
Entwicklung im *Ofterdingen* stattfindet, sondern eher eine
Entfaltung (E. Haufe). Vor diesem Hintergrund verlieren alle
Einwände gegen die mangelnde Motivierung der äußeren

Handlung, gegen die fehlende Spannung dramatischer Handlung, gegen das wenig variierte Leitvokabular und das nur spärlich gegliederte syntaktische Gefüge des Romans ihre Berechtigung. Die Verknüpfung aller Begebenheiten folgt einer inneren Logik, die losen Motivbindungen führen auf das Traum- und Märchenhafte, in der Terminologie der Frühromantik: auf eine neue Mythologie. So weist auch die Folge der in sich geschlossenen Einzelkapitel, deren jedes Ausgangspunkt einer Gesamtinterpretation werden kann, worin stets »eins an alles erinnert«, auf die *arabeske* Einheit des Romans. Ähnlich wie bei der Verwendung künstlerischer Ironie und Potenzierungs-Technik vertieft Novalis auch hier gestaltend, nicht philosophierend die Theorie Friedrich Schlegels von der poetischen Arabeske, jener Grundform des romantischen Romans, der Schlegel selbst in der *Lucinde* nur ein künstlerisch schwaches Denkmal gesetzt hat. (Die theoretischen Äußerungen Hardenbergs über Ironie und Arabeske weisen in eine andere Richtung und stimmen mit Schlegels Wortgebrauch nicht überein.) Der »äußerst simple Stil« des Romans – so schreibt Novalis in Aufzeichnungen aus dem April des Jahres 1800 –, der in bewußtem Gegensatz zu den »höchst kühnen, romanzenähnlichen dramatischen Anfängen, Übergängen, Folgen« steht, ist denn auch »ganz Abdruck des Gemüts, wo Empfindung, Gedanke, Anschauung, Bild, Gespräch, Musik etc. unaufhörlich schnell wechselt und sich in hellen, klaren Massen nebeneinander stellt«.

»Die Verklärung« sollte das Buch sein, in dem die Spiegelung aufgeht in totaler Identifikation. Diese entspricht als Stilmittel der fortschreitend klareren Erscheinung der inneren Welt in der äußeren. Durch die Identifizierung der Romangestalten mit denen der Märchen wollte Novalis den Übergang aus der »wirklichen Welt in die geheime« sinnfällig machen, die Traumwelt als poetische Realität konstituieren. Heinrichs Schicksal sollte das des Dichters aus dem Atlantismärchen sein, Klingsohr sollte wiederkehren als König von Atlantis, Schwaning als der Mond, Heinrichs Mutter daher als Ginni-

stan = die Phantasie, sein Vater als der Sinn usw. Die in den
Namen des Klingsohr-Märchens vorgedeutete Verknüpfung
der »entferntesten und verschiedenartigsten Sagen und Begebenheiten«, von Novalis mit Stolz als »eine Erfindung von
mir« bezeichnet, zeigt die Poesie nicht in der Vereinzelung
von Nationalliteraturen oder Dichterindividualitäten, sondern als lebensspendende und -erhaltende Grundkraft der
Welt. Das »Zeitgefühl« des dritten Buches ist also nicht Erinnern oder Ahnen, sondern Ewigkeit, in der alles ineinander-
fließt: Zeit und Raum, Furcht und Hoffnung, Alter und
Jugend, Tag und Nacht; das Sonnenreich wird durch Heinrich zerstört und die in Jacob Böhmes Paradiesesvorstellung
vorgebildete Vermählung der Jahreszeiten vollzogen.

Bei der Darstellung der »unbekannt heiligen Welt«, in der
alle irdischen Schattenbilder zusammenschmelzen mit ihrem
himmlischen Urbild, wird der ironische Sinn nochmals faß-
bar, da die mit den Romangestalten identifizierten – nicht
mehr sie nur spiegelnden – Märchengestalten nunmehr allein
handelnde Personen des Romans sind; die Form des Romans
ist gänzlich mit der des Märchens identifiziert.

»Die Verklärung« sollte enden »just umgekehrt wie das Mär-
chen [Klingsohrs] – *mit einer einfachen Familie*«. Die in der
Welt der Ideen (der Urbilder) das endlich poetisch gewordene
Menschengeschlecht repräsentierenden Märchen-Roman-
Gestalten werden also letztlich, in einer neuen goldenen Zeit,
zurückgeführt auf die Urzelle der Menschheit.

*

Im Gegensatz zu den Anstrengungen, welche die Forschung
unternommen hat, um Struktur und Gehalt des *Heinrich von
Ofterdingen* in vielfältigen und häufig kontroversen Abhand-
lungen in jedem Einzelaspekt zu deuten, seine spezifische
Modernität zu erweisen und die Begeisterung zu erklären,
mit der gegen Ende des 19. Jahrhunderts die französischen
Symbolisten Novalis als ihren »geistigen Bruder« entdeckten,
ist die historische Stelle des Romans und die sozialhistorische

Position seines Autors noch weitgehend ungeklärt. Immerhin hat schon Hannelore Link Hardenbergs Entwurf einer entschieden »idealistischen« Kunst als Teil der spezifisch deutschen Reaktion auf die Französische Revolution gedeutet, als Teil jener »Gegenkonzeption der ›ästhetischen Erziehung‹, die ihrerseits nicht ohne pietistische Vorläufer gedacht werden kann – jenes Programms der ›Stillen im Lande‹, die eine Verwandlung der Welt durch Verwandlung des inneren Menschen erhofften«. Und in der Tat scheint die Auseinandersetzung mit dem weltverändernden Ereignis in Frankreich eine der Antriebskräfte zur Entstehung des *Ofterdingen* zu sein; hat Novalis doch in seiner Staatsschrift *Glauben und Liebe oder Der König und die Königin* die »maschinistische Administration« des absolutistisch regierten Preußen gerügt, welche versuche, jeden Bürger »durch Eigennutz an den Staat zu binden«. Nirgendwo anders als in diesem »gemeinen Egoismus, als Prinzip« schien ihm »der Keim der Revolution unserer Tage« zu liegen, und er stellt in *Glauben und Liebe* ebenso wie im *Ofterdingen* diesem verrotteten Staatsprinzip das eigene wahrhaft revolutionäre Prinzip gegenüber: »Uneigennützige Liebe im Herzen und ihre Maxime im Kopf, das ist die alleinige, ewige Basis aller wahrhaften, unzertrennlichen Verbindung, und was ist die Staatsverbindung anders, als eine Ehe?« Der *Heinrich von Ofterdingen* ist insofern ein Appell gegen die revolutionaristischen Tendenzen der Zeit, als sein Verfasser in diesem Buch »die Annihilation des Eigennutzes« nicht nur beschreibend postuliert, sondern an den Figuren des Romans vollzieht (U. Stadler).

Eine solch eminent normkritische Haltung aber weist Novalis jener reformwilligen Schicht gebildeter Angehöriger des Adels und des Bürgertums zu, welche Clemens Brentano einmal die »denkende Klasse« des Staates genannt hat. Aus ihr entwickelte sich im 19. Jahrhundert jenes Bildungsbürgertum als eine soziale Gruppe, welche mit wachsendem wirtschaftlichen Einfluß auch politische Mitsprache beanspruchte. Die preußische Reformpartei, zu deren unmittelbaren Vorläufern

Novalis zu rechnen ist (vor allem auch, weil mit ihm der Kult der Königin Luise, die preußische Geschichtslegende, poetischen Ausdruck gefunden hat), wurde bekanntlich schon in den Jahren der Restauration seit 1815 von der mechanistischen Zentralbürokratie zerschlagen. Zur Normenkritik des frühen Reformkonservatismus (und ihm ist Novalis zuzurechnen) gehört unter anderem, daß in der erotischen Symbolik und den ödipalen Anklängen des *Ofterdingen* deutlich »die tradierten Geschlechterrollen in Frage gestellt werden« (G. Schulz), daß durch einen gewaltigen Schritt über die Grenzen des Bewußtseins hinaus gezeigt wird, »wie dünn und fragil die Schicht an Kultur ist«, welche die menschlichen »Triebpotentiale« verdeckt, »wie fragwürdig der geschichtliche Fortschritt, der sie domestizieren sollte« (H. Pfotenhauer). Über Richard Wagner, Sigmund Freud und Thomas Mann ist diese Entdeckung des Novalis dann zu einem Ingredienz deutscher Bildungsliteratur geworden, das bis tief in die Gegenwartsliteratur hinein nachwirkt. Wenn schließlich Gerhard Schulz den *Ofterdingen* in die Reihe jener von Kant ausgehender »universalistischer Friedensschriften« stellt, welche durch die napoleonischen Eroberungszüge und die gewaltsame »Einigung« Europas rasch funktionslos geworden sind, so erklärt dies nochmals, weshalb Hardenbergs Roman bei den Zeitgenossen nur eine wirklichkeits-entrückte schwärmerische Nachfolge (im Kreis um den Grafen Loeben und die Studenten Wilhelm und Joseph von Eichendorff) oder satirische Ablehnung (in Heinrich Heines *Romantischer Schule*) gefunden hat. Als er in den neunziger Jahren seines Jahrhunderts neu entdeckt wurde, war die Zeit unmittelbarer, also auch politisch gemeinter Wirkung, das heißt suggestiver Poetisierungs-Appelle, vorbei. Die Symbolkraft des Romanes wirkte jetzt allein auf eine Jugend, die – ähnlich der romantischen Generation – im Aufstand vor allem gegen ihre poetischen Väter zu sich selbst zu finden hoffte und – auch darin den Romantikern ähnlich – ihren Enthusiasmus des Ästhetischen in einem der furchtbarsten Kriege aller Zeiten verloren hat.

Inhalt

Heinrich von Ofterdingen

Novalis

IN RECLAMS UNIVERSAL-BIBLIOTHEK

Fragmente und Studien
Die Christenheit oder Europa

Herausgegeben von Carl Paschek. 157 S. UB 8030

Gedichte
Die Lehrlinge zu Sais

Herausgegeben von Johannes Mahr. 327 S. UB 7991

Heinrich von Ofterdingen

Herausgegeben von Wolfgang Frühwald. 255 S. UB 8939

– dazu *Erläuterungen und Dokumente.*
Herausgegeben von Ursula Ritzenhoff. 236 S. UB 8181

Philipp Reclam jun. Stuttgart